正與邪的爭鬥、諸神悲情壯烈的末世傳說。如星辰般崛起與落幕，傳唱不息的奇幻神話

THE MYTH OF NORTHERN EUROPE

北歐神話故事

更新版

白蓮欣／凱特琳 著

那一抹諸神最後的火花

白蓮欣

神話在現今的新世紀掀起一股狂潮，這些由先人流傳下來的文化瑰寶，帶給現代人的我們一種新的啟示與省思。

在動筆寫這本書前，找來一些相關的參考書籍，仔細地想循著這些文字，描繪出古北歐人當時的宇宙觀、地理環境、文化背景及最重要的心理活動。離預定截稿日很久很久以後，我終於可以無愧地打電話給負責這本書的編輯淑華說：「我明天可以交稿了！」謝謝她的資料收集與耐心等待。

英雄千古以來都是難逃宿命性的悲劇命運，正所謂沒有亂世那來英雄。北歐神話裡的英雄總是能以從容的態度勇敢地面對命運帶來的衝擊與磨難，即使在生命的最後一刻，仍然秉持著信念在毀滅的剎那間迸發出人類尊嚴最美、最閃耀的火花。

我忍不住要一提神話故事中那些外柔內剛的女英雌們，她們不只有美貌，更有不輸男子的氣魄。西妮、布林希德、顧得倫等都是令人心服的烈女子，她們重情重義，爲了復仇雪恥幾乎一輩子與幸福絕緣，我看見了她們犧牲時的不悔與光彩耀眼的生命力量。

這些堅持著信念與悲歡的宿命不斷抗爭下去至死方休的北歐英雄與英雌們，讓我聯想起我們中國古代的一位傳奇人物——吳剛。相信大家都聽過吳剛在月亮上伐桂的故事吧。那永遠不倒的桂樹正如生命裡永不終止的挑戰，而這些北歐英雄們正如那拿著斧頭永不停歇砍著桂樹的吳剛。他們即使知道那桂樹永遠不會倒下，仍然努力地與命運抵抗著。也許生命眞的不容易，命運早已天定，但人類最珍貴的尊嚴即是在黑暗中緊緊握住一絲光明，在絕望中牢牢握住一線希望，努力不懈下去。

黃昏來了，諸神一個個倒下了，惡龍飛上了天際，大地燃燒成一片火海，最後沈沒海底。太陽消逝的冬季裡，人們幾乎絕望，但在那無止境的嚴冬後，春季終會來臨，漫長的黑夜之後，黎明不遠。毀滅後的重生宣告著一抹永不滅的希望。

CONTENTS

第一部　諸神的傳說

第二部　費爾森家族

特別收錄——居爾特神話故事

第一部

諸神的傳說

宇宙混沌初開之際，既沒有頭上的天空，也沒有腳下的大地；沒有砂石和冰冷的海浪，一切都籠罩在一片濃霧之中。只有一道又深又長的金倫加（Ginunga）鴻溝從地球中央在濃霧中劃出一條界線。

第一篇 創世的神話與人類的起源

（一）天地的創造

宇宙混沌初生

宇宙混沌初開之際，既沒有頭上的天空，也沒有腳下的大地；沒有砂石和冰冷的海浪，一切都籠罩在一片濃霧之中。只有一道又深又長的金倫加（Ginunga）鴻溝從地球中央在濃霧中劃出一條界線。

《古冰島詩集》中便有一首名爲〈巫婆的預言〉的詩，詩中描述著天地與人類的起源，詩中是這樣寫的：

太古時期，沒有砂，
沒有海，
也沒有寒冷的波浪；
沒有草，也沒有天空，
只有金倫加的鴻溝。

在金倫加鴻溝的盡頭，北側是被濃霧籠罩的冰冷世界——「霧國」。在這充滿冰寒與灰霧的國度中，有一股噴湧的泉水，吼聲不斷，這泉叫做「尼福爾海姆（Niflheim）」。所有的水便由這裡湧出，最後又回到這裡。

從「尼福爾海姆」的費格爾米爾泉（Vergelmir）共有十二條河流向南方。據說其中一條河的河水還含有劇毒。這些河水，一旦離開源頭遠一些，遇到寒冷，就凍結起來，有些冰落入金倫加鴻溝中，發出有如雷鳴般的巨大聲響，有些泉水便帶著劇毒凝成自古不化的冰，冰層相疊，靜止不動，逐漸積成巨大的冰山覆蓋著深不可測的金倫加鴻溝。

與金倫加鴻溝北側的「霧國」遙望的是南側的「火焰國」——「穆斯貝爾海姆（Muspelheim）」，這是個既酷熱又會噴出火焰的國度。四處飛散的火焰，炙光閃爍，乘著一股又一股的熱風，吹向層封的寒冰山，融化冰層的表面，化成一股股水流落入金倫加鴻溝。據說這個火焰國由一個名叫史爾特爾的巨人拿著炙熱的火焰之劍長期守護著，當他一揮舞火焰之劍，劍的前端就會冒出火花；當這些跳躍的火花落在金倫加鴻溝中的冰山上時，極冷的冰塊瞬間溶化，化成一股濃濃的水蒸氣，並發出滋滋的巨大聲響。這些黑色的水蒸氣不斷地從冰層表面湧起，形成一團又一團的雲朵，包圍著寒冷凍結的冰層，更激起狂吼不斷的強風和逃避遊風的霧流。

來自冰雪的生命

不久，冰層裡含的劇毒因火焰國吹來的熱焰風，隨著水蒸氣化了出來，又遇冷空氣凝聚成霜，不知不覺融入了生命，誕生了霜巨人之祖——尤彌兒（Ymir）和一頭名叫歐德姆布拉（Audhumbla）的巨大牝牛。尤彌兒孤獨地在黑暗中徘徊，無意中發現了同樣來自冰冷的牝牛歐德姆布拉。尤彌兒又饑餓又難掩興奮地爬到牝牛身旁，沒想到歐德姆布拉不但吐出的氣息有香味，而且從牠的四個乳房竟流出像白雪般的乳汁，形成四條小河流。尤彌兒便以這四條乳汁河來維持生命，而牝牛歐德姆布拉則不停以舔倉寒冰上的鹽粒和白霜維生。

有一天，巨人尤彌兒吸飽了奶汁後，被一股難禁的睡意襲擊，他躺在冰塊上，進入沈沈無夢的睡眠中。沒想到，沈睡中，汗從他的左腋滴了下來，變成智慧的巨人密米爾（Mimir）和他的妹妹具絲特拉（Bestla）。從尤彌兒的腳下則產生一個擁有六個頭的巨人，這些巨人們自成一個家族，稱爲「霜之巨人」。

而在牝牛不停地舔喫之下，冰塊中突然長出一頭帶有黃金般光澤的長髮，這頭美麗的頭髮在穆斯貝爾海姆的火焰照耀襯映下，散發出耀眼的光芒。不久，冰塊中長出了英俊的男子頭部。漸漸地，雄壯偉岸的男子軀體也從冰塊中浮現出來。這個從冰塊中誕生的男子，高大英俊又力大無比。他就是諸神之一的普里（Buri）。

永不休止的干戈

當諸神與巨人相繼出現時，戰爭就隨即發生了。巨人與諸神從冰中誕生，但巨人們因爲受到河中劇毒的侵蝕，生性十分邪惡、粗暴。而諸神自是擁護正義，正與邪這兩股極端的勢力自然無法共存。尤彌兒一看見普里，立刻從心中湧起一股強大深沈的厭惡感，他無法忍受和普里共同處在同一個世界裡。於是尤彌兒立下了一個可怕的誓言，他發誓，他和普里兩個人，除非有一個人被擊倒，成了一具冰上永恆的長眠者，否則雙方的戰火將永不歇止。在尤彌兒的挑釁之下，巨人族和諸神間的激烈戰爭就此展開了。後來，普里受到尤彌兒的致命一擊，倒在廣大的冰原上氣絕而亡。巨人尤彌兒得到了勝利。

幸好在這之前，普里已先娶了密米爾的具絲特拉爲妻，並產下一子，名叫勃爾（Bor）。勃爾是神族和巨人族通婚下產下的孩子。他就是諸神之主——三柱神的父親。勃爾後來和巨人族的蓓絲特結婚，生下了三柱神——奧丁（Odin）、威利（Vili）和菲（Ve）。而奧丁後來甚至成爲諸神之王，統治了全世界。

三柱神報了祖父普里被殺之仇，繼續挑起戰火，誓殺尤彌兒。經過一場震撼宇宙的激戰之後，三柱神終於聯手將巨人尤彌兒殺死：奧丁用他的長槍刺穿尤彌兒的胸膛，雖然尤彌兒拚命抵抗，但終究難逃一死。他倒地時發出淒厲的哀號，而不斷噴湧而出的鮮血，匯成一片汪洋血海。失去首領的巨人們四散逃竄，但終究都被這片血海給淹沒溺斃了，只有一對巨人男女——名叫培爾蓋爾的男巨人和妻子乘著類似石臼的小船，游過一股又一股血浪，千辛萬苦逃向世界的另一端，在海的另一邊喬登海姆（Jotunheim）定居下來，建立了巨人國，並產下「霜之巨人」的後代。他們夫妻總是懷恨叨唸著：「都是諸神害我們不得不遷居在這又冷又寂寞的世界，諸神眞是可恨透了！」。「霜之巨人」的後代在這股對諸神強大的恨意下成長，自然將諸神當成仇敵。巨人國的巨人們皆立誓永遠與諸神爲敵，干戈就此不歇。

天地初現

在打倒巨人尤彌兒，並驅逐巨人後代的諸神們，終日面對無垠的大宇宙，開始厭倦這既無天空、陸地和日月星辰的廣大空間。他們夢想要創造一個理想的世界。有一天，奧丁對威利和菲說：「我們必須創造一個安定的世界，我想利用巨人尤彌兒的身體來造世界，你們認爲如何？」在威利和菲的贊同下，三人便開始創造天地的計劃。

首先，他們偷來尤彌兒的身體，將它放在金倫加鴻溝上當做大地。之後又以尤彌兒的血造出海洋和河川，再以骨骼造山，用下巴和粉碎的骨頭鑿成蒼穹，以腦髓造成雲朵，並有霰和雪堆積其中。由於尤彌兒的頭蓋骨只是向上拋出，很可能會在某時掉落下來，於是三柱神便派了東、西、南、北四個擁有怪力的侏儒分別到世界的四個角落去，以肩膀來撐住蒼穹。

黑暗初現光明

巨人尤彌兒的眉毛被造成牆壁用來圍住「中間世界」（Midgard），這世界位於尼福爾海姆和穆斯貝爾海姆之間。三柱神就這樣創造了天地，這是一個有形的世界。世界形成了，不過由於缺乏光線，到處都是一片黑暗。於是奧丁便捕取從火焰國——穆斯貝爾海姆飛來的火焰，將它拋散在天上，懸於虛空中。一朵朵的火花變成了星星。世界終於有了光亮。三柱神又在火花中挑了兩個最大的拋向天際，形成了太陽和月亮。星星、月亮和太陽循著各自的軌道運行，調整晝夜，決定了四季的順序。三柱神同時由其軌道運行發明了計算年、月、日的方法。太陽以柔和的光芒照耀著大地，各種花草樹木都開始發芽生長。

當諸神們忙著建造世界，創造天空、大地、太陽、星星和月亮時，尤彌兒的肉體開始腐爛，長出蛆，這些後來都變成了侏儒。這些侏儒分成兩種，一種是黑侏儒，他們狡猾又愛說謊，諸神拿他們沒辦法，只好將他們趕到世界異常寒冷的角落去。而另一種則是白侏儒，他們個性溫和，而且長得非常好看，諸神便將他們送到位於大地和天空的世界去，白侏儒深受諸神寵愛，偶爾會來大地照顧花草樹木，和蝴蝶蜜蜂一同嬉戲，他們歡愉地在草間花間如微風般輕舞。白侏儒在陽光的照耀下，皮膚會散發一股迷人的白色光芒，因此他們又被稱爲「光線侏儒」。這些迷人的生物後來被人類稱爲「精靈」。人們相信精靈守護大自然的花草樹木。

家，永恆的家

奧丁創造了世界之後，又想爲諸神建造居所。於是諸神們先開會一同宣誓：「神國中不准有紛亂、爭吵。神所在之處不可以有血；神國必須永遠充滿和諧寧靜。」諸神在宣誓並達成協議後便一同建造一座打鐵工廠，製造了許多工具。諸神便利用這些工具，在高高的天空、綠油油的草原以及水晶般清澈的河水旁，建造了黃金之屋、白銀之家。諸神把這裡稱爲阿斯嘉特（Asgard）。

（二）人類的起源

神恩永佑「中間世界」

一天，奧丁看著位於尼福爾海姆和穆斯貝爾海姆的「中間世界」，沈思許久，先在周圍種了尤彌兒的睫毛，並造了海來保護它。奧丁望著這片位於宇宙中間的大地說：「大地是要給人類居住的，所以必須好好地加以保護，以免受到巨人的襲擊。」奧丁說完便對著威利和菲露出笑容。威利和菲這才知道，原來奧丁希望創造出人類，並將他們送來這「中間世界」居住。

來自梣樹與榆樹的靈魂與生命

三柱神每天都集合在一起討論該用什麼材料來創造人類。有一天，奧丁、威利和菲一起到海邊散步，欣賞這個他們合力創造出的世界。海浪恰巧沖捲來兩段木頭，一段是梣樹木頭，另一段則是榆樹木頭。奧丁望著這兩段木頭，突然靈機一現，他高興地對他的兄弟說：「哈！我有辦法了！我有辦法了！我們可以利用這兩段木頭來做出一對人類男女！」威利和菲欣然同意他的提議，於是他們便合力將木頭分別削成一男一女的木偶人形。諸神注視著成人形的男女人偶。奧丁說：「我要給他們倆生命和靈魂。」威利也說：「我要賦予他們行動的力量和智慧。」菲則說：「我要給他們視覺、聽覺。」人類的祖先就這樣誕生了。男的被稱爲亞斯克（Ask 梣樹），女的則被稱爲艾芙拉（Embla 榆樹）。

諸神將亞斯克和艾芙拉帶到「中間世界」的大地去，並對他倆說：「這片天地便是你倆居住的地方，你們可以在此傳宗接代，並依自己的心意和力量去治理它。」後來亞斯克和艾芙拉便在這裡繁衍後代，他倆便是人類的始祖。如此代代相承，繁衍不斷的結果終於使大地上充滿了人類。

這便是北歐神話中天地的起源和人類的誕生。忙碌的諸神後來也創造了其他各種不同的生物。不過在宇宙萬物中，他們還是最喜歡亞斯克和艾芙拉的子孫後代。諸神寵愛著人類，並承諾永遠保護著這塊人類居住的大地，使諸神的恩澤永披人間。

第二篇　宇宙樹與林立分裂的九個世界

（一）宇宙樹與神奇三泉

矗立於浩瀚宇宙的宇宙樹

在前面所提及的《古冰島詩集》中的〈巫婆的預言〉描述著一棵獨特的巨樹——宇宙樹尤克特拉希爾（Yggdrasil），其本文節錄如下——

我依然記得於
太古時代誕生
並將我養大的巨人；
我忘不了九個世界和
以九條樹根紮在地下的宇宙樹。

這棵矗立於浩瀚宇宙中的大樹尤克特拉希爾，在北歐神話中，具有其獨特的意義：所謂「尤克」即是令人害怕的意思，同時也是諸神主宰奧丁（Odin）的另一個名字。而「特拉希爾（drasil）」則是指馬，因此「尤克特拉希爾」組合起來便是「奧丁的馬」的意思。

相傳奧丁爲了讓自己進入一種更深沈的思考狀態，便自己吊在這棵大樹上，並用銳利的長矛將自己刺成昏迷的狀態，進入另一個意識形態，後來果然在這種自苦的懸吊下，奧丁發現了後來北歐人所使用的盧尼文字（Runenschrift）——盧尼本意爲神祕文字。盧尼文字自第三世紀之後，有少數的北歐人沿用；這種文字通常被刻在矛的頭部、墓碑上或是女人的飾品上做爲裝飾用。

奧丁將自己吊在宇宙樹上之舉被說成是「騎馬」，因此宇宙樹自此有了「尤克特拉希爾」這個名字。後來，西方人也因此典故而將犯人接受絞刑稱之爲「騎馬」。

在前文節錄的〈巫婆的預言〉中提到太古時期混沌的宇宙，只有一道金倫加鴻溝劃分宇宙。之後再引用的詩中則已提及了高大的霜之巨人。因此我們可以推論在這之間已經流轉了數千數百個世紀。混沌的宇宙已經由一片寸草不生的荒蕪進化到天地日月星辰。經過一場又一場巨人與諸神的大戰，偉大的三柱神在和平中創建了世界與人類，人類始祖亞斯克與艾芙拉在諸神的恩澤下，繁衍出世世代代。宇宙樹由此推論存在的年代與人類約莫相當。

宇宙樹根入的三股湧泉

在著名的北歐神話《艾達》一書中，作者史諾里對於這棵宇宙樹有相關描述：「這棵梣樹是諸神創造出的所有樹木中最巨大的。其樹梢直穿天際，並一直延伸到世界之頂。其下有三條粗大的樹根支撐著樹身：第一條樹根直伸入神國，其根下有烏爾達（Urda）泉水。烏爾達泉水乃神聖之泉，諸神常在泉水旁開會以決定各種事宜；第二條樹根則切入巨人之地，其樹根下有泉水中充滿了知識與智慧的密密爾（Mimir）泉；第三條則通往霧國與死之國度，其樹根下有尼夫希爾姆（Niflheim）泉和一條不斷啃食著樹根的大毒龍。」

奧丁為智慧寧捨光明

尼克孕育著知識與智慧的密密爾泉有一個看守者名叫密爾。密爾由於每天喝泉水止渴，日子一久，自然成爲一個智者。有一天，諸神主宰奧丁來到密密爾泉水旁，渴望飲一口泉水以增加智慧。奧丁雖然已經十分睿智，但他仍然渴望智慧的追尋。奧丁央求著守泉者密爾，希望他能允許他喝上一口智慧之泉。不過密爾卻毅然絕然地拒絕了他的請求。奧丁仍不願放棄對智慧的追求，他對密爾央求道：

「我只想喝上一口泉水，請您不要拒絕我好嗎？」

奧丁不斷央求著密爾，後來密爾實在禁不住他一再地請求，決定下個難題給奧丁，以斷了他喝泉水的念頭。密爾沈吟半晌說道：

「好吧！如果你眞的只是想喝上一口，我可以答應你，不過我有一個條件！」

「太好了！什麼條件？我會盡力去完成！」

「嗯！把你的一隻眼睛挖下來給我吧！」

奧丁聽了這個刁難的要求，心中一凜，猶豫不決，不過最後奧丁仍是爲智慧放棄眼睛。他決然地挖出他的右眼丟入泉水裡。密爾震懾於奧丁的決心，只好答應讓他喝上一口泉水。

付出代價的奧丁在喝過泉水之後，果然更增添了智慧，但他也自此成了獨眼神。後來，失去單眼的奧丁便經常戴著寬邊帽出現，以遮住他失去眼睛的面容。

（二）宇宙樹的守護者──命運三女神

過去、現在與未來三女神

直抵神國的第一條宇宙樹根旁住了三個「諾恩（Norns）」，所謂諾恩便是泛指主宰人類與世界命運的女神。這三個女諾恩分別是烏爾達（Urda，代表過去）、薇兒丹蒂（Verdandi，代表現在）和絲可特（Skuld，代表未來）。在這三位女神的身旁，常見一對美麗的天鵝悠閒地在烏爾達泉水中戲水。

當然掌管命運的諾恩並不只有烏爾達、薇兒丹蒂和絲可特三人。其他還包括有侏儒和精靈等等，他們被統稱爲「史諾利」。傳說當人類生子時，這三位女神必定趕到，並共同決定新生兒的命運。

除了決定人類命運之外，這三個女神還有照顧宇宙樹健康的任務。每當宇宙樹有了傷口時，她們便會忙著爲它清理傷口，並以泥巴溫柔地爲它塗抹。同時她們每天會固定以烏爾達泉水爲它澆淋樹根。宇宙樹在三女神細心的呵護照料下，才得以成長茁壯，而免於蟲蛀乾枯而死的命運。

宇宙樹上大大小小的活災難

但是，這棵雄偉的巨樹上頭棲息著各種數不清的動物。其中不少動物給它帶來了不小的災害。譬如說，宇宙樹的樹梢上棲息著一隻巨鷹。每當牠振翅起飛時，牠雄壯有力的雙翼便會捲起大風，整個世界便不得安寧。而頑皮的松鼠達拉特爾斯克則是喜歡在樹幹上不停地跳來跳去，並蓄意挑撥樹梢上的巨鷹和樹底下不斷啃食樹根的毒龍尼克，使牠們無法和平相處，不斷紛爭。此外，在宇宙樹下還有四隻大公鹿跑來跑去，牠們經常啃食樹葉，使宇宙樹不時禿掉一大片。這些大大小小不時的活災難全靠命運三女神加以阻止平息，否則宇宙樹恐怕難以平安活過一個世紀又一個世紀。

（三）林立的九個世界

在之前〈巫婆的預言〉中曾提及：我忘不了「九個世界」。究竟遠古時期這林立的九個世界是如何劃分的呢？由於記載這九個世界的詳細資料早已失傳，現在只能歸納各方文獻，約略當九個世界分列如下：

一、阿斯嘉特──即爲神國。北歐諸神皆居於此。前文曾提及奧丁與其弟威利與菲共同利用自己製造的工具建造了黃金之屋、白銀之家，在水晶般清澈的河水旁及青青草原上定居下來，並將此地稱爲阿斯嘉特。後來居住於此地的北歐諸神便總稱爲亞薩神。

二、華納海姆──乃是華納神（Valhalla）的國度，華納神與居住在阿斯嘉特的亞薩神一開始是對立的，干戈不斷，互不相容。後來因厭煩了永不止息的戰爭，便協議交換人質來換取和平。後來，華納神中的尼約特、夫雷、芙蕾雅（Freya）三神便是在和平協議中以人質的身份加入阿斯嘉特的行列，和亞薩神共同生活。

三、侏儒國──前述侏儒乃是由尤彌兒腐敗肉體所長出的蛆變化而成。侏儒分爲白侏儒和黑侏儒二種。黑侏儒因生性狡猾愛撒謊，而被諸神驅逐到此異常寒冷的地方建國，黑侏儒住在地下，侏儒國又被稱爲斯瓦特阿爾海姆。

四、人類世界──奧丁所創建的中間世界（Midgard），亞斯克與艾芙拉的後代便居住於此。

五、巨人國──血海後倖存的培爾蓋爾霜之巨人偕其妻乘石臼逃逸，之後在這塊寒冷的世界定居下來的地方──育茲海姆。霜之巨人的後代便世世代代在此帶著對諸神的怨恨傳承繁衍下來。

六、火焰國──金倫加鴻溝南端，由巨人史爾特爾持著火焰之劍守護著的酷熱國度。

七、死亡國──金倫加鴻溝北側，由冥國女王海爾（Hel）統治的寒冷、黑暗的霧國冥界。

八、尼普海姆──和多霧的死之國沒有明顯分界的北極世界。全區籠罩層層冰雪。

第三篇　亞薩神族與阿斯嘉特

（一）亞薩神族與華納神族的愛恨情仇——連年紛爭

前文中，我們略提居住於華納海姆的華納神族與居住於阿斯嘉特，由奧丁主宰的亞薩神間不斷的紛爭。有關於這段軼聞，在史諾里所著作的《恩克林克家的薩加》中有詳細的記載。不過其描述方式與《艾達》有些出入。以下，我便參考史諾里的著作，做出亞薩神族與華納神族之間多年恩怨情仇的整理。

話說在古頓河（塔那克威斯爾河）以東的亞細亞，有一個阿薩蘭特國，由奧丁所統治。阿薩蘭特國的首都為阿斯嘉特，居住於此的諸神統稱為亞薩神族。

奧丁是個偉大的統治者與戰士，他不但充滿智慧且精於法術，憑著無限的勇氣與毅力，他帶領著亞薩神族四處征討，征服了許多國家，擴張了版圖。有一說，他率兵攻打位於古頓河畔的華納海姆。但因華納神族誓死抵抗，使得雙方一直無法分出勝負。戰爭僵持不下，最後雙方都厭倦了這場勝負難分的戰爭，便決議商討和平條約。

締下和平條約

在商議之下，華納海姆遣送出尼納特、夫雷和芙蕾雅，而阿斯嘉特方面則送出了海尼爾和智者密爾。奧丁接納了華納族的三人，並安排尼約特和夫雷擔任祭典的祭司（祭典乃是以人類或動物的鮮血塗抹神像以取悅眾神的儀式），於是尼約特和夫雷就這樣自然而然地成為亞薩諸神的夥伴，之後也被列入亞薩神族的行列。而華納神族唯一派遣的女人質——芙蕾雅女神乃是尼約特的女兒。她不但長相十分迷人並且精通法術。她來到阿斯嘉特後便將自己在華納海姆所學的法術教給亞薩神族。有關於芙蕾雅女神的傳聞一向很多。她曾經與自己的哥哥結婚，後來和阿斯嘉特女神間的關係也十分曖昧，甚至還有巨人和侏儒都曾迷戀上她，並向她求婚。

來到阿斯嘉特的尼約特和芙蕾雅一改以往在華納海姆的戰神形象，分別成為主司豐饒和愛情的神。

怒殺人質

至於由阿斯嘉特派遣到華納海姆的三個亞薩神——海尼爾與智者密爾的命運又是如何呢？來到華納海姆的海尼爾被華納神族推派為地方領袖，享有榮耀。但可惜海尼爾空有魁梧的體格與體面的外表，卻獨缺智慧。他處理政事全靠智者密爾。腦筋不靈光的海尼爾一旦密爾不在身旁，便完全失去主意，無法回答別人所提出的問題。海納神族很快便發現了海尼爾的不足。他們對此十分憤怒不滿，認爲自己是上了阿斯嘉特的大當。華納神族平白犧牲了三個優秀的同胞爲人質，卻換來傻不桃咚的海尼爾。他們越想越不值得，越想越氣，一氣之下，便砍下智者密爾的人頭，並遣使者將人頭送回阿斯嘉特交給奧丁，以表達強烈的不滿。

然而海納神族卻萬萬也沒想到，奧丁細心地將神奇的藥草塗抹在密爾的斷頭上，並施予咒語，使奇蹟發生——密爾的頭不但永不腐爛，並可以如往常般思考，回答奧丁的種種疑難雜症。後來，奧丁只要一有要事，便會和此頭商討對策，奧丁自此擁有了忠誠睿智的軍師。

（二）智慧的靈酒

智者因擁智慧而亡

話說初締和平的亞薩神族與華納神族，爲了紀念和平的締結，一起將口水吐在一個器皿中，並決定利用這些口水來製造人類。後來由這些神族的口水造出來的人類叫做「庫瓦西爾」。他是一個能解答各種問題的天生智者。他決心將自己無窮的智慧與才能傳授給其他的人類，便開始到各地旅行，以便傳授知識。

有一天，四處爲家傳授知識的庫瓦西爾來到兩個侏儒的家。好心的庫瓦西爾萬萬沒料到自己的生命會無辜地斷送在與自己無怨無仇的侏儒手中。這兩個黑心肝的侏儒分別叫做「斐雅拉爾」

和「加拉爾」。他們十分嫉妒庫瓦西爾的智慧，決心霸佔他無窮的知識。於是這兩個心懷不軌的侏儒便假裝熱情地邀請庫瓦西爾進入屋內，之後便合力趁他不注意時，偷偷將他殺害了。可憐的智者，尚未完成他周遊列國以傳授畢生智慧的使命，就這樣魂歸西天了。

這兩個可惡的侏儒犯下這樣的惡行後，便對外界宣稱庫瓦西爾被自己的知識害死了。他們將庫瓦西爾的血集中起來，分裝成三個容器，並加入蜂蜜釀成酒。聽說只要喝了這些酒，便能成爲智者或詩人。

蜂蜜靈酒，名播天下

蘊藏庫瓦西爾的靈魂與智慧的蜂蜜靈酒，頓時引起世界一陣騷動。人人覬覦這三罐靈酒。一個名叫「吉林克」的巨人在聽聞這個傳言後，便立刻不遠千里地動身趕至斐雅拉爾和加拉爾侏儒的住處。他一心想嚐一口神奇的靈酒好成爲智者或詩人。然而這兩個邪惡又貪婪的侏儒，怎麼可能將自己的珍藏輕易拱手送人。他們戴上虛假的笑容，熱情地邀請巨人吉林克到海上遊玩，並允諾回程時會讓他飲上一口靈酒，吉林克自是喜不自禁，毫無防備地與侏儒上了船。

侏儒們順利騙吉林克上了船後，便按計劃在他不注意時將船弄翻，狠心地把他淹死在汪洋大海中。可憐的吉林克爲了智慧的追求，成了海上的孤魂。後來，與吉林克十分恩愛的妻子，因爲突然失去了丈夫的音訊，十分不安，也千里跋涉到侏儒的家想打聽丈夫的消息。原本還懷抱一線希望的她在聽到丈夫惡耗時，大受打擊，頓時淚不成聲。就在她哭泣失了魂之際，狠心的侏儒們便一不做二不休地把她也殺了。

吉林克夫妻相繼殉命，吉林克的甥兒史眞克在鍥而不捨地追查下，發現他倆被殺害的眞相後，便趕至這兩個兇手侏儒的家復仇。史眞克一把將斐雅拉爾和加拉爾抓起來，也不容他們狡辯，便將他們丟到退了潮浮出海面的暗礁上，打算等海水漲潮時淹死他們。一向壞心得很的侏儒們，這下子可嚇壞了。他們淚流滿面，驚恐不已地懇求史眞克饒了他們的小命。末了他們還提出以寶貴的蜂蜜靈酒作爲交換條件。史眞克這下子才放了他們的小命。他索走了靈酒，便大步大步地回到了佛尼特山。他將珍貴的蜂蜜酒藏在一個祕密洞窟中，並派遣自己的女兒——「比拉特」負責看守這個珍藏。

奧丁智取靈酒

後來諸神主宰奧丁得知了巨人史眞克擁有蜂蜜靈酒，便一心想偷取靈酒。他心想由諸神共創的庫瓦西爾的血調成的靈酒怎能讓巨人獨享，那其中所蘊藏的智慧自是應該由諸神共享。而奧丁本身也期望藉由靈酒的神奇力量變成一個了不起的吟唱詩人，以吟唱出永垂不朽的詩歌。

聰明多端的奧丁首先前往史眞克的兄弟色吉家。在半途中，奧丁恰好看見色吉家的九個僕人正努力地在野外割著甘草。細心的奧丁發現他們所使用的鐮刀都鈍極了，因此每個僕人都必須十分吃力地割甘草，然而成果卻都十分不理想。於是奧丁便主動拿出磨刀石幫他們把鐮刀一一磨利。原先割草割得汗流浹背的僕人們，拿到磨得銳利發亮的鐮刀後，割起草來順手得不得了。

嚐到甜頭的僕人們都想向奧丁索取磨刀石，爲此九人爭讓不下。奧丁於是想了一個主意，他將磨刀石拋向天空，並向九人說明，誰先搶到磨刀石，就歸誰擁有。一心都想私擁磨刀石的僕人們馬上搶成一團，互不相讓，後來甚至爭吵起來，掄起鐮刀就互砍。後來在自相殘殺之下，色吉家的九個僕人一個個成了冤魂，死得一個也不剩了。

計劃達成的奧丁化名成「普魯維克」（做壞事的人），來到了色吉家。得知僕人全部都殉命惡耗的色吉又氣又急，他不知所措地向來訪的奧丁說：「哎！這該如何是好呢？我九個僕人一下子全都死了。田裡又正值農忙時期，這下子又該靠誰來收割呢？哎！哎！哎！這可眞是糟透了。」奧丁於是抓住色吉的弱點說：「我呀！一個人可以做九個人的工作，而且又快又好，叫人保證滿意！不過呢！我可是要要求喝上一口你哥哥史眞克珍藏的靈酒作爲報酬。」色吉面有難色地思索一番後說：「我哥哥十分珍視他的靈酒，他是不輕易給人喝上一口的，嗯！好吧！如果你工作做得好，我就試著說服他，恩賜你喝上一小口吧！」

奧丁在田裡忙上一整個秋季。終於收穫季結束了，冬天來了。冬天來臨的第一天，普魯維克就要求色吉實現當初允諾的報酬，讓他喝上一口靈酒。色吉只好帶著奧丁來到哥哥史眞克家，央求他讓奧丁喝上一口酒。沒想到史眞克斷然拒絕，並把奧丁轟出家門。仍不死心的奧丁只好另想他法。他拿了一把銳利的鑽子，要色吉幫他一起在藏有靈酒的山中開一個洞。當洞挖好時，奧丁便變成一條蛇爬進洞裡。心懷不軌的色吉便趁機把鑽子猛插進洞裡，想藉機殺了奧丁。不過靈巧的奧丁早就穿過山洞，到了史眞克藏酒的洞窟。

奧丁變回人形，以甜言蜜語打動了史眞克之女比拉特。情竇初開的比拉特深深地愛上了奧丁。奧丁和她共度了三天三夜後，比拉特拗不過情人奧丁的要求，便不顧父命，答應讓奧丁喝上一口酒，但沒想到奧丁卻貪心地連飲三大口，把全部的靈酒都喝光了。他不顧比拉特的哀求，便變成一隻巨鷹飛出洞窟。史眞克一得知此事，氣極的他變成一隻巨鷹去追殺奧丁以討回靈酒。奧丁很快地飛向阿斯嘉特的城牆，並把得來不易的酒吐在諸神備妥的壺中，以供諸神共享。不過由於史眞克追趕得緊，奧丁一急之下，不小心把一小口的酒吐在壺外了。而那壺外的酒是任何人都能喝上一小口的，後來那喝了靈酒的人就被稱爲假詩人。

（三）黃金時代

衆神與神殿

神國阿斯嘉特的神殿又被稱爲「喜悅之屋」。它是世界上最偉大的建築物。神殿裡裡外外都是金色的。由於黃金在當時相當普遍，因此幾乎所有的家庭用具和馬具都是以黃金製造，是一個黃金時代。

神殿裡有諸神主宰奧丁的最高座席和十二個次要座席，由其他最先出現的十二個神分屬，這十二個神分別是索爾、泰爾、巴得爾、尼約特、夫雷、普拉吉、海姆達爾、烏爾、黑茲爾、弗爾塞狄、洛基、奧德等，但故事中出現的神並不只有十二個，這表示可能有些神是後來才加入的。比如說，奧丁的兄弟菲、威利以及偉達、瓦利等也是屬於亞薩神族之列的。

再說到女神，諸神自然也替女神建造了一個專屬的宮殿，這座宮殿十分富麗堂皇，被稱爲「思可普」。傳說是由白銀和黃金打造的。女神的人數和男神約莫相當，根據神話中的安排，有奧丁的妻子艾麗嘉，夫雷的雙胞胎妹妹芙蕾雅，索爾的金髮妻子西芙，擁有神奇蘋果的伊敦，還有挖掘瑞典大地來遠造雪蘭島的（凱菲思）眾女神。其他還有弗拉、艾爾諾、絲諾菟拉、薩加等女神也是在神話中較爲人熟悉的。這些女神的事蹟我們將在後文再加以介紹。

亞薩神族的男女不但擁有共同的神殿，還各自擁有豪華無比的住宅。另一個在阿斯嘉特受人矚目的建築物是爲戰亡的士兵所建造的瓦爾哈爾宮。它不但有四、五十扇以上的門扉，其大門還可以一次容納八十個戰士一同進出，十分宏偉壯觀。

我將永不亡

當大地發生戰爭時，奧丁曾經派遣自己的侍女——娃爾邱莉耶去爲國犧牲的戰士亡魂接引到瓦爾哈爾宮來，並用酒菜盛情款待他們，並鍛鍊他們的武技，養精蓄銳，以備將來和巨人、魔鬼作戰時，有充足的能源和兵力。

這些戰亡的亡靈戰士被統稱爲「安恩海里亞爾」。他們每天早晨都在庭院中練習武技，互相交戰。即使在練習中他們陣亡了，仍然可以一次又一次地以亡靈姿態復活回到瓦爾哈爾大廳喝酒吃肉。他們所喝的酒是由母山羊「絲特倫」所提供的，那源源不絕的醇酒足以讓每個勇士夜夜暢快痛飲，永不愁匱乏。而肉則是來自一種「塞夫姆尼爾」——因爲這種山豬每晚都會復活，所以永遠也吃不完。

就這樣勇士們每日早晨展開一場又一場的練習戰爭，夜裡又復活共聚飲酒高歌。一日又一夜，週而復始。他們知道他們背負共同的使命，並且養精蓄銳，以面對眞正的戰爭——拉庫那克決戰日的來臨。

亡靈聚集的瓦爾哈爾宮中的生活十分奢華，卻永遠帶著一股抹不去的陰沈。這也就是北歐人所嚮往的理想生活吧——永不鬆懈的鬥志、黃金打造的屋宇神殿、鮮肉美酒。每一天都抖擻著精神面對將來臨的戰爭。

第四篇　諸神主宰奧丁

（一）知識與詩之神

星期三的起源

三柱神之一的奧丁，一向被認定爲諸神的主宰，他不但在日耳曼民族中備受推崇，更是北歐神話中的主神，記載中多對他有所著墨。後來日耳曼人甚至將每週的第四天（即星期三）從原本舊稱「丘里之日」改爲「奧丁之日」，以示對奧丁的推崇。

然而，奧丁在泰西塔斯的詩中，卻被記載爲用人類身體供奉自己的殘酷之神。詩中更是從未提及奧丁是一個地位崇高的神。而在北歐最著名浩大的聖地——魯薩拉神殿中所供奉的三座神像，其中位居正中而且最高大的是「索爾」而非奧丁。奧丁與夫雷則分列索爾左右兩旁。由此，我們可以推論奧丁之後之所以一躍而成爲上諸神主宰，也許是後來受到喜愛他的詩人們加以渲染美化而造成的影響吧！

史諾里所著的《艾達》神話中，他便極力吹捧奧丁，詩中讚譽他是個擁有多項才能的神，不但把詩介紹給諸神，還痛苦地將自己懸吊在宇宙樹上，進而發現了盧尼文字。在史諾里筆下，奧丁被傳頌成一個完美無缺的偶像，正如《聖經》中的耶和華：

「奧丁在所有的時代中都是統治者，一切大小事務都由他管理。他創造了大地、天空以及宇宙中的萬物，而創造人類更是他最偉大的貢獻，他賜予人類永遠不滅的靈魂。」

史諾里是一個著名的詩人兼基督徒，他在《艾達》中對奧丁讚譽有加的描述，將奧丁的地位高高地推上了天空，使奧丁後來成為後世中推崇的諸神主宰而備受尊崇。

奧丁是個備受爭議的人物。他不但具有複雜的性格，也擁有多方面的才能，甚至他還擁有許多別名。從他的事蹟，他被歸納出具有以下四種神性：

一、詩與知識之神

二、戰神

三、亡靈之王

四、法術與化身術之父

傳言奧丁生性好色，酷愛旅行，且善於貿易。由於他和薩克遜民族中的哥德人有極密切的關係，因此又被稱為「薩克遜神」或是「哥德神」。

前文中，我們曾提到他為了飲上一口蘊藏智慧的密密爾泉，而不得已答應守泉人密爾苛刻的要求，捨棄一隻眼睛。為了智慧捨棄一眼光明的奧丁，後來便經常戴上一頂寬邊帽以遮蔽面容。因此奧丁也得到了「單眼神」、「單眼的男人」或是「戴著寬邊帽的男人」等稱號。

奥丁的肩膀上經常停棲著兩隻忠心的烏鴉，他們會一早飛走，傍晚時又自行飛回來將一天所見所聞一一報告給奥丁，奥丁便藉此知曉世上所發生的事，這兩隻烏鴉，一隻叫烏金（Hugin），意即「思維」；另一隻叫穆寧（Munin），代表「記憶」。

奥丁發現盧尼文字的事蹟也一再被後代所傳誦。在《賢者之歌》中有以下的記述：

依然記得——
奥丁將自己用矛刺傷，
並且把自己吊在樹上；
在經過九個刮風的夜晚，
仍然沒有人發現他，
以提供他麵包和一小杯的水止饑解渴，
當他往下看時，發現了盧尼文字，
他立刻奮力地將文字抓住，
情急之下，
便從樹上摔了下來。

奥丁經歷這種艱苦的修行，把自己刺傷並吊在樹上——一種類似受絞刑般的苦行，而發現了盧尼文字。這項事蹟讓他得到「吊神」或是「絞刑台之王」的稱號。有時，奥丁也被看作是西伯利亞的「夏曼」—即能與精靈感應的人。據說奧丁是因為具有這項才能，才能發現盧尼文字。

詩歌中還提到奧丁從他的外祖父—巨人波爾特爾那裡學到了一些古代的優美詩歌。後來又經過一番波折，喝到庫瓦西爾的蜂蜜靈酒，得到其神奇的法力，變成一個才思敏捷、文筆揮灑自如的吟唱詩人。世界因此產生了歌唱、語言和行為。

（二）戰神 智謀之士

奧丁的第二個神性為「戰神」。他一向以戰神自命，因此他也有「戰神」、「勝利之神」或「軍隊指揮者」等別稱。戰爭也因此被稱為「奧丁的憤怒」或「暴風雨」，劍則被稱為「奧丁之火」。

奧丁戰爭時所使用的武器叫作「坤克尼爾的矛」，在他初次加入戰爭的行列時，就是用這支矛往敵人頭上擲去。後來這個向敵陣擲矛的動作演變成戰爭開始的訊號，而奧丁也被稱為「矛主」。之後每當戰火開始，士兵們總會在開戰時把矛紛紛擲向敵人的陣地，並大聲嘶喊著—我將它們（矛）獻給奧丁。

不過說起來還真有點好笑，奧丁事實上從未像「索爾」那樣實際的與敵人正面交戰過。甚至他最後還在與「分里爾」狼的打鬥中被狼給一口吞了下去哩！

那麼，話說回來，在戰場中並不驍勇的奧丁爲什麼能被尊稱爲「戰神」呢？總歸是因爲奧丁善於鼓動或引發戰爭。他喜歡故意在和平、安祥的時刻散播戰爭的種子，或是教授自己支持的陣營一些特殊的戰術——像是利用法術使敵軍無法動彈或是把敵人的武器變成盾等等——使敵人面對無法遏止的大敗。

與其說奧丁是縱橫沙場的英雄，還不如說他是個計謀多端的智謀之士來得恰當。

在《恩克林克家的薩加》這本書中便有一段對奧丁的記述：

「奧丁是一個勇猛、強悍的戰士，到處都有他的足跡，也征服了不少國家。勝利之神總是對他特別眷顧；在所有大小爭戰中，他永遠都是征服者、勝利者。而他的部下們更相信，不論是什麼戰爭、情勢有多險惡，只要有他，他們都會得勝。當奧丁率領兵將們打仗或遠征時，他都會先將自己的手輕輕地放在他們頭頂以鼓勵或安撫他們，他們也相信這會讓他們贏得這場戰爭。此外他們也深信，當他們在陸地上或海面上遇到險難時，只要呼喚奧丁的名字，他就會現身來援救他們。」

在奧丁眾多與戰爭有關的事蹟中，以「狂暴戰士」培爾賽爾最受人矚目。在戰場上，他們不穿甲冑，不攜帶任何武器，只是瘋狂地衝鋒陷陣。他們可以穿過熊熊烈火、紅焰赤張的火場，把敵人的喉嚨咬破，在敵人狂烈的攻擊下卻絲毫不會被敵人或武器所傷。培爾賽爾本意即穿著熊毛皮的人的意思。「狂暴戰士」們經常穿著熊毛皮出現，常常被人類誤認成熊與狼。

招人非議

奧丁雖貴為諸神主宰，受到大家的敬畏，但他也有許多招眾人非議的地方。最受爭議的主要有以下兩點：

一、他帶有私心：當他偏袒某一方時，便會私心地無論如何也要讓他們得到勝利。

二、他十分好戰：奧丁一向不是個和平主義者，他經常會把一些不安、爭鬥的因子散播給一向過著安寧、祥和日子的親友，引發一些無謂的爭端。

據說有一次在海神「耶吉丁」神殿舉行的慶神會上，由於洛基對諸神無禮的謾 而引起奧丁的不滿。奧丁憤而制止他，沒想到卻反遭洛基赤裸裸的譏刺：

「哈，你住口吧！奧丁。你總是沒辦法把勝利公平地分配給人類。你實在不該把勝利平白讓給那些膽怯、懦弱的一方。」——（取自『洛基的爭論』）由洛基對奧丁的譏諷，我們可以察見奧丁是個極具私心，欠缺公正的神。洛基對奧丁大膽的譏笑，讓奧丁根本無法正面反駁，最後還是索爾出面打圓場，才讓洛基住口。

奧丁私心偏袒的事蹟，也出現在其他的文字記載裡。〈羅普、庫拉吉與培慈瓦丁、畢雅吉的薩加〉一文中就記載道：

北歐最有名的國王「羅普、庫拉吉」定都於丹麥的夫雷特拉（雷禮），由於他拒絕將禮貢獻給奧丁，後來便遭到他的附庸小國襲擊。這時他一個最勇敢的部下「畢雅吉」便對他說：「襲擊我們的敵人主謀必定是那黑心鬼奧丁。」

《艾達》其中一首詩篇〈希克爾特莉娃之歌〉裡也寫到「希克爾特莉娃」（亦即『尼布龍根之歌』中的布林希德）將勝利的光榮獻給一個年輕人「亞克那爾」，而不理會奧丁執意偏袒的那個國王。奧丁便因此懷恨在心，蓄意報復。奧丁想盡辦法要報復違拗他心意的希克爾特莉娃，後來終於逮到機會，用「睡眠之刺」刺中她。就在希克爾特莉娃陷入一股沈沈的睡意而在火焰上睡著，將遭烈火焚身的危急之際，英雄「西古德」出現並且勇敢解救了她。

此外，在「沙庫索」的著作《蓋斯蓋、韃諾姆》一書中，也曾提及奧丁是個偏袒、狹隘、多疑個性的神。書中提到由於丹麥的「哈拉特」國王深得奧丁的寵愛，奧丁便把一種可以讓人在戰爭中百戰百勝的厲害戰陣——楔形陣傳授給他。奧丁同時還承諾他在戰場上永不會受傷，不過他也要求哈拉特國王必須答應把殺掉的敵人獻給他。原本雙方達成了協議，一直合作愉快。不過後來，奧丁卻又明顯地偏袒他的外甥琳克國王，甚至還傳授他楔形陣，以致這兩個都精通楔形陣的國王互相爭鬥，自相殘殺，最後就在普羅帕拉這個地方打了起來。

哈拉特國王一與外甥琳克開戰，便知道一向寵愛自己的奧丁轉而偏袒外甥了，而十分不滿。最後，私心甚重的奧丁化身成哈拉特國王的戰車馭馬者，他不但不理會哈拉特的不滿與怨心，甚至還把心一橫，活生生地將哈拉特推下戰車，使得哈拉特慘死於自己的刀下。

由以上的故事，我們可以充分了解奧丁具有罪惡使者的特性。他會故意讓朋友、親戚產生爭執，並挑撥起大家彼此間的不愉快氣氛。

奧丁蓄意挑撥王侯間的戰爭，並把勝利賜給那些不該勝利的人。這些事蹟在古詩歌中比比皆是。比如說在〈耶里克之歌〉中就有一則關於奧丁惡意行使神力，造成戰爭不公的故事：據說神勇的耶里克在戰爭中被殺死後不久，就有人作了一首詩歌，詩中說道，有一個被邀請到爲戰亡的士兵所建造的瓦爾哈爾宮殿的賓客，曾經悲憤、難過的責問奧丁說：「奧丁，你到底有什麼理由讓那位勇敢的戰士耶里克國王就這樣慘死了呢？」這時，面對責問的奧丁神色自若地說：「『灰色之狼』何時會偷襲諸神，我們根本不知道。」奧丁言下之意，就是說由於他無法預知惡魔何時會與諸神交戰。爲了充份備戰，他才會特別讓人類戰亡的勇士到瓦爾哈爾宮中待命。他並盡量製造他們之間的仇恨，挑撥他們之間的感情。使得那些有能力擔負領袖任務的首領們彼此殘殺，然後奧丁再整好以暇地從中篩選出眞正的英雄，迎接到瓦爾哈爾宮中備戰，成爲自己的兵力，以面對和惡魔決戰日那一天的到來。

個人主義者

日耳曼人一向給人重視勇武又好戰的印象，但古代的日耳曼人也是過著自給自足的簡樸農村生活。

西元九世紀時，哈拉特國王統一了挪威，促使挪威南方三十幾個小國互相對立。後來其中幾個國家選擇依附哈拉特，有的則自甘淪爲海盜或轉徙他國，甚至移民到冰島等遙遠的地域，展開新的移民生活。

統一挪威後的哈拉特初嚐勝利的喜悅，後來更大幅地擴張財富與勢力，並建造了美輪美奐的宮殿，延請才氣縱橫的大詩人們爲他作讚美詩，以流傳千古。後來也的確因此流傳下許多不朽的詩歌。

哈拉特源自於以奧丁爲始祖的恩克林克家族後裔，他本身也是奧丁的崇拜者。直至後來奧丁在戰爭上背叛了他，轉而支持他的外甥琳克，他才心生不滿。哈拉特也是個倍受爭議的人物，他的確是海盜時代的英雄，英勇好戰，但他卻不太關心國際間的友誼邦交和民間生活疾苦。哈拉特正如奧丁，眼中只有自己的私慾，可以說是一個不擇手段追求權勢的個人主義者。

古老的戰神索爾十分正義且重視法律，他被刻於日耳曼神碑上，是一位受人崇敬的神。但因奧丁是眾英雄崇拜的神，因此奧丁的名望逐漸凌駕於古戰神索爾之上，成爲北歐神話的主角。

在〈偉大者「奧丁的別號」之歌〉中，就收錄了一些有關奧丁的語錄，其中還提到奧丁是個現實主義和個人主義者。他不但沒有群眾意識也不關心人民的生活，一心追求知識與虛名。由以下引用於〈偉大者之歌〉的幾則奧丁的格言我們可以大約窺見奧丁的心性：

◎想贏得世人的人，除了甜言蜜語、送禮物之外。同時還要極力讚美其容貌，因為拍馬屁的方法是十分奏效的。

◎財富可能會失去，生命也可能隨時結束，只有聲名流傳萬世。
◎如果想要獲得財富利益，一定要早做準備，因為只有早起的鳥兒才會有蟲吃。
◎若是與虛偽的小人來往，你也要虛情假意地對付，以其人之道還治其人之身。

在崇尚個人主義的海盜時代，奧丁和其追尋者哈拉特國王，他們可說是這個時代的代表人物。英雄的旗幟，在他們的領土上隨風飄揚。

(三) 亡靈之王

奧丁對於死亡之事相當熟悉，他能自由自在地來往於死亡世界。因此一般人也認為他是「死者之神」、「絞刑台之王」或「吊神」。在與死亡的關係上，奧丁幾乎可以與麥丘里相媲美。

如同麥丘里（即是希臘神話中的赫密斯）除了擔任為人熟知的商業與知識的守護神之外，還負責帶領死者靈魂前往死亡國度。然而奧丁則是把戰死的戰士帶往瓦爾哈爾宮，因此有「戰死者之神」、「選戰士的人」或是「亡靈之王」的稱號。同時也因此「要到奧丁宮殿去」也等於是死亡。據說奧丁還擁有喚醒死者的能力。他將刻有盧尼文字的木頭放到死者舌下以喚醒死者。當奧丁的兒子「巴得爾」臨死前，奧丁曾為此到死之國度探查，並且喚醒已死的巫婆。

奧丁被稱為「亡靈之王」的記載始於十三世紀，後來全日耳曼人都稱他是「粗野的獵人」或「瘋狂的軍人」。日耳曼人相信奧丁會率領亡靈或獵犬在天空飛翔，他們稱這現象為「奧丁飛過天空」或是「奧丁的狩獵」。據說如果有人目睹到在天空中飛掠而過的亡靈，就表示此人將遭遇災厄。

亡靈出現的時節，主要是在耶誕節或春、秋時分。而據聞所產生的暴風，亦即是奧丁帶來的死亡之風——奧丁又名「華德」，亦即「瘋狂」或「吹」之意。此外，他還有數個和風有關的別稱，如「漂泊者」、「吵鬧的男人」或「遠行的人」等等。

（四）法術之父

奧丁十分精通法術及化身術，經常會化身成各種動物或鳥類，如自己心愛的烏鴉或狼，去達成艱難的任務。

如有一回，他到巨人史眞克居住的佛尼特山偷取蜂蜜露酒時，就曾經化身成一條蛇。後來他被史眞克發現時，又化身成大鷹飛回阿斯嘉特以逃避追殺。奧丁常以各種面貌出現，因此又有「千面神」的別稱。

「法術之父」和「老邁的法術家」也同時是奧丁眾多別名之一二。《恩克林克家的薩加》一書中對於奧丁擅長的法術及化身術多有著墨，例如奧丁能用自己所施的咒言來撲滅大火，或是使狂風暴雨的怒海驟然平靜。此外，書中還提到奧丁能知道地底下那裡蘊藏著寶藏，他甚至精通於使大地、高山、墳塚裂開的神祕咒語。

據說奧丁知道一種威力強大的法術，可以呼風喚雨，十分神奇。但因為施行這種法術會使施法者的身體嚴重衰弱，因此男人們都不願也不屑施展此術，而轉交由女祭司來施法。

奧丁原本也不精通法術，話說法術最初是由華納神族派遣過來的人質——芙蕾雅女神傳進阿斯嘉特的。富有野心的奧丁便藉機偷偷學習。習得法術的奧丁利用它來打敗敵人，完成任務。

在《蓋斯達、韃諾姆》一書中就有記載：奧丁的兒子巴得爾被害死，深嚐喪子之痛的奧丁決心復仇。他和諸神與預言家共商復仇之計。後來有人提議說：假如奧丁能和路德尼亞國王之女——琳達公主生下一個兒子，那麼巴得爾的仇必定能由這個兒子討回。奧丁聽了這個提議後，立即化身成路德尼亞國王的貼身侍衛以藉機接近琳達，但冷漠的琳達卻絲毫不動情。

不死心的奧丁又化身成手藝精巧的藝匠，他為國王及公主製造各種寶物以討公主歡心，但琳達仍然斷然拒絕他的求愛。這下子，奧丁可失去耐心了，他惱羞成怒之下，便把寫有盧尼文字的木頭放進琳達的嘴裡。琳達在奧丁的施法下，喪失了理智。當琳達發瘋後，化身成醫生的奧丁藉機接近她，後來終於達成心願，讓琳達為他懷了身孕。當奧丁與琳達所生的「瓦利」出生長大後，果然為巴得爾報了仇。

奧丁雖貴為諸神之主，深得各路英雄的崇敬，但他為達目的，經常不擇手段。他利用自己的心計和法術玩弄權謀，有欠公正，嚴格說起來實在欠缺為諸神主宰的崇高氣質。

第五篇　雷神與巨人間的戰火

（一）雷神索爾（Thor）

若要論北歐諸神中最威武神勇的神，必屬有「古老戰神」和「雷神」之稱的索爾。索爾身形如山，聲如巨雷、眼如閃電，叫人見了便心生敬畏。有「紅鬍子」之稱的他，臉上長滿紅鬍鬚。據說，只要他在鬍子內一吹氣，大地便會產生狂風暴雨。因此，無論是普通人或是巨人，甚至惡魔，都會害怕他的凝視。

槌在當時的戰爭中是最可怕的武器，也是難得的寶物。索爾手中握著的正是一隻鐵槌。這槌說起來來頭可眞不小——由著名的鐵匠「辛德里」所鑄造，名爲「彌約尼爾之槌」，意即「粉碎所有的東西之槌」。這隻槌不但眞有強勁的破壞力，還可以扔擲遠距離的目標，並自動返回索爾手中。善戰的索爾手握寶槌，戰力大增。因此凡是與他作對的敵人一看見他，便心驚膽跳，不戰而降。

索爾外出時所乘坐的座車是由三隻山羊所負責駕駛。由於這三隻山羊拉車時所發出的聲音十分響亮，因此被人們誤認成雷鳴。因爲這個典故，現在的北歐人，每當遇到打雷時，仍然會說那是「托雷正乘車外出」，同時雷神也被叫作「坐車的索爾」。

誓言保護諸神、人類的索爾，多次英勇地打敗巨人族，其本性又十分正義，故擁有許多美稱，如「諸神首領」、「國王之神」、「殺死巨人之神」、「人類之友」等。索爾的特質與印度神話中的毘陀羅神十分相似，毘陀羅神也會打雷，並曾神勇地爲他的百姓除掉躲在河中爲害的惡龍。

索爾並非性情溫和的神，他也具有兇暴易怒的本性。但他脾氣一過，便能馬上恢復平靜。正如打雷後，大地普降甘霖。草木一片欣欣向榮，生物充滿活力。索爾被農夫視爲最重要的神，並被美譽爲世界守護神。

索爾的母親名爲約爾多——意即大地。他的妻子爲西芙，她擁有一頭美麗的金髮，象徵著田裡成熟的麥穗。關於索爾生父的說法則眾說紛紜，有人說他的父親即爲奧丁，但此說法值得存疑，因爲索爾的神格早期遠超過奧丁，況且奧丁與索爾在某些詩歌或故事中又明顯對立，更在在證實此說法的矛盾不可信。

（二）索爾的冒險

萬夫莫敵

索爾是一個活躍戰場的神，他與戰神奧丁的工於心計而不親入沙場正好相反。在西元九世紀時所流傳的讚美神及貴族所作的技巧詩——〈史卡特詩歌〉以及《薩加》一書中我們都可以找到描述索爾與巨人及魔怪們爭戰的記載。在拉庫納雷克的神話中也描述了索爾與魔蛇經歷一場激烈的決鬥，最後落得兩敗俱傷。

索爾共有七次著名的冒險，我們在新、舊兩本《艾達》中都可以找到相關記述。大約可將資料總括整理如下：

一、擊敗巨人國中最強大的對手「夫倫庫尼爾」。
二、單槍匹馬來到巨人「蓋爾羅特」家中，不但擊倒了巨人，同時還打碎巨人女兒的脊骨。
三、到休彌爾家搶奪「大鍋子」。
四、巧妙地化身為芙蕾雅女神，並英勇地將被巨人「斯留姆」私自盜走的寶槌奪回。
五、獨自打死一個闖到阿斯嘉特神國的強大巨人。
六、神勇地帶著洛基與隨徒旅行至巨人國，參加各項艱鉅的比賽。
七、耍弄「無所不知」的侏儒「亞爾維斯」，使他化為石頭。

大戰巨人夫倫庫尼爾

有關索爾擊敗對手夫倫庫尼爾的英勇事蹟，很多詩人也曾描述過。九世紀時，北歐最早的詩人「史卡特」就曾寫過一首名為「初次粉碎夫倫庫尼爾的人」的詩。而挪威的哈拉特國王宮廷中的詩人「希約德爾夫」，後來還在自己的盾牌雕下這場戰爭的畫面及其所吟唱的詩歌。

話說，有一天，奧丁騎著他神奇的八腳馬——「斯雷布尼爾」外出，途中路經巨人國。巨人國中最強大的「夫倫庫尼爾」看見了在天空中乘寶馬飛翔的他，便對他大喊：那是一匹「優秀稀奇的寶馬嗎？」奧丁聽了驕傲地回答：「那當然了，這匹馬在巨人國可不會有的！」這下子生性好強的夫倫庫尼爾可氣壞了，他高聲喊道：「哼！你那匹馬雖然看起來不錯，但我的馬『金鬃』可是更要好的多哩！」夫倫庫尼爾說完，便急急跨上自己的馬『金鬃』想要趕上奧丁，以證明自己所言不假，並粉碎奧丁所下的豪語。

奧丁乘著斯雷布尼爾飛快地劃過天際，奔回阿斯嘉特。而騎著金鬃的夫倫庫尼爾也緊追在後，他窮追不捨地追進了阿斯嘉特。諸神十分驚訝這場空中追逐戰，都大聲吆喝無禮闖入的夫倫庫尼爾，然而夫倫庫尼爾渾然不知自己闖下大禍且身陷險境，他大剌剌地大口大口地拿阿斯嘉特的藏酒喝。不一會兒還開始四處瞎晃，胡言亂語。他不但不時地窺視索爾的妻子西芙和芙蕾雅女神的閨房，還胡亂下狂語，說什麼要把諸神全部勒死，還要把瓦爾哈爾宮殿整個搬回巨人國去。

這下子，就算修養再好的亞薩諸神也要按捺不住性子了。就在夫倫庫尼爾正框鬧著要美麗的芙蕾雅女神爲他斟酒助興時，忍無可忍的諸神，便派人去找不在場的索爾來滅滅這該死的惡客的威風。當拿著寶槌的索爾得知消息匆匆從遠處趕到時，他正巧看見芙蕾雅女神正在爲巨人倒酒。索爾眞下子可眞是怒火中燒，想一槌打扁這無恥又好色的巨人，但他礙於奧丁的阻擋，無法殺巨人，以洩心中的怒氣。

夫倫庫尼爾縱然喝得亂七八糟，但在看見怒髮衝冠的索爾時，酒也醒了一大半，他心想，再鬧下去自己可要糟了。他腦子一轉，便對索爾說道：「我說，索爾呀！大家都說你為人十分正義。今天你若是在一衝動之下打死我這個手無寸鐵的人實在不是一件光榮的事。今天，我忘了帶盾和燧石來，不然我馬上可以站起來和你大戰八回合。不如這樣吧！我們另擇他日，待我備齊武器，我們再會合於阿斯嘉特與巨人國邊界可好？」索爾爽快地答應了他的請求，他實在不想放棄這個好好修理巨人的好機會。

夫倫庫尼爾巧妙地為自己解除了危機，安全地返回普茲海姆。這個決鬥的消息很快地傳遍巨人國。一方面由於索爾善戰的聲名遠播，另一方面因為夫倫庫尼爾乃是巨人國中極具盛名的英雄，如果他敗下陣來，巨人國的臉可丟大了，甚至還有可能會影響到巨人國的命運。巨人族聚在一起為此事開了一個會議，好不容易想了一個辦法：他們決定不派夫倫庫尼爾親自應戰，以免落得場面無法收拾。他們合力用黏土做了一個高九哩、胸寬三哩的大巨人——假夫倫庫尼爾。他們把巨人做得十分逼眞，像極了夫倫庫尼爾。然而，他們卻一時找不到一個適合放進巨人裡的龐大心臟，不得已之下就胡亂找了一顆母馬的心臟來取代。

決戰那天到來了，眞的夫倫庫尼爾在眾意之下只好躲起來不應戰，而由假的黏土巨人赴約。索爾和貼身僕人「希亞費」一同抵達決戰地點。假巨人採取固定的戰策，他把盾放在胸前，再把武器——燧石往敵人身上丟。機智的希亞費一看到這種情形便假裝好意地對假巨人說：「哎呀！你這樣子把盾護在胸前可真是愚蠢透了！我的主人可是最擅長由下往上攻擊的哩！」

身似巨人卻腦袋空空的假巨人時一聽完希亞費說的話，便把盾從身前移到腳下，用兩手抓住燧石來應戰。這時索爾一邊鳴雷，一面趁機緩緩逼近對方。在索爾不時地鳴雷閃電之下，假巨人顯得有些驚慌失措。因爲當初巨人們在造假巨人時給他放進的是母馬的心臟，而馬可是怕極了打雷閃電，因此，這個假巨人不僅腦袋空空，還十分沒膽量。假巨人胡亂地丟出燧石攻擊索爾，而索爾也擲出威力十足的寶槌。寶槌撞上了燧石，迸出了無數的火花，一聲巨響後，寶槌粉碎了燧石，狠狠擊中了聽信希亞費詭計而把護身的盾放在腳下的假巨人。一聲巨響後，假巨人倒了。然而，另一方面被寶槌擊得粉碎的燧石，也化成無數個銳利的小碎石，有些正巧擊中了索爾的前額。索爾被震得跌在地下，而龐大的假巨人倒地時，腳正好壓住索爾。

這下子，索爾被巨人的腳壓住了，完全也無法動彈。諸神紛紛湧上前來，但卻任誰也無法移動巨人的腳一點兒。正在眾人苦無對策之際，索爾的兒子卻衝上前來，一下子就抬開了巨人的腳，救出父親。諸神見了這情景都驚訝地說不出話來，因爲索爾的兒子──「馬克」，才出生三天，卻擁有如此的神力，果然有乃父之風，馬克靠在索爾身旁，對他說：「爸爸，我來得太遲了！哼！如果我來得早些，我就用拳頭打死這個臭巨人！」

索爾看見自己的兒子如此爭氣，十分高興，便把夫倫庫尼爾的寶貝馬「金鬃」奪過來送給兒子作犒賞。馬克騎著金鬃得意極了。至於那倒地不起的假巨人呢？據說希亞費三兩下就把他打死了。

後來被燧石碎片擊中額頭的索爾因爲疼痛難耐，不勝其煩，就在眾人的建議下前往巫婆「昆蘿娃」家中，想請她爲自己施咒除下額上的碎石片以求一勞永逸。昆蘿娃果然一施咒語，碎片便紛紛落下。索爾一見此狀，高興極了，便對著昆蘿娃訴說起她丈夫「奧爾凡第爾」過去種種的英雄事蹟。昆蘿娃聽得入迷，一高興之下，竟忘了下面的咒語，後來更再也無法回想起來了。啊！可憐的索爾後來只好嵌著剩餘的燧石碎片，成了他永除不去的印記。

勇闖休彌爾家

這個索爾和泰爾神勇闖休彌爾家盜巨鍋的故事，也包含在索爾著名的七次冒險裡。以下概述故事內容：

有一天，亞薩諸神一同狩獵，回來興致正好，想舉行一個宴會，好好地飲酒作樂一番。他們一群人便提議到海神「耶吉爾」家，要耶吉爾爲他們準備豐盛的酒宴。然而耶吉爾是巨人國的一份子，對諸神很有反感，卻不好直接拒絕諸神的要求，於是，他想好了一個推託的方法：他對諸神說：「這樣吧！如果你們可以找到一個可以釀上幾千幾百人份酒的巨鍋，我就聽各位吩咐，準備酒宴。但沒有巨鍋之前，恕難從命。各位就先請回吧！」這下子，諸神們可頭大啦！他們上那裡去找這麼大的一個巨鍋哩？正當大夥兒正頭痛不已時，泰爾神突然想到他的父親——巨人休彌爾擁有符合這個條件的巨鍋，正好可以拿來給耶吉爾釀酒。諸神一聽，高興極了，他們推派最英勇的索爾與泰爾同行去取巨鍋。

休彌爾住在暴風雨之海的東方──世界的盡頭艾里瓦加爾。泰爾神的祖母是一個有九百個頭的巨人，她對孫子泰爾不但沒有半點好感，甚至可以說討厭透了。當泰爾與索爾到達休彌爾家中時，只有泰爾的母親對自己久未謀面兒子自然而然流露出慈母之情。她熱情地款待泰爾，噓寒問暖。而泰爾的祖母，一見到列屬神族的孫子，便繃著一張臉進房去了。臨走時，拋下一句話說：「哈！待你那脾氣暴烈的父親回來時，你可有苦頭吃啦！」

不久，「碰！碰！碰！」的巨響傳來，腳步聲越來越近，原來是泰爾那走路會發出的巨響、鬍鬚上掛著冰柱的父親休彌爾回來了。泰爾的母親生怕丈夫一見到兩個陌生神族，會不分青紅皀白地動起手來，便要泰爾與索爾先在巨鍋後頭躲一躲，讓她先跟丈夫說一說。等索爾、泰爾他們躲好身後，她上前迎接返家的丈夫，一會兒才溫和提起：「我說，老頭子呀！你那期盼已久的兒子回家了呢！」沒想到休彌爾正如他的母親，對自己列爲神族的兒子很反感。他一聽兒子返家了，眼睛一翻，直瞪著天花板。他銳利的眼神撼動了屋樑，差點把屋柱粉碎了。他呼呼地吹著氣，連巨鍋都起了巨震。受不了撼動的索爾及泰爾，只好硬著頭皮從藏身的巨鍋後走了出來，和休彌爾打招呼。

休彌爾一看見他們，火氣更大了，他雙眼瞪得好大，好像要冒出火來了。但他的妻子拉著他的胳膊，用眼神示意要他冷靜下來，招待他們晚餐。休彌爾礙於妻子的情面，只好硬按下怒火，強忍著滿腔怨氣，招待他們就座用餐。休彌爾在妻子的示意下宰了三頭牛做晚餐，但食量很大的泰爾自己一口氣就吃掉兩頭牛。這可好啦！休彌爾的眉頭皺得更緊了，他埋怨道：「你們食量這麼大，我可找不到食物供你們吃啦！我只好去海裡釣鯨魚供給明天的食物。」泰爾聽到父親的怨言，立刻說：「父親，你別耽心，如果你有魚餌，我可以陪你一道去釣魚呀！」

隔天一早，休彌爾準備好釣具和釣餌，便要出海去釣魚。索爾知道了，表示也想同他們一起去。休彌爾從鼻孔裡哼一口氣說：「如果你也想去，就自個兒去屋子裡面拿魚餌吧！我可懶得再費半點神了！」索爾便逕自去屋後找魚餌，找釣竿。他不想用巨人的魚餌，反倒擰下休彌爾的大黑牡牛的頭，打算用它來做魚餌。這下子可把休彌爾氣翻啦！他緊握拳頭，一再警告，如果索爾再有如此的冒犯舉動，他肯定會擰下他的頭來洩恨。索爾聽完也不置可否，他心中另有打算。

三個人各懷心事地乘船出海，不耐煩極了的休彌爾一心只想釣上幾隻鯨魚，趕快交差了事，他再也受不了和這兩個神族混蛋混在一塊啦！船出航不久，休彌爾就表示想停下來垂釣，但索爾卻另有想法，堅持遠航到深海去。泰爾在一旁也不好說些什麼。在兩個爭吵不休下，船終於來到深海。他們停下來釣魚。不一會兒，擅長釣魚的休彌爾就釣上兩隻巨大的鯨魚。他得意極了，直向泰爾及索爾炫耀，誰知道索爾卻連眼皮也不抬一下，只是專心地將牛頭仔細掛在釣鉤上，將它直沈下深深的大海裡。原來，索爾一心想釣起那條躲在大海底部，據說會呑沒世界的魔蛇——「彌得加特」（約倫坎特）。

不久，索爾的釣鉤有動靜了。牛頭果然被魔蛇一口咬住了。索爾使勁捉住釣竿，拚命要把魔蛇從深海拉出來。他好不容易用力把魔蛇拖出海面，甚至因用力過猛，把船底都給踩破了。他一見機不可失，掄起寶槌便要當著魔蛇的頭打下去。不料，休彌爾看見大魔蛇張著血盆大口在海上翻騰，陣陣巨浪衝天，可嚇得腿都軟了。他一怕之下，便舉劍切斷魚線，使得魔蛇瞬間得到自由，死裡逃生，直沈到海底。眼見魔蛇白白從手中溜掉，前功盡失的索爾可氣炸了。他一腳將壞事的休彌爾踢入海中以洩憤。

一旁的泰爾趕緊將落海的父親拉上船，三個人便趕在船沈前回到岸邊。被索爾踢下海的休彌爾仍是一肚子氣，三個人在回家途中都不願先開口，索爾幫休彌爾將鯨魚搬回家，休彌爾還是不願低頭承認索爾的實力。他對索爾說：「哼！我看你也別因為小小的事就自滿不已。你也太自大了吧！我說呀！你若不能將我的高腳木盤打破，你根本不能算是有力氣的人！」

索爾那聽得下休彌爾的譏諷，他抓起木盤便使勁往屋內的大石柱上扔去。只聽見「轟」的一聲，石柱應聲粉碎了，但木盤卻絲毫未損。索爾看了十分震驚，卻百思不得其解。這時，休彌爾的妻子偷偷走近索爾，悄聲告訴他：「這木盤是個寶物，十分堅硬。你只有把它擲向休彌爾的頭部，它才會破碎。因為休彌爾的頭可比木盤還來得堅硬多了！」索爾聞言便把木盤使勁扔向休彌爾的額頭，結果休彌爾完全沒料到索爾會來這一招，呆愣在原地。木盤果然應聲破裂了，但休彌爾卻毫髮無傷。

休彌爾眼見自己的寶盤被打碎了，十分心疼，卻只得承認索爾的力氣。他對著索爾說：「哼！我知道你倆此行來是爲了我的巨鍋。這樣吧！如果你可以把巨鍋搬走，那巨鍋便是你的了。」索爾一聽，十分高興。他心想，這下他終於可以達成此行的任務了。他使勁去搬巨鍋，一次、兩次，沒想到巨鍋卻動也不動。後來他索性用力拿住鍋緣，兩腳緊踏地面，深吸氣再一把將巨鍋舉起。他高高地將鍋子戴在頭上，這巨大的鍋子幾乎要把索爾整個人都蓋住了。休彌爾雖然早知道索爾力大無極，但見狀仍是吃驚地說不出話來，只有任由索爾帶走他的寶貝鍋子。

泰爾及索爾十分高興地帶著巨鍋準備返回阿斯嘉特告訴諸神這個好消息。他們心想，這下子可以好好地在海神家吃上一頓大餐了。就在他們回家的途中，身後卻傳來一陣吵鬧聲。原來，休彌爾的巨人夥伴們不甘心他們就這樣把巨鍋搬走，前來追討鍋子了。索爾那嚥得下這口氣，他拿起寶槌，三兩下便把巨人擊退了。泰爾和索爾折騰了好一會兒工夫，總算安全地將巨鍋搬回阿斯嘉特。諸神熱烈歡呼迎接完成使命的兩人後，大夥便熱熱鬧鬧地帶著巨鍋去找海神耶吉爾，要他實現當初的諾言，爲他們準備酒宴。耶吉爾萬萬也沒想到，自己當初所下的刁難請求竟然被達成了。他縱有千萬個不願意，也只好依言準備豪華的餐宴。一場因巨鍋而引起的風波，就這樣歡喜落幕了。

這個故事流傳很廣。現在記載著這個故事的碑文及雕像仍然矗立在瑞典，甚至英國的歌斯霍斯。據推測那極可能是北歐人在海盜時代留下來的。那矗立的雕像描述的正是彌得加特魔蛇咬住餌，而索爾因使力過猛而踏破船底的情景。在《艾達》詩歌中就包含了〈艾彌爾之歌〉，前述的故事主要參考自〈艾彌爾之歌〉。而魯拉吉詩人的詩中也曾談及這個有趣的冒險。

索爾巧扮新娘

有一天早上，索爾醒來時，突然發現自己的寶槌不見了。他慌得不得了，心想這一定是巨人們搞的鬼。他把一向足智多謀的搗蛋神洛基找來說：「洛基！這下可不得了了，我的寶槌找不到啦！」洛基聽完，和索爾都一致認爲是巨人們搞的鬼。於是，他們便去協商芙蕾雅女神，向她借來「老鷹的羽衣」，這羽毛可是一件寶物，只要穿上它便可以自由飛行，洛基穿上羽衣便逕自飛往巨人國打探消息。

當洛基飛抵巨人國時，正巧看見巨人國王「斯留姆」坐在半山崗悠閒地剪著馬鬃。斯留姆看見洛基，似乎並不吃驚，他神色自若地問他：「我說，洛基呀！你到底來敝國有何貴事？你爲何獨自前來？」

洛基看見斯留姆的態度，便知道是他做的好事了。他直接問說：「是不是你把索爾的寶槌給藏起來啦？」斯留姆聽了洛基的質問，也不驚慌，他大笑著說：「哈！我把那寶槌藏在一個地下三萬公尺深的秘密地方，任憑你們怎麼找也找不到的。要討回此槌，有一個條件：把你們那迷人的芙蕾雅女神嫁給我當新娘子吧！」洛基當下打聽到消息，便又披上羽衣，返回阿斯嘉特報告寶槌失主——索爾。

索爾聽到消息後，深怕自己討不回寶槌，急得不得了。他偕同洛基一道前去拜訪芙蕾雅，他們對著芙蕾雅說：「請妳快快披上新娘嫁衣，跟我們一起去巨人國討回寶槌吧！」芙蕾雅聽了這個不情之請，震怒不已，她的狂怒使整個亞薩神殿撼動不已。她哼著氣說：「要我嫁給那無恥的巨人斯留姆，除非太陽打從西邊出來。」這可好了，苦無對策的索爾只有開會與諸神共商對策。後來，海姆達爾提議說：「索爾呀！我看你若要討回寶槌，只有自己假扮成新娘啦！你就穿起新娘服裝，胸前別上珍貴的紅寶石，頸上戴上幸福項鍊，腰間掛上一串鑰匙，頭髮上再用桂冠鑲飾。這樣巧妙的裝扮，肯定可以瞞過那些巨人的耳目。」一向自認勇武，以自己的男子氣概爲豪的索爾怎肯作如此的打扮。他聽完大聲嚷嚷道：「不行！不行！這可不行。我若這樣打扮可會大失顏面，以後叫我索爾如何在諸神面前抬起頭來？還是另外再想個方法吧！」

此時，一直保持靜默待在索爾身旁的洛基卻開口了：「哎呀！索爾，看來也沒別的法子可想了。你還是乖乖穿上新娘嫁衣，假扮新娘子伺機騙回寶槌吧！否則神國命運寶槌的威力，恐怕很快就會被巨人國消滅。關心神國命運的諸神於是不顧索爾的反對，強迫索爾穿起新娘禮服、戴起新娘面紗、項鍊，腰間再掛上大鑰匙。待打扮妥當時，再由機智的洛基巧扮成陪嫁的侍女，兩人一前一後地飛往巨人國。

等不及娶進芙蕾雅的巨人國王斯留姆接獲新娘子即將抵達的通知，感到十分興奮。他趕緊吩咐他的臣民說：「巨人們，我美麗的新娘子就要來了。你們快去裝飾佈置一下。我們一定要把這裡佈置得美輪美奐，好好迎接新娘子的到來，別叫她對咱們巨人失望才是。」斯留姆一聲令下，整個巨人國便為即將入門的新娘忙成一團。斯留姆則又興奮又得意地看著典禮會場。

傍晚時分，巧扮成新娘與侍女的索爾與洛基按計劃抵達，巨人們熱烈地歡迎他們，並為他們準備了豐富的酒宴。巨人們全都高高興與地參加這場喜宴，並爭相一睹芙蕾雅的風采。那知道那身形巨大的新娘子神祕地蒙著一層又一層的面紗。而且她一坐定下來，沒多久便自個兒吃掉一隻大牡牛、八條燻鮭魚並一口氣喝掉三大桶蜂蜜酒。這異常大的食量和酒量令巨人們都大吃一驚。斯留姆忍不住說：「我可從未看見過食量這麼驚人的新娘。」洛基怕計謀被巨人們揭穿，趕緊揑了假新娘索爾一把，並溫柔地以侍女的口氣對斯留姆解釋說：「我偉大的王呀！我家的主子一直渴望嫁來巨人國，至今她已有八個晚上沒有進食了呢！」

斯留姆聞言心中大悅說：「這眞是太委屈她了，該多吃些，該多吃些的！」斯留姆一高興之下，摟住假新娘就想親吻她，但他卻隱約看見索爾透過層層面紗射來一道凶光。他嚇了一跳，趕緊從新娘子身旁跳開說：「奇怪了！芙蕾雅的眼神好嚇人哩！她的雙眼彷彿會噴出火焰！」這時洛基趕緊解釋說：「芙蕾雅這時心情肯定很激動，想想她也有八個晚上沒睡覺了哩！」斯留姆聽了這才鎮定下來，坐回假新娘子的身邊。

不久，斯留姆的姊姊走上前來對著假新娘說：「我說，斯留姆的新娘子。妳若是想要獲得我的祝福和敬重，妳便脫下手上的紅色手鐲送過來吧！」假新娘子聞言低聲地和自己的侍女——洛基交談幾句。之後洛基便對著斯留姆說：「我家主子說要先看一眼索爾的寶槌才行！」一心想討好新娘子的斯留姆，半刻也不敢遲疑，他趕快把藏好的寶槌拿出來。假新娘索爾一見自己的失槌，十分高興。他見機不可失，便一個箭步搶上前，在眾人還在驚愕中時，他一把搶回寶槌，一下子便打死了斯留姆和他的姊姊，巨人國頓時陷入一片慌亂，索爾和洛基就在一片慌亂中逃回神國。

就這樣，諸神終於用巧智得回了寶槌。不過，索爾巧扮新娘了的事蹟就這樣一直流傳下去，使他苦惱不已。這個故事被記載在《艾達》一書中的〈斯留姆之歌〉。這個神話不同於其他記載於《艾達》殺氣騰騰的故事。整個故事輕鬆幽默，十分討喜。

索爾直搗巨人國

有一天，索爾和洛基一同乘著由兩隻寶貝山羊拉著的車子往巨人國出發。傍晚的時候，他們兩人奔波一天也累了，拉了許久車子的山羊也不斷地喘息。於是他們便決定到鄰近的農舍借宿。來應門的農夫十分為難地說，他可以供給山羊糧草，但他的家畜是他所有的財產，他恐怕無法提供他兩人的晚餐。這時，索爾開口說：「這你就別費心了，我不但自備糧食，還可以好好招待你們全家一頓大餐。」農夫雖半信半疑，還是答應讓他們留下來投宿。

當晚，索爾便殺了那兩隻他心愛的山羊，並把骨、肉一同放在鍋中熬煮。等到羊骨煮熟，散發出陣陣肉香時，他便把農夫一家子全都叫來說道：「你們就儘量吃吧！這是我答應你們的大餐。不過要記住，你們千萬不可以把骨頭咬碎。就儘管把羊肉啃個乾淨，並把羊骨集中放在這兩張羊皮上吧！」索爾把兩張山羊皮舖好放在火爐旁，然後大夥小心翼翼地啃著羊肉，並仔細地把羊骨放好。但農夫的兒子希亞費卻十分愛吃骨髓，因此他不顧索爾的叮嚀，私自偷偷刮開一根腿骨，盡情地享受髓汁。他心想！管他的，反正也不會有人發現他偷吃了骨髓汁。

隔天早上，索爾和洛基準備出發了。索爾來到火爐旁，拿著寶槌對著山羊皮唸起了咒語，結果那兩張山羊皮神奇地搖晃了幾下之後，立刻變成兩隻活生生的山羊了。索爾仔細查看復活的山羊，卻發現有些異樣，原來其中有一隻羊的後腿是跛的。索爾看到這種情形，知道是有人不聽他的警告，偷啃了山羊骨頭，十分生氣。他緊握著寶槌來到農夫面前興師問罪，農夫見到盛怒的索爾可嚇壞了，他連忙說：「請您息怒啊！偉大的索爾神。我們知錯了也願意補償罪過，我願意將所有的家畜都送給你以示謝罪！」盛怒中的索爾看見農夫害怕的樣子，心生不忍，於是決定放他一馬。但他卻要求收下農夫的一兒一女當做僕人以示懲罰，逃過一命的農夫雖然捨不得一雙兒女，卻也只能無奈和兒女揮別。

於是農夫的兒子希亞費和安兒蘿絲昆娃就這樣成了索爾的隨從，索爾把跛山羊留下送給農夫。就這樣，四人便徒步踏上前往巨人國育茲海姆的旅程。

記得我們之前提起索爾和夫倫庫尼爾之戰嗎？那個和索爾一起赴假巨人之戰的忠僕便是希亞費。後來甚至聽說是希亞費打死了被索爾擊倒的黏土巨人。當初希亞費便是因一時嘴饞而在因緣際會下成了索爾的僕人。

他們四人就這樣徒步來到了陸地的盡頭，並越過大海到達巨人國。首先他們遇見一大片黑森林，揹著糧食的希亞費走在最前頭，他一向腳力驚人，走得比誰都快。太陽下山之前，他們恰巧找到一棟小屋過夜。這幢小屋造形十分奇特，有好幾個十分深長的房間，夜深的時候，只聽見外頭傳來十分駭人的巨大聲響，同時整棟房子也像地震般不停地晃動著。索爾只好讓其他人先去睡，自己則拿著槌子守住門口，準備一有異樣便叫醒眾人。一整夜，那令人害怕的巨大聲響都不曾停息過。

天一破曉，眾人便連忙起身走出屋子。突然，眾人驚見一個碩大無比的大巨人躺在森林中，正打著如雷貫耳的鼾聲。眾人這才明瞭原來昨晚那騷擾他們一整夜的怪聲正是這個巨人的鼾聲，「哼！你這該死的臭傢伙，眞想一槌打死你！」索爾在心裡臭罵著，很想一槌打扁這打鼾的巨人。可是，索爾第一次卻退縮了，他因這巨人碩大的身軀而心生猶豫。這時，巨人正巧醒來了，索爾大聲問道：「你到是是誰？」巨人聞言心閒氣定地說：「我的名字叫斯庫密留爾，而您想必便是大名鼎鼎的索爾吧！」巨人回答完索爾的問題又接著說：「啊！你們把我的手套給拉去了！」說完他便伸手把索爾他們昨晚住宿的小屋給捲了回來：原來索爾他們昨夜住宿的房子是巨人的手套，而那幾個深長的房間，正是手套的指頭部分。索爾一行人心中都十分訝異，卻都不敢表露出來。

大夥在森林裡一同吃了早餐後，便準備出發了。巨人問他們說：「我是不是可以跟你們同行？」索爾說：「歡迎極了！」於是一行人就這樣浩浩蕩蕩地準備出發了。巨人把索爾他們的行李連同自己的一起扛在自己的肩膀上。但是，巨人走路的步伐很大，索爾他們必須小跑步才能勉強跟上。

傍晚時分，索爾一行人來到一棵大樹前，巨人放下肩上的行李說：「我看今晚就在這裡過夜吧！我現在要睡覺了！啊！我這袋子裡有一些糧食，你們儘管拿去吃吧！」他話一說完，便立刻躺下來，不一會兒就沈沈入夢，打起鼾來了。索爾把巨人的袋子拉過來，想拿出裡面的糧食來吃，可是無論他如何使勁，就是無法解開繩結，於是他們四人便一個接一個輪流試著解開繩索，但是奇怪的是，無論他們怎麼試，結果不但打不開繩結，而且還越來越緊。

索爾開始惱羞成怒，他忿怒地握住寶槌，大步走向巨人，然後用力朝他頭上一擊。一般人只要遭索爾如此一擊，肯定斃命。但巨人卻只是被槌醒了，他伸手摸摸自己的額頭說：「咦？是不是有落葉落在我頭上？你們都吃過晚餐了嗎？」「哦！我們都吃過了，現在正要去睡覺。」索爾如此回答巨人，然後便逕自走過另一棵樹旁躺下。但他實在是一肚子火又加上饑餓，於是整夜輾轉難眠。

夜深的時候，巨人的鼾聲越來越大，大地因此而震動，而且在森林中產生很大的迴音。原本就一肚子氣的索爾這下子更加火大了。他忿忿地下定決心，這次一定要把這煩人的巨人殺死。他拿起寶槌便使勁地敲擊在巨人的太陽穴上。他原本心想，這下子這該死的巨人肯定一命嗚呼了！誰知道巨人只是醒過來說：「咦？是不是有橡樹果實落在我的頭上啦！索爾，你還沒睡嗎？」

「哦！我正巧想散個步，待會兒好入睡！」索爾如此回答著，然後便悻悻然地踱步回自己原來待的那棵樹下，他強壓住內心的憤怒，坐在樹下耐心地等待巨人再度入睡。

好不容易巨人終於在黎明前再度熟睡了，他又打起了巨大的鼾聲。眼見時機成熟的索爾，這次使盡了所有的力氣用力槌向巨人的太陽穴，槌子深深地陷入了巨人的太陽穴中。只見巨人幽幽地醒來說：「咦！我好像被什麼東西給撞到了。是小鳥把枯樹枝踢到我頭上了嗎？呃！索爾，你還沒睡嗎？天就快亮了哩！你再不睡，天亮了可就無法上得了路了，我看你還是得補充點體力才行。」索爾心裡可氣極了，可是他又驚訝於巨人的強壯，因此無法將怒氣表現出來。

天終於亮了，巨人起身準備踏上自己的旅程。他告訴索爾許多有關於巨人國的事，讓索爾眾人吃驚不已。他還說：「我說，我的朋友們，現在你們離烏德加特已經不遠了，我看你們不如打消討伐巨人國的念頭！你們都說我巨大，但你們要知道在那裡可有許多人比我還龐大還強壯的。還有，你們更要注意的是，態度千萬不可太過傲慢才好。因為那裡的人民可是不會理會驕傲自大的人的，所以呀！你們態度還是不要太驕傲才好！好啦！我們就在這裡分手吧！祝你們好運，我的朋友們！」

巨人話一說完，便頭也不回地消失在森林中了。索爾眼看著巨人走掉，連「再見」都忘了說，只有呆呆地目送巨人的背影漸漸離去。和巨人分別之後，索爾一行人便繼續往東方前進。近午時分，他們來到一片遼闊的大原野。原野上矗立著一座無比宏偉的大城堡，這座城堡高聳入雲霄，屋頂沒入雲層裡，根本都看不到了。大門深鎖，他們試了好幾次，根本一丁點也打不開，還好大門的門縫很大，足以讓他們鑽進去。索爾一行人鑽進大門後，繼續前進，看見一棟大門開敞的大建築物。屋裡有一張巨大的長凳，長凳上坐了一個身材十分魁梧的巨人，而更裡面有一位相貌威嚴、看似國王的人端坐在中間。

「嗯！這傢伙想必便是烏德加特國的國王了。」索爾如是想著，他一面想著，一面走向前。那人果眞是烏德加特國王。他微笑地問著向他走來的索爾：「閣下便是鼎鼎大名的索爾嗎？聽說你力大無窮，不過你倒眞的是比我想像中的更瘦弱得多了。你是眞的很有力氣吧！要知道想進入此地的人，都必須擁有驚人的特殊技能。你們到底有什麼特殊技能呢？」

國王這番挑釁的話激怒了索爾一行人，國王話一說完，洛基便立刻開口說：「就讓你瞧瞧我的功夫吧！說到吃東西比賽呀！我敢說在場的人沒有可以和我相提並論的。」「哦！這也能算得上是一種技能嗎？好吧！既然你這麼說，我就派個人和你比試比試吧！」國王一說完，便指著在長凳另一頭坐著的羅意說：「羅意！你就和咱們的客人比賽看看吧！」國王命人搬來一個盛滿肉塊的大桶。羅意和洛基就這樣分坐在大桶的兩端，等比賽的號令一下，他們兩人就開始拚命吃，比賽一開始時，兩人還平分秋色，不分勝負，但是到了後來，洛基卻明顯居下風了。

「洛基，好啦！你輸了。那另外那個小伙子，你可有什麼技能？」國王如此說道。洛基一句話也說不出來了。希亞費回答國王的問題說：「我呀！我可以跑得很快，沒人可以追得上我！」

「喲！太好了！你竟然如此有把握的話，那你就來和我的手下賽跑吧！」國王說道。於是，國王和所有在場的人都一齊來到戶外賽跑的場地。國王指派一個叫夫意的巨人來和希亞費比賽。就這樣，夫意和希亞費便舉行了一場賽跑比賽。他們的比賽是以三分決定勝負。雖然希亞費跑得很快，但夫意卻跑得要快得多了。第一次賽跑時，夫意首先抵達終點，然後他便笑著轉身迎接希亞費。這時，巨人國的國王帶著笑意對希亞費說：「希亞費，你是跑得挺快的。不過呀！如果你想跑贏夫意的話，可還要多加把勁才行。」

第二次比賽時，希亞費便更加賣力地跑，他的臉都因此而漲紅了。可是，正當他拚命跑的同時，夫意卻早已到了遙遠的終點，微笑地對他招手，希亞費十分驚訝，卻仍不氣餒。第三次賽跑的時候，他卯足了勁準備衝刺，只可惜，希亞費還沒有跑到一半時，夫意早已到達了終點，希亞費百思不解，但事實擺在眼前，他也只有認輸。

巨人國王宣布勝負已分，他緊接著問索爾說：「索爾，久聞你是一個大豪傑，那麼這次你想要表演什麼給我看呢？我可是滿心期待哩！」索爾回答說：「這樣吧！我最拿手的是喝酒，不如你就派一個人來和我比賽吧！」「哦！那眞是太好了，你眞不愧是阿斯嘉特的第一豪傑。」國王說完這句話後，便請眾人一起回到客廳，舉行喝酒比賽。他命一個侍童拿來一個角杯（角杯是一種用水牛的角或金屬做成的角形酒杯）。國王把盛滿酒的角杯遞給索爾，並對他說：「這樣吧！如果你能一口氣把盛裝滿角杯的酒喝光光，那麼我就承認你是名副其實的大豪傑。你要知道，我們這裡的任何人可都是三口就把酒喝光光的。」

索爾聽完便一直注視眼前的酒杯，試想一口氣喝完這角杯的可能性有多大。他發現這角杯雖然看起來有點長，可是卻不怎麼大，他這時也正好渴了，他想：「嗯！我肯定可以一口把酒喝光吧！」於是，他深吸了一大口氣後，便像鯨魚喝水般地大口把酒灌進肚子裡去，直到他實在無法呼吸了，他才把角杯移開嘴邊，仔細察看角杯裡是否還有酒。結果卻令索爾大大吃了一驚！角杯裡的酒好似一丁點兒也沒有減少哩！正值索爾震驚這樣的結果同時，烏德加特國王以譏笑的口吻對他說：「咿！雖然你是一口氣喝了不少，但還是遠遠比我想像中的少多了。原來大名鼎鼎的阿斯嘉特豪傑——索爾一向自豪的酒量也不過爾爾哩！喲！如果不是今天我親眼看見了，我打死也不會相信呢！我說，索爾老兄，你是否可以兩口喝光角杯裡的酒呢？」

性情一向剛烈的索爾那經得起烏德加特國王惡意的譏笑，他二話不說就捧起酒杯，比剛才更拚命，那角杯裡的酒看起來卻一點也沒有比剛才減少了。索爾這下子眉頭可都蹙起來啦！「喲！索爾，我說你是怎麼啦？你難道沒膽再喝下去了嗎？看來，這下子，你若想三口把角杯裡的酒喝完，就得好好地再加把勁了，不過，話雖如此，依我看，你若想三口把酒喝完，彷彿也太難了吧！哎呀！雖然你在阿斯嘉特素以第一豪傑聞名，不過，你在我國可是碰上一個大釘子了，我看你還是努力想想自己到底還有什麼其他的特長，好讓我們見識你的偉大之處吧！」烏德加特國王一點也不放過索爾，這下子可把索爾氣得臉都漲紅了。他仍不肯認輸地捧起角杯便拚命灌，一直灌到他氣都喘不過來為止，他放下角杯，定睛一瞧，咦！雖然這次他仍是沒有把角杯裡的酒全部喝完，不過，這次角杯裡的酒可明顯地減少了許多。

烏德加特國王又開口了：「啊！這次你雖然是喝了不少，不過，我終究發現你的力量可大不如我原本想像的那麼強大。哎！我想想我們到底還是太高估你了哩！你要不要考慮換一下別個競賽呢？喝酒這項比賽對你來說可是太不利於你，還讓你大失了面子了呢！」索爾聽了可是一肚子氣，可是事實擺在眼前，也不容他狡辯。「好吧！那我就試試別的競賽吧！那到底我還可以參加什麼比賽呢？」索爾沒好氣地說道。

「嗯！不如就這樣吧！我們這裡的年輕人流行一種遊戲，那遊戲便是把我飼養的一隻寵物貓從地上整隻抱起來。其實這也沒什麼，我也不是說瞧不起你或什麼的。只是我到底發現你不是那麼強的人了。」烏德加特國王話一說完，便有一隻貓竄到客廳中央，那是一隻渾身呈鐵灰色且體積異常寵大的貓。索爾大步走向前去，一把便想用單手從貓的腰部將牠抱起。可眞奇怪了。那貓的背部雖被索爾用力往上托起，可是牠的四隻腳卻不曾離地。於是索爾這下可不敢掉以輕心了。

他用雙手努力想把這隻巨貓舉起來，怪的是不管索爾如何使勁，那灰色的大貓也只是背部拱起、單腳離地而已，其他的三隻腳仍死命地貼在地面上。這下子，索爾不得不放棄了。

「哎呀呀！你眞叫人吃驚哩！你竟沒有把這個遊戲做得很好。嗯！我想想，我的貓是巨大了些，而且你又比在場的任何人都要矮得多。這也難怪！這也難怪！」烏德加特國王如此說道。這下子，索爾可氣炸了，他大吼道：「你敢說我矮！哼！那你不如就派人來和我摔角吧！我眞的生氣了！」「摔角啊？我看在場的人也沒人有興趣和你摔角了，大概沒人會覺得和你摔角有什麼光榮可言的吧！嗯！不如，我就叫我的奶媽艾莉來和你摔角吧！我看由她來和你競賽是再適合不過的了。」烏德加特國王看了看四周的巨人國人民後說道，他揮了揮手示意侍童去把他的奶媽艾莉喚來。

不久，一個垂垂老矣，連走路都不太穩的老太婆走進客廳，原來她便是國王的奶媽艾莉。國王命她和索爾比賽摔角。索爾一見自己竟是被安排和一個這麼老的老太婆玩摔角，心裡更是氣得不得了了。可是他又不知如何反擊，只有上場和老太婆競賽，索爾用力地想把老太婆摔倒，可是她卻穩如泰山，動也不動。索爾愈用力，愈感到對方一股益發強大的力量反制他，後來，老太婆改守勢爲攻勢，她一直猛向索爾施力，雖然索爾一直拚命抵抗，不肯認輸，但後來，他還是承受不了老太婆一波又一波強而有力的攻擊而單腳跪了下來。這時，烏德加特國王趕緊跑上前來把兩人分開並宣布比賽到此爲止。他說：「索爾呀！我看也別再比摔角了，我們還是來喝酒聊天吧！」

就這樣，夜晚不知不覺就來臨了。他吩咐侍童準備一大桌子山珍海味和美酒來款待索爾一行人。烏德加特國王一改原本譏諷的態度，用心招待眾人。大夥於是暫拋心事，愉快地大吃大喝了一頓。

隔天早上，索爾一行人都十分喪氣地想早點離開這個讓他們丟盡了臉的地方。他們大夥都覺得此次來巨人國可眞是碰了一個大釘子。烏德加特國王親自送他們到城門口，他在索爾一行人要離開城門之前問索爾說：「你此行來烏德加特國，有什麼感想？你的臉色看起來不太好呢？你是不是正因爲在此地碰見太多比你還要強得多的人而有些喪氣呢？」「哎！說起來眞慚愧！我索爾一向自認不凡，沒想到今日會在此地丟足了臉，這下子，你們肯定會認爲我這來自阿斯嘉特的索爾有辱盛名。想到這裡，我就開心不起來了。」索爾垂頭喪氣地說。

烏德加特國王聽完索爾的自白，大笑起來，忍不住要把眞相告訴洩氣的索爾，因爲他覺得一向自大的索爾這副模樣眞的是太好笑啦！「哈哈！不如我把眞相老實地告訴你吧！只要我還活著的一天，我打死也不會再讓你踏進這座城堡一步了。我們早知道你擁有強大到足以危害到我們國家存亡的力量，而事實證明也的確如此。你甚至要比我們原本想像的還要強大許多。這一次，我們可是施了高明的法術才度過難關，使你知難而退。」國王笑著說道。

於是，國王在索爾一行人不斷地追問之下便把施法的事一五一十的告訴他們。

「那天在森林裡，你們遇見的大巨人——斯庫密爾，其實正是我本人施法變的，我故意把你們的糧食連同我的東西一起放在袋子裡，再用有法術的銅線仔細捆好，這樣一來，不論你們如何費勁也絕對打不開袋子。因爲我早就用法術把袋子封死啦！後來，你氣極了用鐵槌打我的頭。最初那一槌雖然不是特別重，但我如果不是靠法術保護自己，肯定還是會腦袋開花。更別說那之後的第二三槌了，你看那邊的那座山，是不是有三個呈四角形的山谷，那三個山谷一個比一個還深。那便是你用鐵槌槌我時，我施法讓那座山代替我承擔的結果。你瞧出端倪來了嗎？」

「還有啊！當你們在和我的部下比賽時，我也偷偷使用了法術哩！首先，那和洛基比賽吃東西的羅意，其實是我施法用野火變成的。所以啦！野火是什麼都可以快速吞噬掉的，不管是骨骼還是木桶，他都可以全部吃光光，到了後來，火勢愈旺，他吞噬的速度可就沒人能比的了。再說到和希亞費比賽跑步的夫意，其實他就是我本身的思想變成的。因此雖然希亞費跑得已經夠快了，但任誰也沒有辦法跑得過『思想』的。說眞的，希亞費跑步的速度還眞叫人大開眼界呢！」

「而索爾你的酒量也眞是夠驚人的了。我知道你很納悶爲何你死命地灌酒，但角杯裡的酒卻明顯地一點也沒減少。其實呀！那角杯也是我施了法術的。那杯底可是一直通向大海的，當然你如何死命地灌，也很難使角杯裡的酒減少。不過，最後的結果，還眞叫人大吃一驚哩！你最後一次奮力一搏的時候，竟然還是使角杯裡的酒減少了不少！眞是叫人難以相信！啊！如果你當時去海邊看看的話，就會發現海水頓時變少了許多。」

後來，正因爲索爾喝了大海的水，從此便造成了海水的退潮和滿潮的現象，從此大海不復平靜。

烏德加特國王此時嘆了一口氣後又接著說：「後來，我故意激你去抓那隻巨貓。我把牠說得像遊戲一樣輕鬆，其實那認眞說起來可眞是一件難事哩！在你們眼裡，那看來是隻巨貓，但其實那是我將圍繞大地的彌得加特魔蛇施法幻化而成的。我們原本想你根本是不可能把魔蛇舉起來的，但索爾你卻就差那麼一丁點兒就把這條巨蛇整個給舉起來了，可把我們全都嚇得捏了一把冷汗呢！

再說到你和老艾莉的摔角吧！那可才眞的叫人不敢相信哩！你要知道，艾莉那老太婆是由「老年」變成的。沒有人不拜倒在「老年」面前並徹底認輸的。你不祇能抵抗出乎常人的久，而且最後也只是單腳跪下來而已。那可眞是叫做奇蹟了！哎呀呀！想想如果是我們國家的武士來和她比賽的話，一定是沒三兩下就讓她給摔倒了，而且也絕對不會被她放過的。啊！索爾就這麼說吧！我們的確是見識到你們一行人不凡的本領。你們不愧是阿斯嘉特的豪傑。不過，此行，你們到底是被我高明的法術給愚弄了而不得不屈服，甚而心灰意冷。索爾呀！到底，我們都見識到彼此的力量了。

我看你們就安安份份地離開，也別想再踏進我的城堡一步了。那樣對你我都沒有好處的。我們一定會盡全力，並不惜使用各種手段來護衛我們的城堡和領土。那樣一來，如果你仍想硬闖的話，也只會弄得兩敗俱傷罷了。哎！哎！我看你還是死了這條心，別想再來了。就這樣吧！再見了！」

索爾聽完烏德加特國王的話後，心知是受了愚弄，突然惱羞成怒，一時也嚥不下那口氣，拿起寶槌就想一次槌扁國王。但他手只舉到一半，對方就瞬間消失了，索爾氣仍未消，更把烏德加特城整個搗爛以洩憤。可是，他一轉身時，才赫然發現那座雄偉壯麗直入天際的城堡，早就不知在何時消失無蹤，連一塊磚頭也不剩了。他們一行人就這樣愣愣地立在長滿很高的野草的原野上。北風呼呼地吹著。一行人都沈默著說不出話來，只好摸摸鼻子，無奈地踏上歸途，返回阿斯嘉特去了。

啊！索爾一行人闖入巨人國的故事就這樣落幕了。相信你們一定發現這個故事不同於北歐其他較嚴肅的神話，較具娛樂效果，由此看來與其說這個故事是流傳的神話，不如說是史諾里個人即興的創作較爲恰當。當時，史諾里創作的時代背景，使他對北歐諸神們的尊敬已不復前人，甚至還有意無意帶著幽默的口吻來寫這個故事。當時，已經是十三世紀初，甚督教傳入冰島已有兩個世紀之久。當時深受基督教影響的風氣也「有形無形地」影響了正在撰述《艾達》一書的史諾里。史諾里筆下的索爾因而呈現許多不同的面貌，如巧扮新娘子奪回失槌和勇闖巨人國的索爾都是呈現較不同於平時他英勇過人的形象。以下我將再爲你們介紹索爾另一種嶄新的面貌。

（三）亞爾維斯的悲歌

之前所述的故事裡，索爾不是英勇過人，專門對付巨人，剷除敵人，就是鬧點小笑話。現在，我要講的故事可是不同以往，這次，索爾可是一改他耿直的硬漢子性格，展露他機巧的一面。

話說，有一回，阿斯嘉特諸神趁索爾出外旅行辦事時，私下答應了來自侏儒國的一位智者「亞爾維斯」的提親，並決定就這樣瞞天過海，在索爾不在家之時，偷偷地就把索爾的女兒嫁給亞爾維斯。

原來，這個名叫亞爾維斯的侏儒可是來頭不小。他的名字「亞爾維斯」即為無所不知的意思，他是出了名的智者，上知天文，下知地理，眞正名副其實的無所不知。諸神十分看重他的才識，決定和他攀這門親事。可是，大夥都知道以索爾這種死硬的性格，那有可能讓他的掌上明珠嫁給一個侏儒！原本，一切都進行得十分順利，但誰知道當亞爾維斯按照計劃來迎娶的那一天，索爾卻意外地提前返家了。這下可好了，準新郎可被準岳父碰個正著了。索爾發現這件事，氣得不得了，但礙於眾神的顏面又不好發作。他實在很痛恨這門婚事，怎樣也不願把女兒嫁給侏儒。他苦思良策，不知怎麼的，竟眞的讓他想到了一條良策。

他硬壓下心中的怒氣，假意表現出一副通情達理的樣子。他露出笑容，把準新郎亞爾維斯喚到眼前來，對他說：「好吧！就讓我考考你幾個問題，你若眞的都能回答我的問題，我就姑且放下自己的偏見，讓你迎娶我的女兒。這樣子夠公平了吧！」

亞爾維斯原以為索爾一氣之下，會不顧一切地將他一槌打死。他萬萬也沒想到事情會如此容易解決。他毫不猶豫地用力點了點頭，大聲地回答說好。

「那麼，你就好好回答我的問題吧！讓我瞧瞧你是否眞如你的名字般『知所不知』。聽說你對一切命運所知甚詳。那你就告訴我，人類所居住的那片土地，每個國家、神族對它不同的稱呼吧！」

亞爾維斯聞言，一副胸有成竹的樣子，馬上不假思索地回答問題。他詳細地說明了人類稱自己所居住的土地叫「大地」，同時也說明了亞薩神族、華納神族、巨人族及侏儒族等各自對「大地」不同的稱呼。亞爾維斯一口氣回答完了索爾的問題後，眼神就定定地望向索爾。

索爾微微點點頭後，又一連串問了他許多關於太古世紀、天呀、月亮、太陽、雲、風等等的問題。這些問題又冷僻又艱澀，但亞爾維斯卻都連思考也不必思考地回答出來。他的學識眞的是叫人驚嘆哩！滔滔不絕的亞爾維斯一臉得意的神色。他壓根兒沒有注意到天色漸漸亮了，太陽就快出來了，他還一心想著自己就可以娶個美嬌娘回家了。

原來，這正是索爾的詭計，他故意問一大堆莫名其妙的問題讓亞爾維斯回答好拖延時間，天色若亮，那他可那裡也去不了了。為什麼呢？要知道，侏儒和巨人惡魔都是見不得陽光的，如果亞爾維斯沒在太陽出來以前離開，那他可就慘啦！他只有兩種下場，兩種都十分悽慘的哩！一種是在陽光照射下變成石頭，另一種則是瞬間融化。不甘心被諸神及亞爾維斯欺瞞的索爾就是想讓陽光照射在亞爾維斯身上，置他於死地。所以他才一再丟問題給他好拖延時間到天亮。

完啦！完啦！亞爾維斯到底是傻呼呼地中了索爾的詭計了，亞爾維斯回答問題時，太陽已升上來了。這下子，亞爾維斯一肚子的智慧也救不了他了，他更別想娶那美嬌娘了。索爾一見太陽出來了，也不顧問問題啦！他拍著桌子，哈哈大笑起來，對亞爾維斯說：「哈！哈！我是眞的服了你了。從來沒聽到有人能這樣仔仔細細、絲毫無誤地把太古的知識娓娓道來。你倒眞是我遇見的頭一人。不過，你到底還是中了我的詭計了！侏儒呀！你瞧瞧！太陽出來了！這時陽光也正照進了客廳。」

故事說到這裡，詩集的〈亞爾維斯之歌〉就如此結束了。故事上也沒提到亞爾維斯是否眞的在陽光一照下就變成石頭或整個融化。不過，從後來索爾並沒有把女兒嫁給他來看，亞爾維斯可能眞的是凶多吉少了哩！（哎呀！我倒希望他只是被嚇得逃回侏儒國罷了。畢竟少了他這樣一個活百科全書，也是挺可惜的呢！）

就這樣，我們可以得知索爾不只是一個孔武有力的莽夫，他同時也擁有豐富的知識，必要時，他甚至有點狡猾，懂得玩弄人性。

（四）寶槌顯神威

說到索爾，我們就不得不提一下他那視如己命的寶槌，這把寶槌來頭可不小。以後，我將在另一段故事中仔細敘述它的由來。現在，我就約略提一下這把寶槌的功用和它在人類心目中的形象。

索爾的槌不只是他打仗殺敵時的寶貝武器，同時它還有另一種神聖的功用，寶槌是他用來祝福新嫁娘的神聖用品。除了祝福新娘，新出生的嬰兒也常受到此槌的祝福與恩澤。對啦！如果你們還記得的話，當他勇闖巨人國途中，遇上希亞費一家人時，讓替他拖車用的山羊復活的，便是這把寶槌。

因此，這把代表祝福與復活力量的寶槌，在人們心目中是無比的神聖。索爾也因擁有此槌而神格大升。人類自誕生到最後死亡的那一刻都會虔誠地向索爾禱告，以求神佑。人類也常在死者的墓碑上雕刻「索爾，淨化盧尼吧！」之類的文字。同時，在北歐青銅器時代的壁畫中，也常發現刻著類似索爾那樣巨大的人物手持槌子或斧頭，祝福著結婚時的男女的圖畫。這樣的巧合，使我們不禁設想，如果圖中的人物便是索爾，那麼說來，表示在西元前，人類已經有了崇拜索爾的跡象，不過，這也只是大膽的假設，並未受到證實。

除此之外，遠在古代的北歐，銀製的仿索爾鐵槌的槌形項鍊就常被人們掛在脖子上，當作護身符般使用，正如基督教的十字架。再說，除了北歐的三個國家之外，冰島及英國等地也發現許多像這樣的東西。由此我們可以推測這槌形項鍊可能正是模仿基督教而來的。而若事實正是如此的話，那麼更說明了索爾受北歐人崇拜的程度正如基督徒對於耶穌的虔誠那般。

後來，也逐漸發現了夫雷神像的出土，但數量並不多，證明夫雷受古北歐人崇拜的程度遠不及索爾。另外，比較值得注意的是，在以上發現夫雷及索爾神像及槌形項鍊的地區，並沒有發現奧丁的畫像。

有趣的是，在「薩加」這個地方，也常發現一些令人莞爾的圖畫。畫中的主角正是留著紅鬍子的索爾，他出現在改信基督教的人面前或夢中，嚴肅地勸告那些背叛了他的人們不要改信基督教，必須忠心信仰他，否則他將捲起大浪或掀起暴風雨將他們統統擊沈。這便是北歐諸神與其他神不同之處，十分直爽乾脆，有時甚至比人類還衝動許多哩！

誰與爭鋒

之前，我們提及了索爾及奧丁，一個是古老戰神，一個則是新封的戰神。我也大略地說明了他們兩位在古北歐人心目中的地位，那麼究竟北歐神話中這兩個性格迥異的新舊戰神，若要仔細分析的話，是誰比較佔上風呢？

參考「泰西塔斯」早在西元一世紀時期所撰寫的《日耳曼人》一書，可以統計出當時日耳曼人最崇拜的神分別是馬斯、麥丘里和海克力士和在丹麥地區備受尊崇的女神尼爾茲斯。而後來，研究北歐神話的學者都一致認爲，經多種推論和對照之後，可以論定，「馬斯」是北歐人所說的

「泰爾」，「麥丘里」則是「奧丁」，「海克力士」便是「索爾」，那麼「尼爾茲斯」呢？她便是北歐神話中從華納神族以人質身分來到阿斯嘉特的男神——「尼約特」。

奧丁與索爾在一千多年後的今天仍然深受人們愛戴，並同時被北歐人尊為最有力量的神。但相對的，當時，看似地位最高的神——泰爾，卻彷彿被人們淡忘，沈沒在時間的河裡了。

那麼，奧丁與索爾這兩個並稱為最有力量的神，究竟誰較佔上風呢？仔細推敲起來，這實在是一個不好回答的問題。奧丁雖然被泰西塔斯與後來的學者譽為麥丘里，而且人們也固定在每個星期固定的日子祭拜他，但這也只是證明他的確深受人們信仰崇拜，而不能就此論定他便是最受人們崇拜的神。

同時，相較於奧丁，索爾有時甚至也被人們尊為比海克力士地位更崇高許多的主神——宙斯。再說，在日耳曼人的社會裡，更是把索爾的日子安排於宙斯的日子星期四同一天。至於奧丁呢？日耳曼人則把被視為麥丘里（Mercury）的奧丁安排在星期三，要知道，在日耳曼人的眼中，星期四可是一個星期中最神聖的日子。像冰島的議會就都特定在這一天開議。就這一點來說，在日耳曼人心目中，索爾的地位比起奧丁，可就略勝一籌。

此外，之前，我也約略提起，在北歐第一聖地——魯薩拉神殿中，索爾雄偉巨大的神像矗立在神殿的正中央，而分立索爾兩旁的分別是奧丁和夫雷。另一位於挪威古都——杜里尼耶姆附近的神殿裡，索爾的神像也矗立在神殿中央。不過，可惜的是，後來基督教風潮襲捲挪威，信奉基督教的奧拉普杜里厄森國王在位時，下令把這座神殿給剷平破壞了。

以驍勇善戰著稱、用寶槌打敗巨人的索爾，一向護衛著阿斯嘉特。但索爾可不只有以古老戰神之姿出現在人們心中。他手持的寶槌還被用來祝福婚姻、生產，具有復活力量，安撫死亡的靈魂和祈福等等。同時，索爾也是雷神，具有支配控制大地氣候的強大力量。

然而奧丁也被尊爲詩歌與戰爭之神。在史諾里的筆下，奧丁更是以「諸神之王」、「萬神之父」之姿出現。他認爲是奧丁創造了天地、諸神、人類和萬物，是一個不朽的神明。除史諾里之外，許多詩人也把奧丁看作最崇高的神，也許是因爲他爲詩歌之神的關係吧！

綜合以上的說法，我們可以發現奧丁和索爾各自擁有不同的擁護勢力。因此我們很難確切論定誰勝誰負。較客觀來說的話，應該說索爾和奧丁在北歐早期和後期的社會中各自扮演不同的角色。而社會的變遷，人們追求不同的需求，導致後來索爾地位下滑，而奧丁突然竄起。

這話怎麼說呢？人們認定索爾乃是農民和定居者所尊奉的主神，因爲他控制氣候。此外，索爾的形象是孔武有力，但十分耿直講信義。這樣的力量和性格元素，正是古老農業社會、農民和定居者所需和追求的。

而奧丁呢！我們之前可詳細提到了。他是戰士、貴族、詩人、知識份子之神。他雖擁有豐富的知識，卻十分狡猾。他喜好旅行以追求知識和榮譽，他可以爲了達到目的而不擇手段，背信忘義在所不惜，是一個神格較不高尚的神。這樣的特質正是海盜時代和英雄時代的人們所尊奉的。

自給自足的古老農業社會崩潰了。人們逐漸離開土地追尋富貴、權力，在海上稱雄稱霸。隨之而來的是英雄時代、海盜時代。索爾象徵的精神被人們遺忘在不變的大地，而性喜冒險的奧丁則成了新興的英雄象徵，和人們一起去海上和新大陸探險去了。

第六篇　華納神族

（一）華納神族的人質

港口之神尼約特

當亞薩神族和華納神族厭倦了長年的戰爭，簽下和平條件，人質互換而握手言歡之後。華納神族的尼約特和他的兒子夫雷、女兒芙蕾雅便遠離家鄉來到阿斯嘉特當人質，從此成為亞薩神族的一份子。據悉，尼約特可能便是泰西塔斯所說的女神尼爾茲斯，或者是尼爾茲斯的配偶。

到達瑞典（阿斯嘉特）的尼約特和夫雷被奧丁安排成為主持祭典的祭司要職。身為第一位瑞典國王的奧丁死後，尼約特便接任成為第二任瑞典國王，之後再由夫雷繼位。

華納神族男性的觀念上和亞薩神族有明顯的差異。生性苛毒的洛基便對尼約特和自己的姊妹有一次在海神耶吉爾的宅第慶宴中發生性關係，之後又因此使得他的姊妹為他產下夫雷和芙蕾雅兄妹之事，語多批評。關於這點，與其說華納神族有如埃及皇室那樣，為了保有皇室尊貴血統的純粹而有的奇特作風。倒不如說，是因為華納神一向是被視為豐饒和多產的守護神，所以，在性的方面作風來得要開放無禁忌比較恰當。史諾里也認為近親結婚在華納神族是稀鬆平常的事，他甚至推論夫雷和芙蕾雅這對親兄妹也極可能有肉體的關係哩！

在北歐各地都有如「尼約特神殿」、「尼約特森林」、「尼約特田」等地名出現，我們可以看出尼約特在北歐是極受崇拜的神。但是，他卻是北歐神話裡的稀客。在北歐神話裡，只有提到他和絲卡蒂結婚的事。

絲卡蒂的父親巨人希亞吉在阿斯嘉特被殺害之後，傷心欲絕的絲卡蒂一心想復仇。不過，阿斯嘉特的諸神可一點也不想和這個女人打上一仗，於是諸神便試圖和她和解，並允諾她願意付出代價換取和平。

絲卡蒂經過一番思量後，告訴阿斯嘉特諸神說：「那好吧！我可以和你們和解，不過我要親自挑選一位男神來當我的丈夫才行。」諸神不得已也只好答應了她的要求。不過就在她要挑選丈夫的時候，諸神又附帶一個條件。那就是諸神們都要用布從頭遮到腳踝，只露一雙腳供她挑選。這下子可好了，絲卡蒂只能以諸神唯一露出的腳來作爲挑選的依據。

絲卡蒂仔細打量諸神露出的一雙一雙的腳，最後她看中了一雙白皙又美麗的腳，便指著那位神說：「便是他了。」諸神問她爲什麼，她解釋說：「哈！我選擇他，是因爲我知道巴得爾神是從頭到腳都是純白的。」

但當布簾拉下來的那一剎那，絲卡蒂可失望極了。原來那雙美腳的主人可不是她心儀的巴得爾，而是尼約特。尼約特之所以有一雙又美麗又白皙的腳，是因爲他是近海的海神和港口的神，所以，他的一雙腳在常年經海水的沖刷之下，變得十分白皙美麗。

絲卡蒂的如意算盤打錯了，一時惱羞成怒，她帶著怒氣和不平說：「哼！我還是不高興，你們若想要我忘記我內心的傷痛，就想辦法讓我笑才行，否則啊！我絕對不會平息怒氣，就此罷休的。」

諸神聽了絲卡蒂這番話都有點煩惱。這時，洛基不慌不忙地去找來一隻老山羊，他用繩子的一端仔細綁住老山羊的鬍鬚，另一端則綁在自己的性器官上，他就在眾人詫異，也不知他在搞什麼鬼時，開始宣布和老山羊進行比賽。他和老山羊各據一方，相互拉扯。在用力拉扯下，彼此都發很大的哀號和呻吟聲。不僅如此，洛基一邊呻吟著進行拔河，還一面慢慢地朝絲卡蒂靠近。後來，他更故意倒在她的兩膝之間呻吟不已。此舉終於逗得絲卡蒂再也憋不住笑而大笑出來。就這樣，在洛基可笑的鬧劇下，絲卡蒂只好和諸神和解了。

我們不知道尼約特究竟有沒有和他的前妻，亦即夫雷、芙蕾雅的母親離婚。但是，他到底是和絲卡蒂結了婚。只可惜，這樁婚姻並不順利，使雙方都受到煎熬，後來甚至以分手告終。

尼約特一向熱愛和平、船隻和貿易，所以，他一直住在靠海的「諾亞茲」（諾亞茲即港口之意。）尼約特喜歡海水的氣息，喜歡在海邊散步沈思，可惜，一向以射箭名手著稱的絲卡蒂則喜歡打獵，她經常駕著雪橇在山野裡追逐野獸。因爲她一心嚮往山居生活的關係，她便定居在深山裡。

新婚的尼約特和絲卡蒂開始面對是居住在靠海的尼約特家好，還是在位於深山的絲卡蒂邸宅的問題。他倆經過一番商量後決定以九天九夜爲一個基準，約定輪流分別居住在彼此的住所。

然而，屬於大海的尼約特在山野中卻十分適應不良。他哭喪著臉對絲卡蒂抱怨說：「我實在不喜歡山，居住在山中的這九天九夜，簡直是叫我痛苦極了。所謂度日如年便是這樣的感覺吧！你知道嗎？對一個聽慣了海鳥之歌的人來說，聽見野狼令人毛骨悚然的叫聲，簡直是惡夢一場。

另一方面，絲卡蒂對於濱海的生活也不無怨言。她訴苦道：「我又何嘗不在受罪呢？山裡的生活多愜意又享受呀！我在海邊根本無法入睡。那永不停息的海浪聲，時時刻刻困擾著我。每天早上，我好不容易入睡了，卻又被那煩人的海鷗給吵醒。」

就這樣，分屬於海與山的兩人因想法和習慣差異性太大而無法相處在一起，終於走向分手一途。

聽說，和尼約特分手後的絲卡蒂後來成了奧丁的妻子。但這也只是眾多說法之一，況且詳細的情形也沒有被傳述下來。

（二）性與愛的守護神

夫雷

尼約特的治世一向是以和平、豐饒聞名。他死後由他的兒子夫雷繼任國王，夫雷接任成爲瑞典第三位國王後，成爲瑞典人民眼中的賢君。瑞典的氣候良好，人民又和善，夫雷享受到前所未有的富裕。也許也正因爲夫雷當政之時，深受人民愛戴，所以瑞典皇室至今都還自認爲是夫雷的後裔。

《恩克林克家的薩加》一書中對於夫雷有著詳盡的記述。夫雷和他的父親尼約特一樣有著許多采多姿的愛情生活。他在烏普薩拉興建了一座巨大豪華的神殿，然後把向百姓徵來的稅和動產全部移到這裡來。夫雷當政之時，全國呈現一片和平豐饒的景象，而且甚至比以前還要富裕。因此，瑞典對夫雷的崇拜遠勝於其他諸神。夫雷的另一個名字叫「恩克威」，其意即爲一種榮譽的象徵。也正因爲這個關係，日後夫雷的子孫也被稱爲「恩克林克家」。

據說，夫雷治世後期，夫雷病重，他爲了維持國家的富裕和繁榮，便吩咐自己的親信們限制他人覲見他。同時，還令人興建了一個巨大的墳塚，在墳塚上開了一扇門，門上鑿有三個洞。當夫雷不幸病逝後，他的親信便按照他的吩咐，偷偷地把屍體移到這個大型墳塚裡。然後爲了安撫人心，並繼續要人民納稅，就告訴瑞典人民夫雷仍繼續活著，只是在墳塚裡安心靜養。就這樣，他的親信們在墳塚前一守就是三年。他們並把徵來的稅金分別從門上的三個洞口投進去。他們把金幣投進第一個洞口；銀幣丟進第二個洞口；銅幣則丟進第三個洞口。如此一來，國家果然維持著夫雷在世前的和平繁榮。

夫雷締造了瑞典的盛世，後來這個盛世就被稱爲「富羅狄的和平」，「富羅狄」是夫雷的另一個名字。他後來被人民稱爲「今世之王」，他的逝世不消說令他的人民十分哀慟。在某些地方，他也常被稱爲「夫雷・富羅狄」，意思可能是「豐饒的夫雷」。在丹麥地區有好幾個聖明的國王也被稱爲「富羅狄國王」。

而事實上，「夫雷」這個名字也只是一個具有君主意思的稱號而已。那麼究竟夫雷的本名爲何呢？他的本名應該叫「恩克威」。而「恩克威」極可能是日耳曼三大族之一的「恩克威奧尼斯族」的始祖。因此夫雷完整的姓名應該是夫雷・富羅狄・恩克威。這支恩克威奧尼斯族據說住在北海附近。據推論，他們可能就是泰西塔所說崇拜主及和平豐饒之神——尼爾茲斯的部族。

而根據《昆納爾、海爾明的薩加》一書的記載，夫雷時常坐車巡迴各地施福於他的人民。同時烏普薩拉的夫雷神像，是帶有性器，由此可以證明他也只是性和愛情的守護神。

豬（野豬）和馬據說是代表夫雷的聖獸。對華納神族而言，多產的豬可是他們最最喜愛的。在北歐休爾的祭典上（相當於基督教的聖誕節），豬一向是不可缺少的供品。後來，即使是現今的聖誕節，即使是沒有眞的豬做成供品，也會有做成豬的形狀的甜點來取代。休爾即爲豬的意思。有時夫雷的妹妹芙蕾雅也被稱爲休爾（豬）。

芙蕾雅有一隻神奇的野豬——林布爾斯基。林布爾斯基在黑暗中便散發著金色的光芒，因此芙蕾雅無論在白天或晚上，在陸地或海上，都能自由自在地奔馳。

豬不只是多產的象徵，而且，那同時也意味著作戰時要像豬一樣盲目衝鋒、不畏艱險的勇氣。夫雷兄妹不只是象徵和平與多產的神，他們同時也是英勇的戰士。後來，夫雷因爲爲了和凱兒特求婚而將寶劍送人，以致後來和巨人作戰時，只能以牡鹿的犄角暫作武器，但他還是殺死了巨人。而芙蕾雅也曾在一次戰爭中，身騎著野豬到瓦爾哈爾宮率領著一大批戴著野豬頭盔的戰士們，一舉嚇退了敵人。

另一種代表夫雷的聖獸──馬，也和夫雷有極密切的關係。夫馬有一匹神聖的馬，被人稱爲「夫雷的神職」。而另一匹外號叫「夫雷的馬鬃」的白馬，也和夫雷有所關聯。這匹白馬原屬於冰島東區的首領「拉文蓋」所擁有。拉文蓋十分信仰夫雷，因而把自己心愛的牡馬獻給他。從此視白馬爲夫雷專有的座騎，不准任何人騎牠。他還宣布如果有任何人違反規定，騎了白馬，他便下令處決他。

有一天，拉文蓋一個忠心的僕人因急著找回迷失的羊隻，情急之下騎了這匹白馬去找失羊。他後來雖找回迷失的羊隻，但他這才發現自己闖下多大的禍。後來，拉文蓋得知這件事，十分氣憤。雖然眾人都爲那個闖禍的僕人求情，而僕人自己也不斷求饒。但拉文蓋仍然毫不留情地殺了這個自己也很喜歡的僕人。

可憐的僕人就這樣喪了命。後來他的親戚們決定替他復仇申冤。他們一狀告上民事訴訟會，在會議上極力控訴拉文蓋的罪行，宣判結果判拉文蓋被罷免首領之權並遭放逐。宣判後，痛失親人的原告們仍不甘心地前往拉文蓋的宅第，合力將拉文蓋打成重傷。除此之外，他們也恨極了那匹白馬，他們用袋子緊緊罩住牠的頭，強行將牠拉至懸崖邊，然後狠心地將牠從崖邊推了下去。

受了重傷的拉夫蓋雖然想救白馬，但卻苦於力不從心。奄奄一息，內心又十分傷痛的拉文蓋，這才發現神是不可靠的，但是爲時已晚。他悲傷之餘也無心再爲一匹馬舉行牲祭了。後來，正因爲這件事，人們便把這個懸崖稱爲「夫雷的馬鬃懸崖」。

而事實上，這匹「夫雷的馬鬃」免除神職，牠和夫雷間的關係是值得正視的。拉文蓋的命運也或許是他處罰僕人太過不通人情有關，這或許也是較爲合理的推論了。今日的冰島，流行一種兩馬相鬥的競賽，想必和信仰夫雷有密切的關聯。

在史諾里撰述的《海姆斯克林庫拉》一書中，有一個篇章〈哈昆王傳記〉記載了挪威人特殊的牲祭風俗。挪威人在牲祭時習慣煮馬肉來吃。後來有一位幼年曾受過英國宮廷教育的哈昆王，他信仰基督教，對吃馬肉這個習俗十分厭惡。但礙於眾人的要求，他也不得不強壓下內心的嫌惡，舔一下馬肉。

挪威人還有另一件特殊而有趣的習俗。他們會用特殊的方法將牡馬的性器好好保存起來，並將這處理好的牡馬性器稱爲「威爾斯」。根據資料顯示，挪威北方的農婦都十分喜歡以「威爾斯」來做爲擺飾，她們深信「威爾斯」會祝福她們的家庭。也許牡馬的性器正是「豐饒」和「多產」的象徵吧！

夫雷之戀

夫雷瘋狂迷戀上巨人之女凱兒特的故事，出現在《艾達》詩集〈斯基尼爾之歌〉裡。現在，我將介紹夫雷的風花雪月。

據說，只要坐在奧丁的御座上，便能擁有眺望全世界的視野。有一天，夫雷趁奧丁不在時便偷偷坐在奧丁的御座，盡情地眺望世界。當他將視野往育茲海姆望去時，看見一位美麗得難以形容的女孩正緩緩從海邊走回自己的臥室。她有一雙潔白無暇的玉手，當她舉起她那美麗的玉手時，彷彿天空和大海都爲之發光。後來，她走進臥室，夫雷再怎麼等待，也盼不到她的倩影了。

患了相思病的夫雷，一心只有她的倩影。他知道她便是巨人吉彌爾的女兒，也知道亞薩諸神和自己所統領的精靈都不會贊成這樁戀情。順道一提，夫雷乃是精靈的支配者，掌管著整個精靈界。就這樣他苦惱著自己前途多舛的戀情，整日困守愁城。他躲在自己房中，茶不思飯不想，終日不發一言。這情形叫深愛他的父親尼約特耽心極了，他苦思解決之計。後來他找來自己的僕人——斯基尼爾，請他代爲探問夫雷的心事。斯基尼爾是夫雷幼時的玩伴，他們的交情非比尋常。

斯基尼爾來到夫雷房中，便故意東拉西扯、天南地北地和夫雷瞎聊，希望能使夫雷放鬆心情，道出心事。但一開始夫雷仍不肯放鬆心防，說出心事。斯基尼爾仍不放棄，他又亂說一通，甚至還稱他爲「夫雷的首領」等等，他使足了纏功，才使夫雷拗不過糾纏，對他道出苦戀巨人之女的心事。他說：「哎！我可愛死巨人吉彌爾的女兒了。我現在腦子裡，心海裡都只有她，可是我知道亞薩諸神和精靈們都不會希望我和她的戀情會有結果。況且，我這樣一心愛戀著她，我又那裡知道她的芳心歸於何處，是否已經有了意中人。」說完，夫雷深深地嘆了一口氣，頭又垂了下來。

斯基尼爾聽說了夫雷的心事，當下心眼一轉說道：「這樣吧！如果你願意把你那能越過火焰的馬和夫雷寶劍送給我，我便立刻去幫你轉達心意，向吉彌爾之女求婚，這樣好嗎？」被愛沖昏頭的夫雷想也不想便一口答應了斯基尼爾的要求，他雙手握住斯基尼爾的手臂，眼中閃耀著感激的光芒，燃燒著小小的希望火焰。就這樣，斯基尼爾在夫雷不斷地催促下，騎著能越過火焰的馬出發了。

斯基尼爾乘著寶馬越過火焰來到吉彌爾之女的房中，原來，這個美麗的少女名叫凱兒特。凱兒特被這不速之客嚇了一跳，臉色瞬時轉爲蒼白。斯基尼爾連忙安撫凱兒特，以溫和的語調說明來意，並獻上閃耀的黃金蘋果和奧丁引以爲傲的戒指（特勞布尼爾，後文將補述此戒由來），作爲夫雷示愛的禮物。

但沒想到，凱兒特卻想也不想就拒絕了，她說：「我擁有太多黃金和戒指了，我一點也不需要這些！你還是趕快拿回去，叫那個夫雷死了這條心吧！」斯基尼爾受人之託忠人之事，他並不想就此打道回府。他後來發現苦勸不行，便來硬的，他手持寶劍威脅凱兒特的性命。但性情剛烈的凱兒特並不吃這一套，後來斯基尼爾不得已之下，只有使出卑劣的手段：他拿出魔杖說：「妳聽好了，被這個杖打到的人就會變得奇醜無比，叫人全都敬而遠之，退避三舍，最後她將因痛苦不已而發瘋，只能選擇和有三個頭的巨人結婚，或者是在眾人的排擠之下避開人煙獨自擁抱孤獨過一生。」

一向以自己的美貌自豪的凱兒特聞言臉色大變。沒想到接著斯基尼爾又以盧尼文的咒語威脅她，凱兒特嚇壞了，只好答應和夫雷見面。她對斯基尼爾說道：「你應該知道一個叫帕里的寧靜森林吧！九個夜晚之後，我將會出現在那森林裡把我愛的標幟送給尼約特的兒子。」

斯基尼爾一聽，心中十分高興，自己終於把任務完成了。他騎上寶馬，越過火焰，回到阿斯嘉特。他很得意地把這結果告訴夫雷。夫雷聽了心中先是一陣狂喜，接著卻又湧上一股難言的悲哀。他說：「別說九個夜晚了，我連一個夜晚都嫌漫長哩！要知道我此刻恨不得馬上就可以見到凱兒特的面，一個夜晚對我來說，簡直就像一個月那樣漫長。哎！這叫我如何忍受九個夜晚呢？」

就這樣，《斯基尼爾之歌》的原詩就在這裡結束了。夫雷與凱兒特之戀一向被解釋為象徵那被冰雪冰封住的大地生命，在春天的陽光照耀下復活。他倆的婚姻象徵天與地的聖婚。而凱兒特約見夫雷的帕里寧靜森林，則很有可能是由「帕爾」（大麥）衍生而來的。

夫雷和凱兒特之戀劃下一個美好的句點。夫雷如願娶了凱兒特為妻，後來她還為他生了一個兒子，名叫富約尼爾。但由於夫雷當時為了請斯基尼爾去為他求婚，而把夫雷寶劍送給斯基尼爾。後來卻導致他在拉庫那克決戰日那天敗給了史爾特。

華納神族與船

華納神族似乎和船有密切的關係。我們知道尼約特是近海和港口的神。他住在諾亞茲（港口），終日面對著大海，是船的守護神。而尼約特的兒子夫雷則擁有一艘由侏儒巧手打造的神奇船「斯基特普拉特尼爾」。這艘船不同於一般的船，在於它不管是什麼時候都能被順風吹到自己想要抵達的目的地去。而且它不但可以容納下所有武裝後的眾神，不用的時候，還可以縮小摺疊起來放進口袋中，隨意攜帶到任何地方去。

與尼羅河有著密切關聯，經常在尼羅河航行的古埃及人，曾經深信太陽是在太空中航行正如船隻航行於河上。他們也相信法老王死後正是乘著船航向神國的。

關於古北歐，也有特殊的祭典是用船來舉行的。後來，在北歐某些地區發現的岩壁壁畫，圖上便是畫著古北歐人爲了某種祭典，而用船載著太陽。或許這象徵著太陽的出現或再生，或者是祈求豐饒的寓意。

另外，古北歐人在埋葬貴族時，也會把屍體放進船中一起下葬，假如沒有適當的船可用，他們也會利用石頭仔細排成船形，然後再把死者屍體置放在石頭的上方。這個儀式意味著要把死去的一個村或一個鄉的首領，另一種精神上的小太陽用船送到另一個世界，同時也意味著祈求死者的復活。

而據說丹麥第一任國王「史吉特」，幼年時便是搭船從海上漂流到丹麥的，所以，後來他的子民在他死後，便將他打扮得十分華麗，再將他放置在船上送回大海去。

再說，在北歐神話中，象徵豐饒的神死後會復活。而死後復活的神在往返生死的國度時，所乘的交通工具便是船。由這一點看來，我們可以發現古北歐人和古埃及人對船的看法十分相似。

而且，近年來，在從挪威出土的「奧塞培里」或「哥克斯達」船中，我們可以發現貴族所搭乘的船都相當的豪華，裝飾得異常精美。而北歐同時至今也出土了至少一千件以上的英國船葬塚。我們推論這可能和華納神族對夫雷的信仰有相當的關係。

另外一個因信仰夫雷而和船有著密切關係的例子，是於九世紀末移民至冰島的「恩吉門特」。「恩吉門特」名字中的「恩」正顯示他和夫雷有關，夫雷的另一個別名，之前已有提及的「恩克威」。除了此名字證明和夫雷有關之外，恩吉門特也經常把夫雷的小神像仔細放在貼身的小錢袋中攜帶。他同時也認爲自己是受了夫雷的指示，才會移民到冰島。

恩吉門特就這樣在冰島定居了下來。他後來就在自己居住的小島正西北方的湖旁興建了一座神殿，並以這個地方的統治者自居。恩吉門特死後，也同樣被放置在華麗的船裡下葬——即船葬塚。

愛神芙蕾雅

「她是女神中最受歡迎而且唯一存在的神」——史諾里。

「此地的諸神和精靈，大概都是妳的情人吧！」——洛基。

「我要冒瀆諸神——因為芙蕾雅是淫婦。」——希亞狄。

由以上的節錄，我們可以發現掌管愛慾的女神——芙蕾雅，向來毀譽參半，是個備受爭議的女神。

芙蕾雅是尼約特的女兒，也是夫雷的雙胞胎兄妹。她乃是阿斯嘉特神國中最受歡迎的神。不光是諸神爲她傾倒，就連巨人和侏儒、精靈也紛紛拜倒在她的石榴裙下。但不知何故，當芙蕾雅以華納神族的人質身分和父親與兄長一起來到阿斯嘉特之後，她就在神話中被省略不提了。

芙蕾雅後來到了阿斯嘉特之後，便將華納神族特有的法術傳予亞薩神族，而奧丁也從她那裡偷學了不少高明的法術。要知道他便是那種爲達目的不計代價的人，芙蕾雅也因此被稱爲「女祭司」。

根據文獻記載，亞薩神族和華納神族這兩大支神族當初之所以會發生一連串的爭戰，主要是起因於一個被喚作「格兒薇克」（即黃金的力量）的華納神族女神。她以法術的力量入侵奧丁的宅第，亞薩諸神紛紛以矛刺殺她，用烈火燒灼她，但不管何種方法都傷害不了她。因為她善用法術，懂得如何以法術防身。而她之所以會被稱為「格兒薇克」，乃是以奧丁最初向她宣戰的地方命名的。

後來，幾乎所有研究北歐神話的學者都一致認為，「格兒薇克」女神並不是以人質的身分來到阿斯嘉特，而是運用自己的法術，以本身的力量而入侵至阿斯嘉特。

「女祭司」芙蕾雅也被稱作「華納的新娘」。她本身也列屬於掌管和平、豐饒的神之一。但她最為人注意的還是身為「愛慾之神」。我們從文首洛基和希亞狄對她的評論，可以發現她是一個本身行為不太檢點，十分放縱情慾的女神。據聞，她和自己的孿生哥哥夫雷也有肉體關係。芙蕾雅也被稱為休爾（豬），象徵多產。上一段故事中，我也提過她擁有一隻黑夜裡能發出黃金光芒的飛豬為座騎。

而根據〈休特拉之歌〉中的記載，她曾經身騎一隻叫做「戰爭野豬」的豬去瓦爾哈爾宮去領兵作戰。據推論，這隻戰爭野豬極可能是由她其中一個情人變成的。芙蕾雅、尼約特和夫雷一樣，也擁有一部座車，她的座車是由兩隻貓拉的。東方的地母神「丘見蕾」的座車也同樣是由貓科的獅子和豹拉車的。貓、獅和豹這類貓科動物一向以性情強烈著稱。每到了夜晚來臨之時，牠們都會變成牝山羊（母）來追逐牡山羊（公），貓科，是一種情慾象徵的動物。

〈洛基的爭論〉中記載，洛基辱罵芙蕾雅的男女關係混亂，縱情縱慾，我們更早之前提過巨人國王垂涎芙蕾雅的美色，故偷了索爾的寶槌，意欲威脅芙蕾雅女神下嫁於他。後來，還發生了一連串索爾身著嫁衣假扮新娘芙蕾雅，連同喬裝侍女的洛基大鬧巨人國的趣事。

除了巨人國王的求婚外，也有芙蕾雅和侏儒有染的傳說。以下，我便大略介紹其中的一則傳言。侏儒素以手工精巧，擅於打造精品工藝聞名。有一天，芙蕾雅無意間經過一處懸崖，正巧遇見四個侏儒在打造項鍊。這些項鍊十分別致有韻味。而芙蕾雅畢竟是個女神，和其他平凡的女人一樣都很難抗拒精美首飾的誘惑。她馬上被侏儒打造的項鍊迷住了，甚至捨不得將眼神轉移。

於是，她決定以黃金來和侏儒們談交易，以換取項鍊。可是，侏儒卻想也不想就拒絕了。他們說：「美麗的芙蕾雅女神呀！這些我們精心打造的項鍊，那裡是庸俗的黃金可換取的。不換！不換！我們什麼也不換！」這下子芙蕾雅可慌了，她現在一心想要得到那些美麗的項鍊，她心想如果這些美麗的項鍊掛在她潔白的頸項上，一定是一幅迷人的畫面，使她更增添美貌。

她故意以溫柔的嗓音好言地對侏儒們說：「仁慈的侏儒們呀！我實在深深爲這些項鍊心動，你們能否好心地告訴我，我要如何才能讓你們心甘情願地把項鍊割愛於我呢？」然而侏儒提出的條件可把芙蕾雅撼住了。他們說：「美麗的芙蕾雅，說來也不難，妳只要和我們四個在山裡睡上一晚，那麼這些項鍊就全是妳的了！」

芙蕾雅一聽之下，原想一口回絕，就此離去。但是，當她的眼光又再度停留在那些項鍊時，她又開始猶豫了。那些項鍊就好像有魔法似的，緊緊地將她的心鎖住了。她一再猶豫，但她最後還是向慾望投降。就這樣，她在山裡待上四個夜晚，分別和四個侏儒睡覺。總之，風吹雨打的四個黑夜過去之後，侏儒便依約把項鍊送給芙蕾雅。芙蕾雅如願得到項鍊，最後那些項鍊就成了她的寶物。那些項鍊後來便被稱爲祝福的項鍊。

華納神族在愛與性方面一向開放自由。尼約特和自己的姊妹成婚生下夫雷和芙蕾雅，（在海神的盛宴之下先發生性關係，後來才成婚。）而夫雷和芙蕾雅也盛傳有性關係。芙蕾雅本身的風流韻事更是不勝枚舉，若以常理來看，的確是有行爲不檢之嫌。但或許，我們眞的不能以常理來評判她，而要考慮到華納神族本身特殊的風俗和看法來對她的行爲作解釋，才是比較合理的作法。

姑且不論她本身的爭議性。芙蕾雅愛好聽情歌，也十分喜歡別人和她訴說戀愛方面的煩惱。她不儘會溫柔有耐心地傾聽，同時也會親切地幫助那些在戀愛中受苦的人們。人們稱她爲愛神，相信是她負責把愛情施與他人。

芙蕾雅之淚

那麼，這位負責將愛施予他人、本身風花雪月的故事又極多的愛情女神，到底有沒有正式的丈夫呢？

答案是肯定的，她的丈夫名叫「歐德」。他十分喜歡旅行，因此經常離家而無法時常陪在妻子身旁照顧她。枕邊人時常不在身畔的芙蕾雅常因此而傷心落淚，後來，她甚至爲了追尋丈夫的蹤跡而遠遊各國。據說，傷心落淚的芙蕾雅，每當她的淚水落下滲入岩石時，那滲入她淚水的岩石就會變成黃金。也就是這個原因，黃金也被稱作「芙蕾雅之淚」。據說，也就是她到各國去尋找丈夫的原因，世界各地的某些岩石也沾染到她的傷心淚。因此，各地都出現少許金子。

至於，後來她到底有沒有找到她的丈夫「歐德」，在史諾里的著作中，倒是沒有提到。

芙蕾雅與丈夫歐德生了兩個非常漂亮迷人的女兒，分別叫「芙諾茲」和「凱兒希蜜」。這兩個名字都是「寶石」的意思。而後來，北歐人也用這兩個名字來稱呼美麗的東西。

有些研究北歐神話的學者就曾經懷疑歐德便是奧丁。當然有些証據可以佐證這樣的推測：如「歐德」音近「奧丁」，而且歐德也和奧丁一樣，性好旅行，時常不在家。

再說，根據神話中的記述，奧丁的妻子名叫「福利克」。但她在古時也被稱作「芙麗嘉」。我們可以發現「芙麗嘉」音近「芙蕾雅」。由此推論，歐德和芙蕾雅極可能是年輕時代的奧丁和福利克。或者說，假如，福利克和芙蕾雅並非同一人的話，那麼，極可能是芙蕾雅後來取代了福利克的地位。

根據記載，每當戰爭結束之時，芙蕾雅會率先將戰死的士兵半數領至瓦爾哈爾宮去，然後，那剩下半數的士兵再交由奧丁負責帶領去瓦爾哈爾宮。那麼，爲何是各自帶領一半的士兵呢？這詳細的情形和原因並不是很清楚。不過，由以上挑選帶領死亡戰士的情形，連同其他歐德與奧丁、芙蕾雅與福利克角色的相似性，我們不難發現芙蕾雅不僅是挑選死亡戰士的首領，同時也十分符合奧丁之妻的角色和地位。

芙蕾雅不僅和愛慾有密切關係，同時她也被認爲是豐饒之神及和生死密不可分的女神。據說，女性死後都會成爲芙蕾雅挑選的對象。在《耶吉爾的薩加》書中就描寫到有一個名叫「杜兒凱脫」的女性，因爲心中悲慟深愛的弟弟死去而誓言絕食。她口口聲聲說自己要一直絕食到死，直至到芙蕾雅身邊爲止。這個意思就是說至死方休，也就是到芙蕾雅身邊意即死亡。

後來，到了異教時代的末期，芙蕾雅似乎名正言順地取代了福利克，成了奧丁的妻子。西元九九九年，冰島的異教徒和基督教徒互不相讓，鬧得不可開交。那時，改信基督教的希亞狄就刻意作了一首冒瀆異教的詩，惡意中傷芙蕾雅和奧丁。詩中，他似乎已認定芙蕾雅乃是奧丁的妻子。詩中是這樣說的：

「我要冒瀆諸神——因為芙蕾雅是淫婦。
所以，我要把奧丁和這女人變成兩隻狗。」

由這首不甚文雅的詩，可以證明後期人們已相信芙蕾雅即奧丁之妻。再說，芙蕾雅也和福利克一樣會穿著老鷹的羽衣在天空翱翔，這也證明芙蕾雅可能即爲福利克。

芙蕾雅周遊各國找尋歐德時，曾經用過不少別名。「芙蕾雅」的意思是「女仕」。今日，北歐仍把女仕稱作「芙露」，在德國則仍稱作「芙勞」，這都是源於「芙蕾雅」。芙蕾雅也被稱作

「海倫」，這個名字大概是緣自於她是亞羆的守護神，所以詩人們刻意以一個一般女性的名字來稱呼她。而「瑪兒黛爾」意即芙蕾雅之淚（金子）也是她爲人熟知的一個別名。身爲豐饒之神的她同時也有一個非常貼切的名字——凱芬。凱芬意即英文的give，象徵把富貴或豐饒賜給他人的神。

第七篇　亞薩族其他諸神

（一）單手之神——泰爾

還記得前面所述休彌爾的冒險故事和索爾爲了取得釀酒舉辦宴會的大鍋，還冒險回自己的巨人父母家的泰爾嗎？在那個故事中，提及索爾的祖母是一個擁有九百個頭的怪物，而他的父親休彌爾則是一個眼光銳利、性情暴烈的大巨人。這麼說來，泰爾則身屬巨人族。

不過，話說回來，以泰爾在阿斯嘉特身列諸神之一，以天神之姿出現這點來看的話。泰爾若果眞是巨人族出身，那就十分令人懷疑這個故事的眞實性了。因此，有一方說法是說，在《休彌爾之歌》故事中所提到的泰爾極可能不是泰爾，而只是一般的神。

也有一派說法是說和索爾一同回父親休彌爾住處的神是洛基，如果是這樣來解釋的話，整個故事似乎就比較合理了。

「泰爾」一詞除了可以以專有名詞的形式來指稱「天神」之外，也可以當作普通名詞來代替一般的神。例如說「希克泰爾」便是勝利之神的意思。英文中的星期二就是由希克泰爾這個名字來的。這個說法，正好可以解釋前面所提的休彌爾之歌的冒險故事中與索爾同行的神，未必是泰爾，而是指一般的任何一個神。

泰爾，在泰西塔斯所撰寫的《日耳曼人》一書的那個年代，被認定是日耳曼人所最尊崇的三大天神之一。泰爾那時也被看作是「戰神馬斯」、維達的「狄奧斯」、和羅馬的「朱彼得」具有同等的地位。由這點可知，當時泰爾可是被日耳曼民族尊為至高無上的天神，其地位遠超過其他諸神。

泰爾，在盧尼文字中即為「個」這個字，人們常會把這個字刻在刀刃上以求泰爾的庇佑，因為之前我已提過泰爾也被認定為「戰神馬斯」。

除了戰神之外，泰爾同時也是會議的保護神，掌管正義和契約。羅馬時代的日耳曼士兵就曾在獻給泰爾的石碑上刻著「市民會議的馬斯」。

泰爾的個性十分耿直正義，這一點，我們可以從他和諸神們一起計誘「分里爾狼」的故事中看出。這個故事，我之後會詳述。泰爾有另一個別名「單手之神」。他只有一隻手，另一隻手因為在和諸神計誘分里爾狼時被騙而心生憤恨的分里爾狼給狠狠地踢斷，而造成泰爾單手的命運。

計誘分里爾狼

搗蛋神「洛基」，原為巨人族出身。他後來雖然和奧丁結拜成兄弟，名列阿斯嘉特神族之一。但他天生的血液中存有的邪惡毒素，卻仍永跟隨著他。洛基是北歐神話中最具叛逆性和神祕性的神，老是滿腦子餿主意。

洛基血液中邪惡的毒素後來甚至傳給了他的三個孩子。這三個孩子後來果然都成了世界的禍源。話說當洛基還住在巨人國的深山中時，他曾經娶了一個名叫「安尼兒波達」的女巨人爲妻。安尼兒波達爲洛基生了三個孩子。

這三個孩子分別以不同的形貌誕生。老大是一隻狼，名叫「分里爾狼」。老二是一條蛇，名叫「彌得加特」（又名約倫坎特），牠亦即那後來藏於深海、盤繞宇宙的魔蛇。在休彌爾之歌中，索爾試圖釣起的海底魔蛇也是牠。老三呢！則是一個臉色一半青一半紅的女孩，名叫「海爾」。

當洛基來到阿斯嘉特，諸神見識到他帶著邪惡的本性時，都耽心洛基那三個居住在巨人國的三個孩子，不知是否他們將來也會像洛基一樣本性邪惡，而到處爲非作歹。爲了防範於未然，諸神便一致的要求奧丁允許他們去把洛基的那三個雜子帶來阿斯嘉特，再作處置。

就這樣，分里爾狼、彌得加特和海爾來到阿斯嘉特。奧丁見到他們之後，便把彌得加特丟進大海，以絕後患。可惜，這條蛇命不該絕，牠不但沒有淹死在茫茫大海裡，反而在短短數年間就長得十分龐大，大到足以將大地繞上整整一圈。牠的頭甚至還可以咬住自己的尾巴哩！

然後，奧丁接著又對海爾說：「我看妳就到地界去當亡者之王吧！」說完，她便被丟到遙遠的霧國，終年被濃霧籠罩。根據古北歐人的傳話，只有在沙場上英勇犧牲的戰士才有資格進入阿斯嘉特的瓦爾哈爾宮去。而其他像病死、老死、意外死亡的人都必須到經年被濃霧籠罩的地下之國，即地界。在那裡，有很高的圍牆，密密地將整個地界圍住。這個死亡之國乃由一個臉孔一面青一面紅的女生所統治。這個居住在黑暗世界中的女王，就是海爾。

再說到分里爾狼，奧丁最後處置分里爾狼。他思索一番後，決定將這匹幼狼拘留在阿斯嘉特，命令諸神嚴加看管監視。但由於這匹幼狼天性十分兇殘，諸神都十分害怕牠的利齒和利爪。因此，大家都不敢接近牠。就這樣，餵食分里爾狼的苦差事就只好交給戰神泰爾負責了。泰爾性格一向正直講義氣，他就這樣不說一句話地將責任扛了下來。

後來，分里爾狼日漸茁壯，變得比幼時更加兇狠殘暴。阿斯嘉特的亞薩諸神，感到十分的不安。大家的不安源於一則分里爾狼成長之後會毀滅諸神的預言。

爲了防止這個可怕的預言成眞，恐慌的諸神便合力鑄成了一條粗大的鐵鍊子。他們心想用這條鍊子綁住分里爾狼，諒牠再有本事也無法搞出什麼名堂來。有了堅牢的大鐵鍊之後，諸神一起來到分里爾狼面前，但他們望著張牙咧嘴的惡狼，心中一時卻沒了分寸。啊！他們一開始計劃時倒忘了，分里爾狼可不會像小綿羊一樣溫馴，乖乖地讓諸神綁上鐵鍊。這可怎麼辦才好呢？

這時，有一個亞薩神深知分里爾狼自大好虛名的性格，他便針對牠這性格上的弱點，想出了一條妙計。他堆滿笑容對分里爾狼說：「分里爾狼呀！聽說你的力量可是大得不得了呢！我想區區這條小鐵鍊怎麼會困得住你呢？你一定兩三下就把這條小鍊子掙斷了吧！」其他諸神一聽便明白他的計謀，連忙給分里爾狼戴高帽子，意欲計誘分里爾狼中計，乖乖讓他們捆綁，那麼一來，牠便落入諸神手中，任憑處置了。只可惜分里爾狼早就看穿了眾神的詭計。分里爾狼心中念頭一轉，爲了向諸神證實自己力大無窮，牠便故作中計狀說：「好吧！你們用鐵鏈把我綁上吧。」

諸神見分里爾狼如此說，便連忙合力用鐵鍊將牠緊緊捆住。他們原想，這下子分里爾狼可逃不出他們的手掌心了。誰知道被密密實實綁住的分里爾狼只是稍稍跳動一下，便立刻將鐵鍊輕易地掙斷了。諸神見狀，當下都驚訝地張大了嘴，末了，只好訕訕地回去再商討對策。

苦惱的亞薩諸神決定再鑄一條比原本那條鐵鍊還要粗上兩倍的粗鐵鍊。他們想，這下子該萬無一失了。他們興沖沖地扛著鑄好的鍊子來到分里爾狼面前，故意激牠說：「分里爾狼呀！上次你兩三下便掙脫了鐵鍊而名聲大漲。如果這次你能掙脫這條稍微粗大一點的鏈子的話，你的聲名肯定會更加遠播。」

分里爾狼乍見這條十分粗大的鐵鍊，不由得心中一驚，牠原想就推辭掉算了。但牠一聽到諸神出言相激，在好勝自大的心理作祟下，還是決定冒險一試。牠深吸幾口氣後，對諸神說：「好吧！你們就綁住我吧！」

諸神連忙一窩蜂上前七手八腳地將分里爾狼紮紮實實地綁住。這次，分里爾狼可沒像上回那樣好過了。牠硬是掙扎了許久，也無法掙斷繩子。後來，牠只好用牠的利齒拚命咬鍊子，後來，才終於被牠勉強咬斷了。

諸神原本以爲這次一定可以將分里爾狼綁住，他們萬萬也沒想到分里爾狼還是順利掙扎了束縛。亞薩諸神這下子更加不安了，他們深恐諸神世界遭分里爾狼毀滅的預言終將實現。苦無對策的眾神一起去找奧丁商量對策。奧丁後來便找來夫雷的屬下斯基尼爾，他對斯基尼爾說：「斯基尼爾啊！你和侏儒一向有良好的關係，現在，阿斯嘉特有麻煩了。我們欠缺一條可以綁住分里爾狼的堅固鐵鍊。我們錯估了分里爾狼的實力。現在，若不快點找到可以綁住牠的鍊子，阿斯嘉特恐怕會遭禍殃了。去吧！去向手藝一向精巧神奇的侏儒求取方法。」

斯基尼爾騎著夫雷轉送給他、可以越過火焰的寶馬來到了侏儒的住處，並說明來意。侏儒說，他們知道一種神奇鍊子的作法。那種鍊子雖然柔軟卻堅韌不斷。這種鍊子的作法十分奇特，據說是用貓的腳步聲、女人的鬍子、長在岩石上的樹根、熊的腳腱、魚的肺以及鳥的唾液六種材料，用特殊的方法合成。在侏儒的巧手之下，這條神奇的鍊子很快地完成了。但，從此之後，貓走路時沒了腳步聲，女人沒了鬍子，岩石上不再長出樹根，熊沒有腳腱，魚沒有了肺，只好用鰓呼吸，而鳥兒也沒有了唾液。

這條神奇的鍊子柔軟滑嫩如絲帶綢緞，但卻堅固柔韌不易斷遠超任何金屬鍊子。諸神集合所有的力量也無法拉斷這條鍊子。諸神見狀都高興極了，他們帶著這條神奇的鍊子便來到了分里爾狼的住處。他們或說或勸地把分里爾狼帶至一座位於一大片湖水中央的小島上。分里爾狼心中雖有疑慮卻理不出任何頭緒來。正當牠一肚子疑惑時，諸神興高采烈地亮出那條侏儒特製的神奇鍊子。諸神極力遊說分里爾狼說：「分里爾狼呀！上次你掙脫了那樣粗大的鐵鍊，威震了整個阿斯嘉特。現在，我們手中這條鍊子雖然柔軟卻十分堅韌。我們相信以你無窮的力量一定還是可以掙斷這條鍊子，讓我們大開眼界。」

一臉孤疑的分里爾狼心知這一定又是諸神的詭計。牠上回為了掙脫鐵鍊，倒是吃了點苦頭。現在，牠可是心生警惕，牠可不會再如此輕易上當。分里爾狼望了望諸神手中的鍊子，哼了哼氣，抬高了牠的下巴說：「哼！我才不相信拉斷這條軟鍊對我分里爾狼的名聲有何助益。再說，我那裡可以知道你們是否背著我在這軟鍊上施了法，叫我難以拉斷這看似柔軟易斷的鍊子。不好！不好！這一切太過可疑了。你們又不由說分地便把我帶到這孤立於湖水中的小島上，分明心懷不軌。我得更加小心提防才是，一點也不該再被你們輕易說動去冒險。」

諸神原一心以為這激將法一定會像上兩次一樣奏效，他們沒想到這分里爾狼一反往日的自大好勝，腦子如此清晰，做事如此小心。諸神起先都愣了一愣，後來又說：「哎呀呀！這柔軟的細繩子那難得倒你分里爾狼呢？粗大的鐵鍊子都困不住你了，何況這細繩哩！力大無窮的分里爾狼呀！你還是姑且一試，叫我們開開眼界吧！如果你真的掙不開這軟繩，我們一定會幫你解開的。這樣可好？」

以手擔保

這番話似乎打動了分里爾狼的心。牠低著頭沈思一會兒，才開口道：「話是不錯。不過，如果我被你們用繩子綁住然後又無法如願掙斷或咬斷繩子的話，那我不就得低頭向你們求救，拜託你們幫我解開繩子？那我又有什麼好處，只有平白冒險把性命交給你們的危險罷了。但話又說回來，爲了證明我分里爾狼膽識過人，並非一般鼠輩。我還是願意試試看，只不過爲了防範你們食言，你們必須答應我一個條件：你們當中推派一個人把他的手放進我的嘴裡，以作爲我冒險爲縛的擔保，如何？」

諸神都怕極了尖牙利齒、殘暴成性的分里爾狼。更何況諸神分明存心欺騙分里爾狼，如此一來，更是擺明了會平白損失一隻手，這樣吃虧的交易，根本沒人願意。諸神都沈默下去，面面相覷。就這樣，兩方僵持不下。後來，生性耿直講義氣的戰神泰爾再也按捺不住了，他爲達到計誘分里爾狼的目的，面帶憤怒地伸出自己的右手。分里爾狼心想泰爾絕不可能平日犧牲自己的右手，牠的冒險將有了十足的保障。於是牠對諸神說：「好啦！這下子，你們可以動手綁我了。我倒要瞧瞧自己是否可以順利掙斷這軟繩。」說完，分里爾狼便帶著一抹得意的笑容一口含咬住泰爾的右手。」牠不知道泰爾早就做好了犧牲右手的準備。

諸神生怕分里爾狼後悔，便趕緊用繩子綁好狡猾的分里爾狼。綁好之後，諸神抹去額上的汗珠後，便胸有成竹地大笑起來。他們一起出口相激要分里爾狼試試是否眞能拉斷繩子。分里爾狼眼見諸神得意的笑容，心驚於諸神態度的驟變。牠開始奮力地試著掙斷繩子，沒想到牠不管如何使力都無法掙斷這堅韌無比的繩子，牠慌了起來，更加使力，但是牠愈使力，愈被縛得更緊。牠氣極了，用眼神示意右手被牠咬在嘴裡的泰爾，示意威脅他，若不趕快要諸神將牠鬆綁，牠便一口咬下泰爾的右手。

泰爾明白告訴牠：「哎！那是不可能的啦！我們原本就沒有要將你鬆綁的打算。好不容易才將你這會危及阿斯嘉特命運的禍害困住，怎麼可能再縱虎歸山？要知道，我們可是花了好一番心力才將你捉住的。這條繩子可不是一般的繩子，而是侏儒用祕法製成的神奇繩子。」說完泰爾忍不住和眾神一塊得意開心地大笑起來。

心知中了諸神詭計的分里爾狼心中氣極了，牠一肚子懊悔忿恨，但現在牠後悔也來不及了，牠趁大夥得意大笑時，一口咬斷泰爾的右手以洩恨，痛失右手的泰爾這下可是再也笑不出來了。他痛得眼角直冒淚，面對自己血淋淋的右手臂，他也只能硬撐著不叫出聲。

達成目的，困住分里爾狼的諸神，爲了一勞永逸，他們找來一條粗大堅固的鐵鍊仔細連接在綁住分里爾狼的繩子上。再將鐵鏈的另一頭深深固定好埋在地底下，同時再找來一塊巨岩紮實地壓在上頭。悔不當初的分里爾狼拚命地怒吼，想找機會咬住任何一個靠近牠的人。牠終日張著血盆大口，露出一口利齒，發出可怕的哮聲。諸神受不了牠張狂的模樣，便想辦法把一把銳利的刀塞進牠的嘴裡，好叫牠再也無法咬人。

計誘分里爾狼的故事，就在帶著泰爾義氣犧牲一隻手的缺憾下落幕了。分里爾狼就這樣被囚困在這湖中的小島上，困守愁城。直到諸神與巨人族之戰展開，分里爾狼才重獲自由。由以上這則故事，我們可以明顯看出泰爾十分看重正義和契約，不愧爲會議的保護神。

（二）弓箭之神——烏爾

被稱作「滑雪之神」、「弓箭之神」、「狩獵之神」以及「楯之神」的烏爾，據說住在一個生長有許多石儲的山谷裡，而石儲正好是製造弓箭的最好材料。烏爾「弓箭之神」的別號跟這一點有密切的關係。

烏爾是西芙和索爾的孩子。從散落在各地的「烏爾神殿」及「烏爾的神靈」等與烏爾相關的地名可看出，烏爾本身受人們一定程度的崇拜。然而，比起其他受敬重的諸神來說，烏爾的一切，人們知道得相當有限。史諾里相信烏爾並非索爾的親生兒子，而是其妻西芙和其他人所生的孩子，索爾只是他的養父而已。這個說法並未被證實。

烏爾天生孔武有力，並擅長滑雪、射箭。他能製作由他住處附近取材的石儲爲材料的上等弓箭，而且又非常善於狩獵。所以，他被尊爲「滑雪」、「狩獵」、「弓箭」及「楯」之神。他這方面的才能和同樣擅長滑雪、射箭的女神絲卡蒂相當相似。

烏爾雖然和泰爾一樣都不是「古天神」，不過他卻被公認爲一個地位非常崇高的亞薩神。在〈庫里姆尼爾之歌〉中便有一段提到諸神一起搶救被火灼身的情形。段首的標題即爲「烏爾和諸神」。由此可見，人們對烏爾有相當的崇敬和重視。另外，在〈亞特里之歌〉中也特別提到爲烏爾的手鐲莊嚴立誓的情形。

「烏爾」這個名字即為光榮或堂堂正正之意。唯一一則有關烏爾的神話，是由丹麥的「沙庫索」所撰寫的。內容大致是說，在奧丁施咒使路德尼亞國王的女兒琳達公主發瘋，以達成讓琳達為他產下一子以報亡子巴得爾之仇後，諸神因不滿奧丁這樣不擇手段的惡行，執意革除奧丁「諸神之王」的權利。奧丁遭罷免下台之後，烏爾便代之坐上了御座，他以奧丁之名繼續支配諸神及人類。

可是沒想到，十年之後，諸神便寬恕了奧丁，讓奧丁重登王座，再度坐上御座。倉惶下台的烏爾自知大難難逃，便匆忙逃往瑞士。後來，據說，他便被丹麥人給殺死了。烏爾的一生竟落得如此的下場，這該是他自己原本萬萬也沒料想到的吧！

（三）奧丁之子——巴得爾

巴得爾是奧丁和福利克的寶貝兒子。關於他的故事有幾個版本。如史諾里的著述、《艾達》詩集中的〈巴得爾之夢〉和丹麥史學家沙庫索的撰述中都有關於巴得爾之死的記載。這三個版本有相當的出入。

首先，我將介紹史諾里對於巴得爾的看法和相關故事：巴得爾乃天之驕子，長得聰明英俊，更難得的是他的個性相當溫和善良，一點也沒有半點驕縱氣息。因此，他深受亞薩諸神的寵愛。

眾神甚至一致公認他為奧丁的繼承人。不料，他卻中了搗蛋神洛基的詭計含冤而死，後來導致諸神與世界的命運驟轉，而造成悲劇。

巴得爾之死

事情的經過是這樣的。有一天，巴得爾滿臉愁容地向諸神傾訴自己一連做了好幾天不祥的夢，弄得心裡發慌。疼愛他的諸神聽了都為他耽心不已。而身為巴得爾母親的福利克更是寢食難安，急如熱鍋上的螞蟻。她愛子心切，不辭辛勞地一一親自去拜訪世界所有的生物和無生物，請求他們不要傷害她心愛的兒子。

她懇切的請求教所有的生物和無生物都為之動容。結果包括石頭、水、火、土壤、樹、金屬和鳥獸等等在內，所有可以想到的生物和無生物都允諾了福利克的請求。他們全都發誓自己保證絕對不會去傷害巴得爾的一根寒毛。為了愛子憂慮奔波不已的女神福利克這才放下自己心中的大石頭，安心地返回宮中，對諸神說：「大家可以放心了。現在沒有任何一種東西可以傷害巴得爾了。」她說完拍了拍愛子巴得爾說：「我受了折磨的兒子呀！這下子，你可以擺脫惡夢的糾纏，好好地睡上安穩的一覺了。」

這個消息讓深為巴得爾安危憂慮的亞薩諸神鬆了一大口氣，也使巴得爾一展愁眉，露出久違的笑容。後來，諸神為了證實福利克是否所言不假，而想出了一個好玩的遊戲來試驗。諸神要巴得爾獨自立在眾神圍成的大圈圈中然後，諸神再拿各種東西試探性地往巴得爾身上扔去。果然，巴得爾面對那些四面八方扔擲來的東西，也沒有閃躲，卻仍是毫髮無傷。諸神接著更加使力地扔擲出東西，以試驗巴得爾是否眞的仍會平安無事事實證明——福利克的請求果然奏效了。萬物遵照和福利克的約定，一點兒也不傷害巴得爾。這下子，諸神更熱中這個新遊戲了。

這下子，最高興的莫過於巴得爾了。他笑得合不攏嘴。諸神也高興極了。然而，在一片歡笑聲中，只有一個人心懷不軌，笑不出來。那人便是生性愛捉弄人，血液中帶著邪惡因子的巨人族後裔——洛基。他悶不吭聲地在腦海中一直盤算如何才能叫諸神再也笑不出來。他決心找法子傷害這個看似萬物都傷害不了的天之驕子巴得爾。洛基當下打定主意便開始擬定完美的計劃。此時，諸神仍一頭熱地和巴得爾玩扔擲東西的遊戲。

洛基首先決定先去找唯一掌握巴得爾萬物皆不能傷他的神秘人——福利克。洛基先變身成一個垂垂老矣的老太婆，再裝成一副和藹的樣子去拜訪福利克。他心想只有從她身上才能找出可以傷害巴得爾的唯一方法。正在樂頭上的福利克看見這前來拜訪她的老太婆，並沒有心生警惕，再加上洛基出神入化的演技，福利克在洛基有技巧地探問下，一臉得意地將自己拜訪請託萬物的情形一五一十告訴變身成老太婆的洛基。

洛基專注地傾聽，試著從福利克的話中套出可以傷害巴得爾的秘密。他故作關心狀詢問福利克：「喔？那可眞是太好了。那麼說來，沒有任何東西可以傷害得了巴得爾。」福利克聞言，想也不想就回答他說：「啊！約莫是如此了吧！我盡了全力請求萬物，他們也都答應了我的請求，與我約定絕不傷害巴得爾。對啦！除了一棵槲寄生樹實在是太小而無法發誓外。」他強壓住心中的興奮，不動聲色地套問出那棵槲寄生樹所在之地。福利克不疑有它，便詳細把地點跟洛基變身的老太婆說了。

達成目的後，探知到祕密的洛基，嘴角不由得露出一抹詭異的笑容。不一會兒，他便藉故離開福利克的住處。一出了福利克的家門，洛基便片刻也不歇地趕往瓦爾哈爾宮。按照福利克的敘述找到沒有發誓的那小棵槲寄生樹。他毫不猶豫地將它連根拔起，然後帶到諸神和巴得爾玩耍的地點。

巴得爾的兄弟黑茲爾是個瞎子。因此，他雖然也在玩耍的現場，卻只能獨自站在人群的外圍。拎著槲寄生樹的洛基打著餿主意走近黑茲爾，悄聲地對他說：「哪！我把手中的小樹交給你，你也可以去參加扔東西在巴得爾身上的遊戲。」正覺得有些無聊的黑茲爾便依言接過洛基遞過來的小樹，並依著洛基指示的方法，舉起雙手用力地將手中的小樹擲向巴得爾。不一會兒，竟傳來「啊！」的一聲慘叫。原來，巴得爾被那如矛般射來的小樹刺中了。四周一下子就安靜了下來。誰也無法相信，巴得爾竟會被一棵小樹所傷。

惡夢成真

巴得爾的惡夢成眞了。他在大叫一聲後就倒地不動，沒了氣息，魂赴海爾女王統治的死亡之國。黑茲爾怎麼也沒想到自己中了洛基的詭計，在他的利用下，錯手殺了自己的兄弟。諸神在震驚中驚醒過來，面對巴得爾死亡的事實都傷心不已。說來，最傷心的莫過於痛失愛子的福利克和奧丁了。奧丁知道愛子巴得爾的死亡，不單單是自己和福利克的損失，同時也將對諸神和人類的命運造成不小的影響。

痛不欲生、淚流不止的福利克撫著愛子的屍體對大家說：「我心愛的孩子，魂魄已去死亡國了。如果，有人自願成爲我的信使，前往海爾女王統治的死亡國探視巴得爾死後的狀況，並告訴海爾，我願意以珍貴的東西來換回巴得爾的魂魄的話，我願意將我珍貴的愛給他。」

這時，有一位名叫「赫爾莫特」的剛勇武士自願接下這個任務。他在眾人的祝福下騎上有八隻腳的寶馬「斯雷布尼爾」，前往海爾的死亡國。

另一方面，痛失巴得爾的亞薩諸神也沒閒著。他們忙著將巴得爾的遺體放置在華麗的船中，準備推入海中進行船葬。可是，當他們將屍體置妥後，卻怎麼使力也無法將船推下海。大家都聚在一塊兒使出吃奶之力，那船還是動也不動。無奈之下，眾神只好派人去請女巨人「修羅金」來幫忙，大夥還是忙了一會兒，才順利將船推下岸。可是，此時，巴得爾的妻子「蘭納」卻因爲失去巴得爾而悲傷過度身亡，諸神便將蘭納的遺體和巴得爾一併排在一起進行船葬。諸神一起將薪柴放在船中，再點火引燃，由索爾拿著鐵槌爲他們禱告祈福。就這樣，燃燒的船在海浪的帶引下愈行愈遠，終於看不見了。參加這場盛大葬禮的除了亞薩諸神之外，其他還有許多山巨人和霜之巨人。由這浩大的葬禮陣容可見巴得爾的死是多麼令人震撼和悲傷啊！

話說還騎著八腿寶馬趕赴死亡國的勇士「赫爾莫特」。在經過九天九夜的飛奔後，終於來到灰霧籠罩的海爾國——死界。赫爾莫特一到達海爾在之處，便飛快跳下寶馬，直往海爾正在主持的死者聚會大廳衝去。

滿頭大汗的赫爾莫特，走到海爾面前說明來意。他對海爾說：「海爾女王啊！我謹代表巴得爾之母福利克和亞薩諸神衷心請求你，將巴得爾放回阿斯嘉特讓他重生。巴得爾的死，讓亞薩諸神悲傷極了，福利克說她願以珍貴的東西和你交換巴得爾的生命。」

海爾要的眼淚

臉色一半青一半紅的死亡國女王海爾聽完，突然泛出恐怖的笑容，露出猙獰的表情。她對滿臉期待的赫爾莫特說：「如果當眞如此，那麼也不必拿什麼珍貴的東西來交換了。只要全阿斯嘉特都爲巴得爾哭泣，我便送你們心愛的巴得爾回去。但是，你們記住了。只要有一個人，有一個人例外，不爲巴得爾之死傷心落淚的話，我便永不放巴得爾出死亡之國！去吧！去回覆那深爲巴得爾之死悲慟的阿斯嘉特眾神們吧！」

赫爾莫特聞言，心中一喜，他想要整個阿斯嘉特都爲巴得爾哭泣應該不是難事。眾神們都愛極了巴得爾。他在海爾的允諾下，找到巴得爾及其妻蘭納。赫爾莫特關心地詢問他們的情況，並傳遞了巴得爾父母及其他諸神對他們的關愛。他說他的死讓阿斯嘉特都悲傷不已。他的兄弟因錯手殺了他，心中更是十分內疚哀慟。赫爾莫特急著趕回阿斯嘉特報訊，因此不得不與巴得爾辭行。臨行前，巴得爾特地把手上的特勞布尼爾戒指拔下來，託赫爾莫特帶回阿斯嘉特轉交給他的父親奧丁作為紀念。而蘭納也託他帶了東西給福利克，並託他代為問好。

就這樣，赫爾莫特跨上八腿寶馬，揮別巴得爾及蘭納，穿越層層濃霧，離開死亡國，趕回阿斯嘉特。經九天九夜，赫爾莫特在眾神的期待下回到阿斯嘉特。諸神迫不及待地一擁而上圍住赫爾莫特，探問他與海爾交涉的結果。赫爾莫特氣都來不及喘，便急急地將詳細情形跟諸神說了。諸神一聽，巴得爾復活有望，都非常欣喜，尤其是巴得爾的母親福利克更是高興地掉下淚來。

諸神經過一番商議之後，決定派使者前往阿斯嘉特各地傳話：「請大家一起為巴得爾哭泣吧！唯有大家的眼淚才會使他從遙遠的死亡國回來。」

就這樣，大夥都為巴得爾落下傷心之淚來，就連大地、石頭、樹、金屬也為之動容了，它們也紛紛落下哀悼的眼淚。後來，這些淚水都還留在草木上，那正是我們每天早晨看見凝在草木上的露水。

這一切原該進行得十分順利。巴得爾的復活應該指日可待，但是那壞心的洛基可不甘心就這樣讓受大家寵愛的巴得爾重返阿斯嘉特。他心想，我必須想辦法讓我的女兒海爾永久拘留住巴得爾才行。於是他故意變身成一個醜老太婆坐在使者會經過的洞穴邊上，並露出一臉歡愉的表情。沿途都看見大家正爲巴得爾哭泣的使者，心中十分納悶，便趨上前去問她：「老太婆，妳爲何一臉歡欣？妳是否已爲巴得爾哭泣過了？」

沒想到，這老太婆從鼻孔裡哼了一口氣說：「哼！我才不會爲巴得爾掉一滴眼淚哩！那傢伙不管是生是死，我都不喜歡他！哈！哈！還是讓他永遠待在那灰色濃霧裡，讓那臉色一面青一面紅的海爾好好管束他吧！」說完，她就放聲地哈哈大笑起來。使者聽了她囂張的話，掄起拳頭，正想好好地教訓她一番，沒想到，她就一溜煙消失不見了。

就因爲洛基居中搗蛋，打死都不願爲巴得爾掉一滴淚。因此巴得爾就只能永遠徘徊在死亡國。失望極了的亞薩諸神從此便覺得世界對他們而言不再那麼美麗了。

後來，當諸神終於了解這整件事從頭到尾都是洛基居中搞鬼時，都對他痛恨得不得了。無法原諒他的諸神決定幫巴得爾報仇。洛基受諸神處罰的故事，後面我將會敘述到。

巴得爾之死（另一說）

以上的故事出自史諾里所寫的書裡。接下來，我將大略介紹《艾達》詩集中的〈巴得爾之夢〉以及丹麥史學家沙庫索有關巴得爾之死的故事。

在出自《艾達》詩集的〈巴得爾之夢〉中有關巴得爾之死的故事情節和前述史諾里所寫的故

事內容大有出入。〈巴得爾之夢〉中指出殺死巴得爾的正是他的瞎子兄弟黑茲爾。他並非受了洛基的煽動才錯手殺了巴得爾，洛基從頭到尾根本沒出現在故事中。而至於爲什麼巴得爾會連續做不祥的夢，則根本是出於罪惡感。除此之外，故事中前往死亡國探訪巴得爾死後命運的人也不是赫爾莫特，而是他善用法術的父親。

而在沙庫索筆下的巴得爾之死和以上兩則故事的情節更是有極大的差異了。沙庫索認爲黑茲爾並非巴得爾的兄弟，更不是一個瞎子。黑茲爾乃是瑞典王子，從小由挪威的蓋瓦爾國王扶養。長大成年後的黑茲爾不但英俊挺拔，而且精通各種技藝。從小和他一起長大的蓋瓦爾國王之女「蘭納」不由得深深愛上他。而蘭納也是出了名的美人胚子，黑茲爾自然也傾倒在她的美麗溫柔之下。蓋瓦爾王國的人都認爲這對天作之合的璧人締結婚姻是遲早的事。蓋瓦爾國王愛黑茲爾如親生兒子，自然樂於將愛女蘭納的幸福交予他。

可是，有一天，當蘭納獨自在湖邊游泳時，被奧丁的兒子巴得爾撞見了。他一眼就愛上大美人蘭納。他雖知蘭納芳心已許給了黑茲爾，仍不願放棄。他爲了佔有蘭納，決定殺掉黑茲爾。這個祕密被「森林處女」們得知了。她們不齒於巴得爾的無恥，決定警告黑茲爾以免他中了巴得爾的詭計。「森林處女」掌握決定勝負的力量，對巴得爾也有相當的認知。有一天，黑茲爾恰巧因狩獵來到她們所處的小屋，森林處女們便捉住機會，把巴得爾的詭計一五一十地告訴黑茲爾。天性善良耿直的黑茲爾聞言大吃一驚，開始發起愁來。還好，森林處女們給了他一些忠告，她們說：

「巴得爾乃是半人半神的亞薩神族。他具有相當的神力，一般的武器是傷害不了他的。你千萬不要傻得答應和他決鬥，你是一點勝算也沒有的。不如快點回去和蓋瓦爾國王共商大計，並早點向蘭納求婚吧！」

黑茲爾十分感激地向「森林處女」們道了謝後，便騎上快馬趕回城堡。黑茲爾找到蓋瓦爾國王後便急忙向他提出迎娶蘭納爲妻的要求，盼望得到他的首肯。蓋瓦爾國王毫不猶豫地欣然答應了。鬆了一口氣的黑茲爾，接著又把今天自己在「森林處女」們那裡得來的消息仔仔細細地向國王說了。蓋瓦爾國王聞言，心中也是一驚，他自是不希望巴得爾的詭計得逞。幸好，他知道如何打倒巴得爾的方法。他對急著知道詳情，一臉焦急的黑茲爾說：

「別急，我的孩子。我知道如何打倒巴得爾的秘密。你必須趕去一個叫蜜明克（或許是密爾吧！）的住處附近找到一個住在森林裡的沙丘洛斯（希臘神話中經常出現的半人半獸妖怪）。那沙丘洛斯擁有一把魔劍，唯有這把魔劍才能傷得了巴得爾。快去吧！我的孩子。此去必定十分艱辛，你必須忍耐下來，要記得蘭納在這裡等著你的迎娶。」

黑茲爾聽完國王的話，心中一喜。匆匆收拾好行李，便騎上快馬前往蜜明克居住的洞窟。黑茲爾一路上經歷千辛萬苦好不容易來到目的地，他找到住在森林深處的沙丘洛斯，經過一番激鬥後，他終於殺了沙丘洛斯，取得了魔劍，同時他也意外獲得一只使他致富的手鐲。

正當黑茲爾離開城堡前去取魔劍之時，巴得爾也來到蓋瓦爾國王的城堡，他向國王提親，希望國王把蘭納嫁給他。蓋瓦爾國王明知蘭納的心意，故意推辭說：「這可得問我的女兒蘭納才行。」巴得爾便轉向蘭納，拚命地想說服她。可是，一心只盼著黑茲爾快點回來的蘭納，卻藉故拒絕他說：「這是行不通的，人和神是不可以結婚的。」遭到蘭納拒絕的巴得爾失望透了。後來，他便把一切罪過都推給黑茲爾。他心想：這一切都是黑茲爾這傢伙的錯，如果沒有他就好了。沒有他的話，死了心的蘭納一定會投進我的懷抱。被愛與嫉妒沖昏了頭的巴得爾決心非殺死黑茲爾不可。巴得爾一氣之下，正式向黑茲爾宣戰。

激戰不休

在蓋瓦爾國王和蘭納的殷殷期盼下，黑茲爾終於帶著魔劍回來。他接受了巴得爾的挑戰，一場激戰就此展開。得到蓋瓦爾國王之助的黑茲爾和受奧丁、索爾支持的巴得爾打得不可開支。結果，黑茲爾持魔劍打敗了巴得爾，甚至把索爾的寶槌都給砍斷了。

在此之後，兩人又陸陸續續展開幾次爭鬥。後來，巴得爾雖然漸漸佔上風，但黑茲爾卻已如願和心愛的蘭納結婚，並統治了瑞典、丹麥。這使得巴得爾相當氣憤和懊惱，他一想到自己愛慕的蘭納嫁給自己痛恨的黑茲爾，心中一口怨氣就難消，他氣著氣著就生起病來了。但即使是臥病在床，巴得爾仍一心想打敗黑茲爾以洩憤。

幸好，黑茲爾又在森林中巧遇「森林處女」。她們知道巴得爾仍一心想殺死黑茲爾，便好心地將賦予巴得爾力量的秘密告訴他。她們還特地將保證勝利的帶子——臍帶贈予他。後來，巴得爾真的就被持有魔劍和臍帶的黑茲爾殺死了。丹麥人民還特地建了一座大塚來埋葬巴得爾。

由上述故事可知，根據丹麥史學家沙庫索的看法，黑茲爾並不屬於神族，而是瑞典王子。巴得爾更非史諾里筆下那樣，既善良又溫和，是眾神眾物深愛著的天之驕子。他反而是好嫉又好戰、十分不講理的半人半神。黑茲爾不是瞎子，而是被「森林處女」所崇拜的勇士，而故事中也沒有半點洛基的影子。

據悉，史諾里對洛基的看法可能跟那時期基督教大幅擴展有關。他故意把洛基描述得邪惡如惡魔，而一手釀成巴得爾死亡永不復生的悲劇。而後來，在基督教勢力擴張的影響下，北歐人便把巴得爾看作因有罪而被殺。

《艾達》詩集中也提到說，那害死巴得爾的槲寄生樹，極可能就是《薩加》故事中經常出現的魔劍「密斯特登」。

根據資料顯示，巴得爾雖然是神，卻沒有任何證據證實他受人們崇拜。而薩加人民也只不過是把他當作戰士般看待。後來，甚至出現有巴得爾死而復活，並和黑茲爾和好的傳說。據推想，這也是受基督教影響而編造出來的故事吧！

（四）守護神——海姆達爾

海姆達爾是一個極具神祕色彩的神。根據詩歌〈海姆達爾之神秘〉中的記載，海姆達爾最大的職責乃是戍守阿斯嘉特。據說，他日夜都守在彩虹橋以監視是否有巨人企圖偷渡進阿斯嘉特。他的眼睛無論是白天或黑夜都能看見遠在一百哩之外的事物。同時他的耳朵也異常靈敏，甚至能夠聽見野草和羊毛生長的聲音。他擁有一個叫「加拉爾赫倫」的示警笛子，每當他發現有巨人企圖侵犯阿斯嘉特時，他就用這隻笛子通知諸神。

洛基的敵人

海姆達爾與洛基是宿敵，因此他也被稱作「洛基的敵人」。在「烏爾普・烏加遜」所寫的一首長詩中就曾經提到海姆達爾追逐偷走西芙女神項鍊的洛基的故事。故事中提到，兩人在追逐中都變身成海豹游向一個小島。後來，經過一番激烈的打鬥，海姆達爾終於拿回項鍊。

北歐人相信海姆達爾和海盜有密切關係，同時格爾特人的海神「馬邦蘭・馬克里亞」極可能就是他的兒子。史諾里從已失傳的〈海姆達爾之神秘〉一詩中，引用以下詩句：「我是九個母親的孩子，而且也是九個姊妹的兒子。」詩句中所指的九個姊妹可能是海的波浪，而海姆達爾則是由它們扶養長大的——這樣的說法也出現在希臘神話中。據說，他與西芙女神——索爾的妻子——也曾有過一段親密的關係，因此有人認爲與海有密切關係的海姆達爾有可能也屬於華納神族。

基於海姆達爾因身任看守阿斯嘉特的任務，同時也擁有警笛的關係，他常被比喻成大天使「加百列」注。也有人認爲他是「太陽神」、「月神」，或是拿他來和「宇宙樹」的人格相比。印度的阿克尼（火神）注和波斯的「密特拉」注也常被拿來和海姆達爾做比較。另外，也有人稱他爲「白神」，這與芬族雅庫特人的祖神「白色的年輕人」有相當密切的關係。由此可見北歐民族與芬族的關係。有一方說法把海姆達爾看作人類的祖先。由以上所述看來，海姆達爾可能是一位相當有權勢的神。

在〈巫婆的預言〉中有相著關於海姆達爾的記載。記載中提到，不管是富貴或低賤的人，都視海姆達爾爲人類的祖先和守護神。這樣的記載可能影響了後來《詩集》中的〈里克之歌〉，而有了把海姆達爾看成人類中「貴族」、「農民」、「奴隸」三種階級的創始者。

創造三個階級

〈里克之歌〉中詳述了海姆達爾創造三個階級的由來。現在，我將介紹這個取自〈里克之歌〉的故事：「里克」是海姆達爾在故事中的化名。有一天，海姆達爾化名成里克，獨自出外旅行，途中他拜訪了三個家庭。

第一個家庭是一對老夫婦，他們住在非常簡陋的屋子裡，所吃的食物都非常粗糙。他們膝下並無子嗣，夫妻兩人相依爲命過著貧困簡單的生活。雖然如此，他們仍熱情款待里克（即海姆達爾），並想盡辦法來款待他。里克在這裡待了三天三夜，他每個晚上都睡在這對老夫婦中間，並教導他們各式各樣的事情。三個晚上過去後，里克收拾好簡單的行李便告辭了老夫婦，重新踏上旅程。九個月後，老夫婦欣喜地得到一子。這個孩子看起來醜了一點，膚色黝黑，手指粗大。不過，他長大後卻十分強壯、勤勞。他被命名為「斯雷爾」（即「奴隸」之意）。後來，斯雷爾和一個和他長得很像的女孩結婚，並生了許多孩子，就這樣產生了奴隸一族。

離開老夫婦家的里克，接下來拜訪了一個較為富有的家庭。這對夫婦也同樣沒有小孩，他們熱情地招待里克。里克同樣在這裡停留了三天三夜，並教導他們許多事。里克告辭離開的九個月後，這對夫婦也同樣產下一子，被命名為「卡爾」（即「農民」的意思），卡爾長大後非常強健勤勞，而且擅長馴養牡牛、建造房屋及製造推貨的車子。後來，他也和一個長得和他近似、性格相近的女孩子結婚，並產下許多小孩。這便是自由農民的起源。

最後，里克來到第三個家庭，這個家庭比前兩個家庭都還要富有許多。男主人是製造弓箭的，而女主子膚色細白，氣質高雅，頭上和胸前也佩帶了精製的裝飾品。他們也熱情地招待前來拜訪的里克。豪華的餐桌上擺的是銀製的餐具，喝的是葡萄酒，他們的餐點也十分豐盛可口。里克照例停留了三天三夜，並教導了這對夫婦一些事情。里克離開的九個月後，這個女主人也產下一子，命名為「雅爾」（即「王侯」之意）。這個孩子相貌十分端正，膚色白皙，他長大後會拉弓、投矛、騎馬、舞劍及游泳。後來，里克在幾年後重回到這個家庭拜訪，把自己世襲的財產都讓給了他。雅爾後來果然沒有辜負海姆達爾的期望，成爲一個優秀的領袖，他征服了一大片闊大的領土，並無私地將財產與忠心跟隨他的屬下共享。

以上，便是「貴族」、「農夫」及「奴隸」三個階級的由來。也是唯一一則對神祕的海姆達爾有詳細敘述的故事。其他如詩歌〈海姆達爾之神秘〉等，因早已亡佚失傳，只能由其他文獻中找到一些關於此詩的記載，而無法得知更詳細的資料。就這樣，海姆達爾便一直蒙上這神秘傳奇的面紗，留下許多令人想像的空間了。

（五）詩神——普拉吉

「普拉吉」據說爲奧丁的兒子，同時也是女神「伊敦」的丈夫。由於他善於雄辯和作詩，因此得到「詩神」的美名。

在〈洛基的爭論〉中記述到，在海神耶吉爾的慶宴中，洛基謾罵諸神。他便譏笑普拉吉及其妻拉敦是「諸神中最卑鄙又不敢作戰的人」、「根本就是一個怕事的懦夫」。但在〈耶里克之歌〉中卻有另一番迥異的說法，詩中提到普拉吉是最受歡迎的人，他還在瓦爾哈爾宮迎接戰死的國王（即「血斧的耶里克」）。在〈哈昆之歌〉中也曾提到這段情節。

然而，根據資料，目前仍無法推論是否精確有「普拉吉」這個神存在。因爲「普拉吉」一詞不但有「詩法」之意，同時也含有「首位」的意思。而普拉吉的另一個名字「長鬍子的神」也和奧丁相同（奧丁也有「長鬍子的神」的稱號）。我們知道奧丁也被稱爲諸神，而在王侯戰死後的繼承法上，用來紀念的杯子便叫「普拉吉酒杯」。這指的並非詩神普拉吉的杯子，而應該是奧丁的杯子。由上述幾點可見，普拉吉可能只是奧丁的眾多稱號之一，而並非眞的另有其人。只是後來被詩人誤用，而錯認爲是另有其人。

另外補述一點，在九世紀前半期，出現一個叫「普拉吉・勃達森」的挪威詩人。他大幅改革了古詩體，自創一種華麗的新詩體，而領導出一股新的潮流。後來，人們便尊普拉吉・勃達森爲古代斯堪地那維亞的詩人始祖。也因爲這個關係，許多人認爲他便是詩神「普拉吉」的化身。

（六）佛爾塞狄神

在史諾里所選述的《庫里姆尼爾之歌》中，提及「佛爾塞狄」住在阿斯嘉特神國一幢用金銀裝飾得十分豪華的「克利特尼爾」宅第裡。他可以控制所有的爭鬥，然而不知何故，這位佛爾塞狄卻從未有過任何的實際行動。史諾里認爲佛爾塞狄乃是巴得爾的兒子。

在北歐，以「佛爾塞狄」來當地名的只有在奧斯陸灣附近的　座「佛爾塞狄森林」而已。反倒是，在荷蘭北部的弗利然群島，至今仍流傳著二種有關佛爾塞狄的記載。其中一則傳說即是在八世紀所撰寫成的《聖威利普洛特傳》。內容大略如下：

有一天，有位名叫聖威利普洛特的聖者，來到一座位於弗利然群島和丹麥之間叫作「赫里哥蘭」的小島。這座島上有一座備受弗利然居民崇敬的弗利然神殿。據聞，這裡規定任誰都不能碰觸在這神殿附近吃草的野獸家畜，而且附近的居民若來這神殿汲取這裡的聖泉時也必須保持靜肅，不能說上一句話。若是有人冒瀆了神殿，觸犯了以上這兩個規定，便必須犧牲生命被當做祭品奉獻給神殿裡供奉的弗西特神以作爲懲罰。

然而，初來到赫里哥蘭島的聖者「聖威利普洛特」竟大膽觸犯了規定。他不僅用聖泉水在泉邊替三個居民洗禮，還把神殿附近的聖畜全給殺了。得知此事的島民十分生氣，便把那三個受聖泉水洗禮的其中一個人捉來當祭品奉獻給神。至次那觸犯規定的聖者，他們自然也不會放過。他們將他揪到神殿前，準備也將他殺了當祭品。可是，奇怪的是，當居民在神殿抽籤等待弗西特神的指示時，卻連續抽出三支指示他們要將那聖者無罪釋放的籤詩。居民們雖大感詫異，但也不得不遵照神的指示放過聖者。聖威利普洛特就這樣逃過一劫，撿回性命。島上居民在祭祀後，便將他遣送回法蘭克國。

神殿中受弗利然群島島民崇拜信仰的弗西特神，據推論來看應該就是弗爾塞狄。後來，這個信仰還流傳到北歐的其他地區，影響了人們的信仰。

（七）遭眾怒的搗蛋神——洛基

詩歌〈洛基的爭論〉中曾提到愛搗蛋的洛神，在很久以前和奧丁結拜爲兄弟。因此，他才能以巨人族的身分列入阿斯嘉特諸神之一。前文也提及他便是分里爾狼、魔蛇彌得加特和死亡國女王海爾的父親。

洛基可說是北歐神話中最具叛逆性和神秘性的神。他在神話中佔有相當重要的位置，其重要性絕不亞於諸神之王奧丁和頗具盛名的雷神索爾。然而，由於他天性狡詐、頑皮，一肚子古靈精怪和滿腦子餿主意，因此當時在民間並沒有受到重視和崇拜。直到異教時代的末期，基督教風興盛，在一派申言惡魔存在的論調聲下，洛基的神話才被人們接受並廣爲流傳。洛基在人們心目中並不具有高貴的神格，而是一位狡猾好詐、性格受議的神。深受基督教影響的學者、史學者更是刻意把他描述得十分邪惡，近似惡魔。

著名的學者史諾里對洛基的描寫如下：

「洛基雖爲亞薩神族的一份子，但有人認爲他乃是故意中傷亞薩神族的壞蛋，這一點對諸神和人類來說，實在是莫大的恥辱。他被人稱爲『洛基』或『洛普特』，是巨人『法爾寶迪』和女巨人『拉菲』（也有人說是娜兒）所生的兒子。他的相貌高貴而英俊，但其性格卻乖張而邪惡。他對於大局的策劃有其獨到之處，經常能運籌帷幄，百戰百勝，但他惡作劇的本領也非常高超。他詭計多端，花招百出，到處惹事生非，令亞薩諸神頭痛不已。不過，也正因他異常狡猾慧黠，因而才能經常在眾人苦無對策之際貢獻良計，因而多次解救諸神，屢建奇功。他後來的妻子名『西瓊』，所生的兒子叫『納里』，也有人稱他『納威。』

有關洛基的故事，我前面已介紹過幾則。例如，他與索爾勇闖巨人國，洛基與野火扮成的羅意比賽吃東西。和索爾之槌遭竊，他和索爾分別巧伴成侍女和新娘，騙回失槌等有趣的故事。另外，在史諾里所撰述的巴得爾之死的故事中，他也扮演嫉妒巴得爾而用計害死他的邪惡角色。

除了前述幾則故事外，洛基也曾經爲了報復抓過他的巨人蓋爾羅特，而想盡辦法要索爾陪他前去巨人國好處罰蓋爾羅特。另外，在著名的《殺死龍的希庫特》一書中也記載了他和奧丁前往海尼爾，因在瀑布附近用石頭打死了正在捕鮭魚的水獺「奧達爾」，而被痛失愛子的奧達爾之父——「富雷特馬爾」抓住的故事。

有功有過

洛基實在不愧是搗蛋神，他來到阿斯嘉特前，與女巨人「安尼兒波達」所生的三個孩子——「分里爾狼」、「彌得加特魔蛇」及「死亡國女王——海爾」、也明顯遺傳了洛基邪惡的本性，後來，他們「秉承父志」把阿斯嘉特神殿攪得天翻地覆。然而，洛基也曾用心地建造阿斯嘉特城牆，獻巧計而立下不少汗馬功勞。

此外，在前文多次提到的〈洛基的爭論〉詩歌中，他在海神耶吉爾神殿所舉辦的一場宴會中幾乎謾罵了在座所有的亞薩神。他的出言不遜也幾乎惹惱了眾神，當時看不過去的奧丁出言制止，反被洛基出言相譏。很明顯地，不顧別人顏面地咒罵別人是洛基另一個缺點。不過，換句話說，像洛基這樣充滿叛逆性與性格弱點的神，竟得以與其他高貴的神並列，眞可以說是北歐神話特殊的地方。

戲弄西芙

首先，我將先說一個洛基忍不住惡作劇，偷偷剪去索爾之妻西芙的金黃色長髮，而引發一連串故事的有趣過程。

索爾美麗的妻子西芙有一頭如陽光灑落般的金黃色長髮（一說其金髮象徵成熟的麥穗），這頭金髮讓西芙和她的丈夫索爾都驕傲過人。每個人看見西芙的長髮都忍不住發出讚嘆之語。可是，有一天當西芙正在熟睡之時，好搗蛋的洛基心血來潮，忍不仕想要捉弄愛髮如命的西芙。他偷偷跑近睡沈的西芙，悄悄地把西芙那美麗的長髮剃得光溜溜，然後便神不知鬼不覺地一溜煙跑掉了。

午睡醒來的西芙發覺不對勁，玉手往頭上一摸，猛然發現自己變成了光頭，一氣之下，淚如雨下。她匆匆跑去找丈夫哭訴。索爾看見愛妻西芙的狼狽樣，又心疼又氣憤。他心下一想：「哼！這一定是洛基幹的好事！等我逮到他後，一定要狠狠地將他身上的骨頭一根根拆散！」索爾好言安慰幾句仍在失聲痛哭的妻子後，便飛也似地出門去找洛基算這筆帳。

不一會兒工夫，索爾便找到了洛基，他一個箭步上前一把抓住洛基的手。索爾彷彿要把他的骨頭捏碎似地用力握著洛基的手，眼睛裡似乎要噴出火來。洛基痛得哀哀叫，但他馬上發覺索爾這下子是眞的生氣了。他心知東窗事發，而且這次玩笑開得太大，眞把索爾老大給惹火了，再不趕快求饒，自己恐怕要吃不完兜著走。他馬上換上一副可憐的表情，連忙求饒。可是，正在怒頭上的索爾一點也不爲所動，沒有半點要原諒洛基的意思，反而更加重了手上的勁道，硬是把洛基捏得哇哇大叫。骨頭快被捏碎的洛基大叫說：「哇！好痛呀！痛死我了！求求你放手好嗎？我知道錯啦！你放了我！我會想辦法找到能代替你太太頭髮的東西！請你好心地饒了我吧！」

儘管洛基一再求饒，但受夠了洛基惡作劇的索爾，一肚子狐疑地問他說：「哼！我就不相信，你眞能找到代替西芙頭髮的東西！洛基，你可別想在我面前耍花樣！」

「我馬上趕去侏儒國請侏儒們用純金打造一頭黃金長髮，好讓西芙戴在頭上，我保證她若是戴起來，看起來肯定會比以前更加美麗高貴。索爾，你知道的，侏儒們向來具有巧奪天工的手藝，任何東西都難不倒他們的！」洛基討好地對索爾說，試圖說服他。

索爾果然被打動了，他鬆開洛基的手，要他趕緊出發去找侏儒。但就在洛基出發之前，他只出言警告他說：「洛基！你記住了，若你找來的頭髮比不上西芙原本的頭髮，無法令她破涕爲笑的話，我可還是會將你逮來，把你的骨頭一根根拆散以洩心頭之恨。好啦！你可以走了！不過，你可別忘了我說的話！」

於是，洛基匆匆趕往侏儒國去找「瓦林克」兄弟，他們乃是著名的侏儒「德凡林」的兒子。

這對兄弟的手藝精巧無比，是出了名的無人能比。洛基來到瓦林克兄弟的住處後，便說明來意，並表示願支付重酬。瓦林克兄弟聽了洛基的請求後，就爽快答應了，他們說：「這事容易得很，而且我們保證做出來的頭髮絕對比西芙原本的更加美麗。」除此之外，這對兄弟還大方地表示願意贈送西芙兩件禮物：一是叫「坤克尼爾」的長矛，這隻矛可以刺死任何敵人；另一個是叫「斯基特普拉特尼爾」的魔船，即前文我曾提及的那艘不用時可折疊起來放到口袋中，必要時可以展開供所有武裝諸神搭乘，同時，不管是在天上或是陸地，這艘船永遠都能順風快速前往目的地。

瓦林克兄弟以又好又快的速度趕工做成黃金的長髮，他們做出來的成品果然令人眼睛一亮。洛基拿著這三件寶物，向這對兄弟道了謝之後，便匆匆踏上歸途，趕回阿斯嘉特，以便早點將黃金頭髮交給西芙和索爾。就在洛基趕回家的途中，他巧遇一個叫「普洛克」的侏儒。普洛克是著名的鐵工藝匠「辛德里」的弟弟，洛基因為得到三個珍奇的寶物而志得意滿，他忍不住向普洛克炫耀說：「普洛克呀！你瞧瞧我從瓦林克兄弟那得來的三件寶物。我說呀！諒你那鼎鼎有名哥哥辛德里也絕對做不出這麼完美的作品！哎呀！若我所言有誤，我就把我的人頭給你！」

普洛克一向深知自己的哥哥辛德里的能耐，他相信以他哥哥高明的手藝，絕對可以做出足以堵住洛基吹噓的嘴的完美作品。於是，他對得意洋洋的洛基說道：「好呀！那我們就打個賭吧！你就跟我一起回家，好讓你開開眼界，見識一下我哥哥出名的手藝。」

就這樣，洛基也顧不得趕回阿斯嘉特向索爾覆命，便隨著普洛克一起回家去找辛德里。普洛克一見到哥哥，便迫不及待將自己和洛基打賭的事一五一十地跟他說了。辛德里聽完弟弟的敘述，便立刻在製造工藝品的窯中生了一把火。當火勢轉大，火焰熊熊燃起時，他不知從那兒找來一張豬皮，他把豬皮丟入火中，然後轉身對普洛克說：「我得出門一下，在我出門期間，你要不斷地推動風箱，千萬不可讓火勢小了下來。要記住，在我回來之前，你絕對不可以停下煽火的動作。」辛德里仔細交代完，便頭也不回地離開了。

洛基在一旁聽到辛德里交代普洛克的話，便興起破壞普洛克推風箱煽火的念頭。等辛德里一離開家門，洛基就變身成一隻虻，他飛到普洛克的手上，狠狠地叮咬著他。然而，專心工作的普洛克一點也不為所動，仍是不斷地推動風箱。這下子，洛基的計謀可無法得逞了。正當洛基正苦思對策時，辛德里回來了。洛基趕緊趁普洛克不注意時又變身回人形。辛德里一踏入家門，便大步走近窯邊，他從熊熊火焰裡拿出一隻有著純金鬃色的野豬。然後，他又把一些金子丟入火中，並再次交代弟弟繼續照顧火勢後，便又出門去了。

辛德里前腳剛踏出去，洛基便又變身成一隻虻。洛基心想，我這次改咬他的脖子好了，也許可以使他停下手邊的工作。於是，他飛到普洛克的頸子上，用比第一次更大的力氣咬著普洛克的頸子。但沒想到，普洛克仍不為所動，目不轉睛地推動著風箱。哎呀！這次，洛基的計謀又失敗了，他還來不及想另一個方法，辛德里又回來了。他從火中又拿出一樣東西。洛基和普洛克定睛一瞧，發現那是一只非常精製漂亮的戒指——這只黃金的戒指後來被稱為「特勞布尼爾」。

在普洛克和洛基讚嘆之餘，辛德里又把一些鐵放入火中。他在仔細叮嚀普洛克之後便又出門去了。洛基在見識到辛德里的手藝後，不由得發起愁來。他心想，假如這次再失敗的話，自己的腦袋豈不就要搬家了。因此，他想這一次一定要成功才行。於是，這次他決定飛停在普洛克的雙眉之間，並毫不留情地死勁地咬了下去。這用力一咬果然使普洛克血流滿面，鮮血汩汩直流，滲入了他的雙眼。普洛克的眼睛因鮮血流入而視線模糊，使他不得不暫時放下推動風箱的工作，用手去擦拭眼睛。當他一停下推風箱的動作，窯中的火勢就迅速變小了。這時，辛德里剛好踏進家門。他一看見火勢轉小，十分生氣，他對著弟弟罵道：「普洛克，你到底在搞什麼鬼！火都快熄掉了！」

辛德里趨向前去，從火中取出一把鐵製的槌子。這把鐵槌叫作「彌約尼爾」，也就是神話中多次被提到的那把索爾的寶槌。辛德里把從火中取出的金色野豬、黃金戒指及最後的彌約尼爾鐵槌仔細收好，一併交給了普洛克，並對他說：「你就帶著這三件我親手做的寶物和洛基一道回阿斯嘉特，獻給亞薩諸神，請他們判定究竟是瓦林克兄弟的手藝精巧呢？還是我的作品高明！」

於是，普洛克和洛基便各自帶著三樣寶物，一道前往阿斯嘉特神國。當他們一起來到奧丁的客廳時，便請奧丁、索爾和夫雷一起當裁判，看看究竟誰贏得賭注。洛基首先走向怒火未消的索爾，將瓦林克兄弟所做的純金頭髮送給他。他討好地對索爾說道：「這純金打造的黃金頭髮閃耀著迷人的耀眼光芒，絕對不輸西芙原先的頭髮，這下子終於可以讓西芙破涕爲笑了。」索爾仔細打量那純金的頭髮，不由得爲侏儒的巧手折服不已。他這才收起怒容，對洛基和氣了些。

接著，洛基又把那叫「坤克尼爾」的長矛送給奧丁，他說道：「我偉大的兄長呀！這支長矛可不尋常，它銳利異常，可以刺死任何敵人！」奧丁聞言高興地收下長矛。最後，洛基把那艘名叫「斯基特普拉特尼爾」的魔船送給夫雷。他對夫雷說：「這艘船現在看來如此小，甚至可以摺成餐巾般放入口袋中，但其中可有玄機哩！它可以展開成一艘巨艇，容納下所有武裝後的亞薩諸神。而且，這艘魔船不論是在天空還是在陸地上，都可以順風快速航向目的地哩！」夫雷聽完，眼睛一亮，很快地把魔船收進口袋裡。

當洛基仔細介紹完自己帶回來的寶物，就輪到普洛克獻上自己哥哥親手打造的三件寶物。他首先掏出黃金戒指「特勞布尼爾」，然後將哥哥辛德里告訴自己的仔細的跟奧丁說了：「這是一只稱爲『特勞布尼爾』的純金戒指，它每過九晚便會自動再生出八只一模一樣的金戒指。」奧丁很高興地把戒指收了下來。

接著，普洛克又把那隻長著金鬃毛的野豬獻給夫雷，並對他說道：「這隻名叫『林布爾斯基』的野豬有著黃金鬃毛，因此牠能在黑夜中散發黃金的光芒，使你不致於迷路，而且這隻豬無論在空中或是海洋都能暢行無阻，跑得比馬匹還要快哩！」夫雷非常欣喜地接近野豬，後來芙蕾雅也經常騎著這隻野豬，四處飛馳。

最後，他把「彌約尼爾」槌交給索爾，並對他說道：「這把彌約尼爾槌可眞是一件寶物，它可以被用來殺死任何敵人，而且不管它被擲向任何地方，都會自動飛回來，同時，它也可以變小放進口袋中收好。」索爾接過槌子愛不釋手，一臉讚嘆的神情。然而，普洛克並沒有說出這把槌子的缺點，那就是這把槌子的把柄有點短。那是因爲普洛克曾經因爲洛基的搗亂，使他不得不顧火勢，而使得窯中的火變小的緣故。

結果，奧丁、索爾和夫雷在仔細比較這些寶物之後，認眞地聚在一起商議。後來，他們判定是普洛克贏得賭注。這決定的主要原因是因爲索爾認爲「彌約尼爾」槌乃是與巨人作戰時不可或缺的武器。這把槌子使得索爾的戰鬥力大增。

當奧丁、索爾與夫雷達成共識，由奧丁宣布是由普洛克獲得勝利之後，普洛克便要求取下洛基的人頭，以懲罰他當初大放厥詞。洛基一聽，知道自己麻煩大了，便著急地大喊道：「哎呀！可是，我的頭對你來說可沒有半點用處的呀！不如讓我用大把的金子來和你交換吧！這樣你馬上就變成最富有的侏儒了。」洛基心知侏儒向來最喜歡金子了。所以，他打算用金子來使普洛克動心，以消除取他項上人頭的念頭。可是，普洛克絲毫不被金子所誘，堅持要實行打賭的約定，非得取下洛基的人頭不可。

洛基這下見大勢不妙，便大叫道：「哈！有本事逮到我再說吧！」說完，他就一溜煙跑掉了。因爲洛基穿了一雙可以在水上或天空中自由滑行飛翔的千里鞋，因此他一轉眼就失去了蹤影。普洛克只有望著洛基飛奔而去的背影興嘆，半點法子也沒有。沮喪的普洛克回到奧丁的客廳，請他們代爲主持公道，幫忙把洛基給抓回來。索爾本來就對洛基惡作劇剪去西芙的金髮，讓她悶悶不樂、終日愁眉不展之事耿耿於懷。這下子，他正好可以好好地藉機修理一下好作亂的洛基。他一口答應普洛克的請求，保證會去把那壞胚子給逮回來。索爾向夫雷借來了那隻金鬃毛的野豬，然後便騎著牠出發去抓洛基回來。

果然，索爾出去沒半晌，便成功地把洛基給拎了回來。普洛克見了十分高興，他馬上要求要砍下洛基的人頭。這時，洛基急中生智，不慌不忙地對普洛克說道：「嗯！好吧！我的頭可以讓你砍。不過，你可要保證我的脖子一點也不會受到損傷，否則，我絕對饒不了你。我在賭注中也沒說要連脖子一起奉送的哦！」

眞的有任何可能可以在不傷及洛基的脖子下得到他的人頭的方法嗎？普洛克歪著頭，左思右想，始終想不出一個妥善的法子，無奈之下，也只好放棄。這時，他十分不悅地說道：「哼！你這張愛逞能好狡辯的臭嘴巴，看看我哥哥辛德里的貓頭鷹咬掉你那長舌頭，封住你那張嘴，看你如何再逞口舌之快！」

普洛克話才出口，辛德里的貓頭鷹就突然冒出來向洛基急速俯衝而去。牠不斷用牠的尖喙咬著洛基的嘴。普洛克見狀趕緊湊向前去，三兩下就用繩子把洛基的嘴給封了起來。普洛克懲罰了洛基之後，才心甘情願地出發返回侏儒國去。洛基對於這樣的懲罰可是一點也不介意，畢竟他還是保住了自己的項上人頭。而且就在普洛克離開之後，他就用牙齒咬斷了封住他嘴巴的繩子。

洛基就這樣又順利地逃過了一劫。他這次的惡作劇和口出狂言妄下賭注，不但沒有受到嚴重的懲罰，反倒還讓亞薩神得到許多珍貴的寶物哩！

觸怒眾神

洛基來到阿斯嘉特之後，仍舊不改他愛惡作劇的性格。亞薩諸神對他十分頭大，但卻拿他沒有辦法。再說，有時，他喜愛亂開玩笑也會爲諸神帶來好處或解決危機。因此，諸神對洛基的搗亂大都也只是睜一隻眼，閉一隻眼。

但這樣姑息縱容的結果，只有使得洛基更加囂張。在前述史諾里所寫的巴得爾之死中，洛基便壞心地藉黑茲爾之手害死了愛與光之神巴得爾，迫使巴得爾淪洛到洛基之女海爾所統治的死亡霧國。這件事使得諸神大爲憤怒，一致決定聲討洛基。但由於洛基居住在神殿裡，因此諸神一時也苦無機會，敢怒不敢言。

死性不改的洛基，知道諸神不敢拿身在聖地的自己怎麼樣，便又開始惹事生非，常常以捉弄人爲樂。有一天，戰神泰爾實在是受夠洛基的惡行了，在忍無可忍之下大聲對他咆哮道：「洛基！你實在是太不自愛了。你的行爲有辱整個阿斯嘉特！你給我小心點，我遲早會逮到機會打死你！」

這話可讓洛基嚇呆了。他一向自恃爲奧丁的結拜兄弟，並居住在神聖的神殿裡，自信自己可以爲所欲爲，而沒人能奈何得了他。從來，諸神只是敢怒而不敢言，不敢如此出言恐嚇威脅他。現在，泰爾的一番話，才讓他從夢中醒來。他發覺自己冒犯眾怒，如今已是四面楚歌，任誰都巴不得置他於死地。在幾經思量下，他決定收拾簡單的行李，偷偷逃離阿斯嘉特。

匆匆逃亡的洛基，小心翼翼地來到一個深山藏身。他在這裡蓋了一間東西南北四面都各開有一扇門的房子，以便那日諸神若是前來尋仇，他好早點發覺及時逃走。就這樣，洛基便獨自在這裡定居下來。爲了打發無聊的大把時間，他經常變身成一條大鮭魚，然後，在那條離自己屋子不遠的河中游泳。

有一天，當洛基正在河中游泳時，他突然想到諸神可能會計劃如何捕捉他。他想到這裡，一驚之下，便立刻變身回原來的模樣，匆匆趕回家去編織漁網，一邊想對付諸神的法子。

另一方面，亞薩諸神終於發現洛基不知何時已經潛逃出阿斯嘉特。他們聚在一塊商議如何抓回洛基好懲罰他。奧丁坐上自己的御座上，眺望世界。之前提過，從這個御座望去的視野，可以看見整個世界。奧丁仔細察看世界的每一個角落，在他尋遍大海、高山、平地和河流等等之後，他終於發現深山中洛基的身影：洛基正在一間東西南北四扇門全開著的一幢山間小屋裡，坐在爐火前編織魚網。

奧丁連忙將發現洛基蹤影的消息告訴大家。諸神聽到這個消息便迫不及待地整裝出發，一群人就這樣浩浩蕩蕩地前往洛基所藏身的深山。

這時，不知大禍將臨的洛基仍專心地在屋子裡編織漁網。不一會兒，他發現有動靜，定睛一瞧，發現諸神們正朝著自己奔來。他慌亂地將手中編織的漁網一把丟入火中，然後便急忙化身成鮭魚潛入河中藏身。

當智慧之神「庫瓦西爾」率領諸神來到洛基的住處時，發現洛基早已不見身影，逃之夭夭去了。庫瓦西爾察看了一下，見著火爐中正燃燒著的漁網，便猜想他是否化身成魚潛入水中。這時，誓言非抓到洛基以息眾怒的泰爾大叫道：「那滿肚子詭計的洛基，肯定是故意將漁網丟入火中，以誤導我們。估計他離開的時間不久，漁網都還燃燒著，他肯定走得不遠，我想他大概躲到水裡去了吧！」就這樣，諸神趕緊合力編織一張堅固的大漁網，準備一會兒就到海邊去捕捉化身成魚的洛基。

諸神們趕緊又回到瀑布處重新撒下網，同時他們也在網下綁了一塊大石頭。這樣一來，任何東西可都逃不出這張網了。可憐的洛基就這樣被大漁網追逐著，不知不覺已經來到大海的邊緣。他心想這下慘了，如果他被逼進大海，這下子就準死無疑了。沒有退路的洛基只好咬緊牙根，背水一戰。他奮力向上一跳，想跳過漁網逃生。沒想到，這一跳終究不夠高，沒有跳出漁網，反倒是直直落向瀑布下方的深處。

諸神見狀高興極了，他們心想，這回諒洛基再怎麼有能耐也逃不出眾神的手掌心了。他們分成兩組抓住漁網的兩端，守在河岸上，再由泰爾跳入水中去抓拿洛基。急於逃命的洛基一瞧見是泰爾來捉他了，嚇得使勁想往上頭跳，但沒想到泰爾機警地一把抓住洛基變身的魚尾巴。泰爾緊緊地捏住他的魚尾巴，生怕一不小心又給他溜掉了。就因爲泰爾這使勁的一捏，使得這尾巴變得又細又長。今天我們所看到的鮭魚尾巴不都是細細長長的嗎?據說，正是以上這個緣故哩!

慘遭酷刑

泰爾終於不負眾望地拎著洛基回到陸地上。洛基立刻恢復了人形。他低垂著頭，心知自己大禍難逃。諸神將他團團圍住，仔細收押著，帶進一個深山中的洞穴裡。他們找來了三塊平坦的大岩石，並用一條大鐵鏈仔細將這三塊岩石串連好。然後將那苦著臉的洛基緊緊綁在岩石上。他們這還不甘心，便去尋來一條有劇毒的毒蛇，將牠綁在洛基的頭頂正上方，讓毒蛇的毒液一滴一滴不斷地滴在洛基俊美的臉上。

安置好洛基的諸神開心極了，一群人鬧哄哄地回到阿斯嘉特準備大肆慶祝一番。大夥都走光了，只有洛基的妻子西瓊實在不忍心丈夫受此酷刑，自願留在山洞裡照顧洛基。她爲了不讓毒蛇的毒液滴到丈夫的臉，便找來一個大缽盛接毒液。然而，當缽盛滿時，她卻又巴不得不趕快去把滿滿的毒液倒掉。因此，就當她離開去倒毒液時，不斷滴落的毒液便會滴在洛基的臉上。因爲，這毒液有著極強烈的腐蝕性，所以每當它滴在洛基臉上，洛基的臉便灼痛難忍，使他忍不住痛苦地哇哇大叫，並用力掙扎擺動身軀。據說，這時，大地便會因此而產生震動，也就是人們所說的地震。

（八）海神——耶吉爾和蘭

海神耶吉爾，雖然他本身並不是阿斯嘉特的神，但他卻和諸神之間有著密不可分的關係，因此他甚至也常被當作諸神之一。

北歐人自古以來就與海洋有著極密切的關係，是不折不扣的海洋民族。在新石器時代初期，海在北歐的神話裡就扮演著極重要而不可或缺的角色。同樣地，在那時期，北歐的岩壁上就已經有了海和鯨魚的壁畫出現。

在北歐神話中，曾提到丹麥皇家的祖先史吉特，是在嬰兒時放在船上，而從海的另一端遠道來到丹麥；女神凱菲恩把瑞典當地的泥土搬到海上，建造了一座雪蘭島；索爾曾從海底釣上那條圍繞大地的彌得加特蛇等；另外還有十二世紀時創造出來的薩加文學與一些有關古代斯堪地那維亞的詩歌等等，都和海有相當的關聯。

說到十二世紀創造出來的薩加文學，我們可以在其文中看見海盜時代的人在大海上不幸遇難而死的情形。豪放詩人耶吉爾．斯卡拉克利姆遜爲其在大海喪生的兒子所寫的〈喪子〉一詩中，就有如下的詞句，來形容他兒子悲慘遇難的經過！

蘭，粗野地抓住我的手，

這個人，對我來說，是很難擺脫的；
海，切斷了綁在我和我兒子之間的繩索，
假如我能拿起劍，向他復仇的話。
釀造啤酒的人（耶吉爾）已經死了，
假如能夠越過暴風雨之友（大海），
我就能夠抵抗耶吉爾和他卑鄙的新娘（蘭）。

詩中所提耶吉爾卑鄙的新娘，是他的妻子，名叫「蘭」。在航海民族的作品中，大海經常被描述成兇暴的破壞者。大海殘酷地奪去航海者的性命。海神耶吉爾長得與「波塞頓」注相像，但他卻不像波塞頓那樣用嘴來咬破船隻或用魚叉來攻擊航海者的船。但，他們都同樣地是以人類爲犧牲品。據說，第五世紀的薩克遜海盜曾把他們捉來的俘虜十分之一的人丟進大海裡以獻給海神當祭品，祈求在海上的平安。另外，當時，航海者身上也不時備有金幣和銀幣，以便屆時他們若在海上遇到暴風雨時，即使不幸遇難了，也能以這和耶吉爾和蘭交換條件，獲得解救。

在北歐神話中，有幾位和海有關的神，如：近海和港口、湖的守護神——尼約特；天氣的支配者以及航海者的守護神——索爾；此外，便是前面所提的耶吉爾及他的伴侶女神蘭，他倆是外海的守護神。尼約特和索爾乃是阿斯嘉特的神，他們同時也是諸神與人類的保護者。但相反的，耶吉爾和女神蘭不是阿斯嘉特的神，而是巨人的好夥伴。他們雖不像霜之巨人那樣對諸神和人類採取敵對的態度，但他們擁有極強然而巨大的力量，有時也會做出極殘忍、粗暴的行爲。尤其他們時常以無辜的航海者做爲他們的犧牲者。

第八篇 阿斯嘉特的女神們

（一）奧丁之妻——福利克

奧丁之妻「福利克」在神話中，只出現過那麼一次。也就是前文提到她和奧丁所生的兒子「巴得爾」之死中，她四處奔波，四下拜託所有的生物、事物、石頭等，請他們千萬不要加害巴得爾。然而，在陰錯陽差之下，她的懇求終究無效，巴得爾還是到了死亡國去了。由此可見，她是一個相當富有母性愛的神。

婚姻與生產的守護神

「福利克」這個名字有「被愛的人」或「妻子」之意。福利克是一個相當和藹的神，她本身是婚姻和生產的守護神。據說，只要是沒有孩子的夫妻，虔誠地向她禱告，她就會把孩子賜給他們。再說，福利克自古以來，就被看成是羅馬的維納斯。因此，現在在英國、德國和北歐地區都還是以她的名字來稱呼星期五，即爲「維納斯之日」。這一天據說也是結婚的好日子。

史諾里認爲福利克是「斐兒金」的女兒。但在〈洛基的爭論〉中卻有另一種的說法，認爲斐兒金的丈夫即是奧丁。這樣的說法，和史諾里的看法相矛盾。總之，姑且不論福利克與斐兒金的關係。福利克是阿斯嘉特神國中地位最爲崇高的女神，據說她還擁有預卜未來的能力。而阿斯嘉特其他大多數的女神都是她的侍女，有些甚至被認爲只是她的別名，如「弗拉」、「克娜」、「芙琳」、「洛芬」……等。

無法忘權

據說，福利克一直無法忘情以前那屬於她個人無比的權勢，因此就想將自己的丈夫奧丁推翻，以使自己登上最崇高的地位。因爲此故，導致奧丁和福利克之間爭端不斷。他們兩個之間雖然沒有什麼特別大的爭端、不和諧，但在許多事情上，他們卻始終都站在敵對的立場。以下，便舉幾個例子來說明他們之間經常對立的立場：

鮑斯．狄亞哥奴斯在八世紀時所著的《蘭哥帕特史》一書中提及福利克和奧丁的對立。話說，當時有一族被叫作「威恩尼里」的蘭哥帕特人，由「伊波蘭」和「愛荷」兩兄弟率領。當他們由斯堪那維亞南下之際，遇到了居住在波羅的海南岸的汪達爾人的威脅，要求他們進貢才肯放行。這時，伊波蘭和愛荷的母親「康芭拉」知道這種情形，便主張要和汪達爾人決鬥，不加以妥協。

汪達爾人接受練哥帕特人的宣戰後，便向哥擔（奧丁）祈求勝利。但奧丁卻回答說，他將會把勝利賜給在日出時最先被他看到的人。另一方面，康芭拉則去祈求芙麗嘉（福利克）以得到戰爭的勝利。福利克答應了康芭拉的祈求。她因知道奧丁對汪達爾的回答，因此她對康芭拉說：「這樣吧！明天日出前，你千萬要叫所有蘭哥帕特人的女孩們將自己的長髮垂在臉前，然後和所有的蘭哥帕特男子們一起聚集在奧丁每天早上要看日出的窗前。記住了！唯有這樣，我才能幫助你們取得勝利。」康芭拉十分感激福利克答應她的祈求，她連忙去交代大夥該做的事以取得勝利。

第二天日出時，福利克便刻意叫醒丈夫奧丁，故作大驚小怪地對他說：「奧丁，你快來看看呀！」於是，奧丁從床上跳下來往窗戶外一望，一眼就看見聚集的蘭哥帕特人。他大聲叫道：「那些留著長鬍子的男人們到底是誰？」原來，他將把自己的長髮垂在臉前的蘭哥帕特女孩們看成留著長鬍子的男人了。這時，福利克見狀，便趕緊對奧丁說：「那是蘭哥帕特人！你先看見他們，因此你要給他們勝利才行！」就這樣，蘭哥帕特人就在福利克的幫助下獲得了勝利。而為了紀念他們這次的勝利，所以，就稱他們是蘭哥帕特人。（即為長鬍子之意）

像以上所述故事的情況，是福利克故意和奧丁作對而刻意欺騙丈夫的還是……這其中緣由，我們就不得而知了。

另外，在《庫里姆尼爾之歌》一書中也提到奧丁和福利克的敵對狀況。有一天，當奧丁和福利克一起坐在御座上看著世界時，奧丁突然得意洋洋地說：「哈！我的養子『蓋爾羅特』現在已經是一國之王了。而妳的養子『亞克那爾』卻還在洞窟裡和女巨人鬼混。」這叫福利克聽了很不服氣，因此她便決定找機會改變劣勢。

剛好，有一天，奧丁心血來潮，決定化名爲「庫里姆尼爾」前去拜訪自己的養子蓋爾羅特。福利克知道了，見機不可失，便派遣自己的侍女「弗拉」趕到蓋爾羅特那裡去中傷化名成「庫里姆尼爾」的奧丁。蓋爾羅特聽信了弗拉的惡意中傷，誤以爲庫里姆尼爾爲心存不軌的魔法術士，便派人把他抓了起來。蓋爾羅特將庫里姆尼爾綁在燃燒中的烈火中拷問，就這樣經過了八天八夜，可憐的奧丁連一滴水都沒沾到，感到異常痛苦。還好，這時，福利克的養子亞庫那爾偷偷地用角杯裝滿了啤酒給受苦的奧丁喝。奧丁因此十分感激亞庫那爾，他便將自己的身分曝露出來，並賜福給他。

蓋爾羅特一知道庫尼姆尼爾便是奧丁的化身，吃驚得不得了。他心想這下子可糟了。他十分著急地想去找奧丁謝罪，但他因爲太過焦心，竟在趕往奧丁住所的途中，不愼跌跤而摔在自己的刀刃上，一命嗚呼了。就這樣，亞庫那爾便繼承了王位。福利克又再次使用計謀得到勝利。

惹怒丈夫奧丁

《恩克林家的薩加》一書中提到有一次愛好旅行的奧丁出外許久都沒有回家。奧丁的兄弟「威利」便和奧丁之妻福利克發生了關係，後來甚至統治了阿斯嘉特。

另外在沙庫索所寫的《蓋斯達、躂諾姆》一書中則有更奇怪的記載：當時，北歐的國王們非常崇拜奧丁，因此便特別爲他塑造了一座黃金神，還打造了好幾個黃金手鐲戴在那神像上。這使奧丁高興得不得了，但卻叫福利克嫉妒得不得了。福利克在嫉妒之下便把鑲在金鐲上的黃金全都剝下來了。奧丁爲了此事相當生氣，他一氣之下便離家出走。奧丁出走後，便由一個名叫「密特奧丁」的人登上了王位，據說他也娶了福利克爲妻。後來，奧丁一直等到福利克死後才肯回國。

這些傳說都已相當久遠，但卻一致地顯示他們之間已經有了某種程度的對立。這些傳說都將福利克視爲「地母神」，地位相當崇高。或許，福利克眞的有想與奧丁一較長短的意味。

(二) 再生之神——伊敦

阿斯嘉特最美的女神「伊敦」是詩神「普拉吉」的妻子。她看守保管著可以使諸神返老還童、永保青春的蘋果。而「伊敦」這個名字也就是「再生」或「返老還童」的意思。有一次，伊敦被巨人「希亞吉」搶走，阿斯嘉特一時之間失去女神伊敦和她保管的青春，因而引起一場軒然大波。有關伊敦被搶走的經過是這樣的：

諸神之王奧丁經常爲了更加了解世人生活的情形而離開阿斯嘉特到世界各地去旅行，有那麼一天，他心血來潮便帶著洛基和海尼爾一塊上路了。

他們三個經過千里跋涉，越過了無數的山林和荒野，三個人非常疲憊且飢腸轆轆，但一時之間身邊卻沒有剩下糧食。還好，他們看見山谷中有一群野牛正在吃草，於是他們便去獵來一隻牛，宰殺了之後便升起火來烤野牛肉。他們打點好之後，便躺在草地上一起等肉烤熟。

過了一會兒，他們餓得受不了了，心想牛肉大概烤好了，便想拿起牛肉大吃一頓。沒想到，他們正拿起來要吃的時候，才發現肉沒有熟。於是，無奈之下，他們只好將牛肉又放回火上烤。他們又忍著饑餓，等待了一會兒，正要再次把肉拿起來吃的時候，卻發現牛肉和之前一樣生，沒有半點烤熟的跡象。這時，洛基實在餓得受不了了。他大叫道：「這眞是奇怪了！一點也沒有熟的樣子嘛！我肚子太餓，實在沒有辦法再等下去了。」他們全都想不通這到底是怎麼回事，甚至連知識之神奧丁也不知道其中的緣故。正當他們滿腹疑惑時，突然有個聲音從他們頭上的橡樹梢傳來：「是我讓你們的牛肉一直無法烤熟的。如果你們願意將牛肉與我一起分享的話，我就馬上讓牛肉可以烤熟！你們說這樣好嗎？」

他們一聽到說話聲，全都大吃一驚！他們猛抬頭一看，說話的竟是橡樹高高的樹梢上停著的一隻大鷲！他們全都餓壞了，在沒有別的選擇之下，只好答應將肉分一些給牠。聽到他們答應分肉給牠之後，那隻大鷲很快就飛了下來，停在烤牛肉的火邊。不一會兒牛肉就熟了，散發出一陣陣濃郁的香氣。等肉一烤好時，大鷲便毫不客氣地搶走了整隻牛最好吃的腿肉和里肌肉。

洛基原本就因大鷲故意不使肉烤熟，讓他們餓上大半天的肚子一事心中十分不痛快。現在，他又看見這隻大鷲十分不客氣地動手搶牛肉中最好吃的部份，心中更是一肚子怒火。於是他便順手抓了一根十分粗大的木棍，一把便用力往正在吃牛肉的大鷲身上打去。而那隻大鷲卻靈敏地一閃便閃過了洛基的攻擊，牠飛了開去，可是沒想到這根棍子的一端卻黏在大鷲的身上，而另一端則黏在洛基的手上。洛基拚命地想把棍子甩掉，卻怎麼也甩不掉。

大鷲就這樣拽著洛基振翅高飛，帶著洛基一直旋轉。可憐的洛基一下子撞上了堅硬的岩石，一下子又碰上了高聳的大樹，全身傷痕累累，手也幾乎要被扯斷掉了。他實在被折磨得再也無法忍受了，於是高聲尖叫道：「拜託你就好心放我走吧！我會把所有的牛肉都讓給你吃的。」

可是，沒想到大鷲卻回答他說：「哼！我才不要什麼牛肉，我要的是伊敦和她的蘋果。如果你不發誓說：一定要把伊敦和蘋果帶來給我的話，我就不讓你走，讓你一直撞到頭破血流！」

要知道伊敦女神可是全阿斯嘉特最美的女神，她看管著諸神們最重要的寶物——永使諸神青春的青春蘋果。諸神們如果不經常吃這種青春蘋果的話，就會快速變老，也會和人類一樣面臨死亡。正因此，伊敦女神和青春蘋果可說是諸神最爲珍視的重要寶物。

洛基一聽到大鷲說出如此無理的要求，連忙大叫道：「呃？什麼！你竟叫我去帶伊敦女神和青春蘋果來給你！那是不可能的，我可辦不到！」

「好呀！你若不答應也行。那我便不放你走，讓你就這樣陪著我飛行、旋轉，一直撞上岩石、大樹直到死才爲止。」大鷲說完，便再次高飛，牠刻意飛過岩石或樹林之間，一直在原野上盤旋。可憐的洛基，東撞西撞之下，身上的傷勢更重了。他實在忍受不住了，只好大叫說：「好吧！好吧！我就照你所說的去做，請你現在就放我走吧！我一定會把伊敦和蘋果帶來給你的。」

大鷲一聽到洛基答應牠的條件，心中非常高興，但牠忍不住懷疑道：「嗯！可是你眞的會遵守諾言，一定爲我做到嗎？不如，你現在就發個誓吧！同時，我也要和你約定個交差的期限才行。要知道，你一定要遵守你的誓約，否則我一定會叫你吃不完兜著走！」洛基只好硬著頭皮發了個誓，並與牠約定日期。大鷲這才放下洛基，一下子就飛得不見蹤影。

洛基好不容易脫險，心中卻十分發愁。他一聲不吭地回到阿斯嘉特，一點也沒跟別人說起跟大鷲約定的事，甚至連奧丁和海尼爾也不知道他被大鷲劫走之後發生了什麼事。他們兩個在返回阿斯嘉特的途中向洛基問起，洛基也只是草草地敷衍過去，他怎麼也不敢說出自己對大鷲發的誓，只有自己暗自發愁。

洛基回到阿斯嘉特後，仔細推敲此事。他猜想，這隻大鷲肯定是那精通法術的巨人之王「希亞吉」化身而成的。他這回落在他手裡，如果不遵守和他的約定，後果一定不堪設想。

伊敦遭劫持

很快地，約定的日子已經到了，洛基便想了一個計策來到伊敦女神的住處。洛基故作神祕狀地對伊敦說：「昨天在阿斯嘉特北方的森林裡發現一棵長滿蘋果的樹，我走近去看，發現那些蘋果的顏色和形狀和妳所看管的青春蘋果很像哩！我昨天回家之後，心裡越想越奇怪！我說，伊敦呀！搞不好，那些蘋果的效力和妳的蘋果一樣哩！不如，我們一起去探個究竟吧！如果眞是這樣的話，我們就全部將它們採回來吧！」

可是，這時伊敦卻毫不猶豫地搖了搖頭說：「這世上怎麼會有和我的青春蘋果一樣的果子呢？那根本是不可能的事嘛！」

洛基心下十分焦急發慌，便鼓動他那三寸不爛之舌，硬是把那森林中的果子說得和伊敦的青春蘋果一模一樣。儘管伊敦深信那洛基說的果子絕不可能和自己的一樣，她後來還是決定和洛基去一趟以證明自己的果子是獨一無二、天下無雙的。她帶著自己的青春蘋果和洛基一起出門，決定親自把兩種蘋果放在一起比一比。洛基見伊敦被自己說動，心中十分欣喜。他不讓伊敦再多想，便催促著她趕緊上路。

就在伊敦隨洛基出門不久，在前往洛基所胡扯的蘋果樹所在之處的森林途中，在洛基計劃之下，變成大鷲的希亞吉按照約定出現了。牠一看見美麗的伊敦女神和她所提的一籃蘋果，便猛地快速飛低，一口便叼走了驚慌失措的伊敦。

洛基眼見四下無人，心想自己所犯的錯應該不至於被揭穿，便匆匆趕回阿斯嘉特自己的家中，故作無事狀。諸神一開始對此事並不知情，後來，等大家時間到了，該找伊敦吃青春蘋果以防止老化時，他們才發現：慘了！伊敦不知何時不見了，那一大籃伊敦看守的蘋果也不見蹤影。不知所措的諸神，十分害怕驚慌，在遍尋不著伊敦，吃不到青春蘋果的情況下，諸神開始逐漸老化衰弱。他們的身體漸漸變得僵直，連背呀！腰呀！也漸漸佝僂了。阿斯嘉特陷入一場莫名大恐慌。

主神奧丁見這事非同小可，便召集了眾神，以便調查伊敦失蹤的眞相。奧丁詢問諸神有誰知道伊敦的去向，可是，每個人都保持緘默，沒有人知道伊敦的行蹤。後來，奧丁只好再問大家是誰最後看見伊敦的？這時，一向看守阿斯嘉特神國，無論是白天或晚上雙眼都能看到遠在一百哩以外事物的海姆達爾，突然好像想到什麼，突然發出「啊！」很大的一聲。諸神紛紛轉向他。他接著便說道：「有一天，我看見伊敦女神帶著她的青春蘋果和洛基一起走到北部的森林路上去。」他一說完，諸神才發現，這下子肯定又是洛基搞的鬼！正巧，此時，洛基剛巧不在開會現場。忿怒的奧丁便命令索爾去把洛基給逮回來。不久，索爾便拎著洛基出現了。飽受老化之苦的諸神都氣得不得了，紛紛面帶怒容地責問他，逼他趕緊說出伊敦女神和青春蘋果的下落。

真相大白

洛基面對諸神的逼問，只好很害怕地說出伊敦被巨人之王希吉亞給劫走了，她現在應該被囚在育茲海姆。諸神一聽都十分震驚。洛基知道這下子事情可能鬧大了，他趕緊說，如果芙蕾雅肯借給他「老鷹的羽衣」，他就馬上出發去把伊敦給找回來。

芙蕾雅也是著急地等待青春蘋果，於是她一口便答應把「老鷹的羽衣」借給洛基。洛基一穿好羽衣便趕緊前往育茲海姆。當他飛抵巨人希亞吉的住處時，正巧看見伊敦獨自在希亞吉宅的四周散步，她的手上提著裝滿蘋果的黃金籃子。他四處張望，並沒有看見巨人希亞吉的蹤影。原來希亞吉到附近的海邊去釣魚了。

洛基見機不可失，便很快地飛到正在散步的伊敦身邊，將伊敦變成一顆大核桃，然後就抓著它趕緊飛走。不一會兒，希亞吉就從海邊釣完魚回到宅第。他回到家，就馬上察覺伊敦和她的蘋果都不見了。他著急地四下察看，發現遠處有一隻往阿斯嘉特疾飛的老鷹，他知道事情嚴重了，便立刻變身成一隻大鷲趕緊追過去。大鷲飛得很快，牠不一會兒就拉近了和變身老鷹的洛基之間的距離。

洛基發現大鷲追來了，心裡很驚慌，他更加使勁地飛，可是，不管他如何使勁，大鷲還是越追越近，眼見洛基就要被希亞吉追趕上了，洛基只好用盡所有的力量拚命地向閃耀著金光的阿斯嘉特飛去。

這時，諸神們都昂首聚在一塊盼望著洛基的身影，他們看見一隻兇猛疾飛的大鷲正在追逐由洛基變身的老鷹，便知道那是希亞吉。他們迅速地在阿斯嘉特城門旁升起一堆火，洛基靈巧地猛地飛低越過火堆，順利安全地抵達阿斯嘉特。

希亞吉原想在洛基飛進城門之前將他抓住，因此也隨著他猛地飛低追下來，但他正巧碰到諸神刻意在城門升的一堆大火。等他發現時已回不了頭，減少不了速度，因此，大鷲的翅膀就被大火燒到而跌落在地上。這時，諸神們便一窩蜂擁上去就他殺了。

洛基脫下了「老鷹的羽衣」交還給芙蕾雅。變回人形，並將他救回來的伊敦變成人形。諸神殺掉巨人之王希亞吉，又看見伊敦平安歸來都十分高興。諸神在吃了青春蘋果之後，也紛紛恢復了年輕。阿斯嘉特終於一掃陰霾，恢復往日的平靜。

這個故事就這樣圓滿落幕了。伊敦女神因爲看守可以使諸神免於老化、永保青春的蘋果而被稱爲「豐饒女神」，至於她爲何會看守保管那一籃「青春蘋果」，而那些「青春蘋果」又從何而來，這到目前仍不得而知。但從諸神只要不吃蘋果，便會變得老邁的情況看來，這蘋果原本應該就不是生長在這個世界上的。再說，那些被保管在籃子裡的蘋果究竟是長什麼樣子呢？這個謎，我們至今仍搞不清楚。當時的北歐人甚至連「蘋果」長什麼樣子都沒有一點概念哩！由這點來看的話，這個有關「青春蘋果」的神話有可能並不是北歐人編造出來的，而是根據《聖經》裡有關伊甸園裡蘋果的故事來借題發揮而衍生出來的神話。當然，這也可能是從冰島流傳的青春之國的蘋果故事中得來的靈感。又或者，這也可能是由詩人隨興編造出來的故事。

（三）凱菲恩女神

在史諾里的著作《艾達》和《恩克林克家的薩加》中，都有談到有關凱菲恩創國的神話。神話的內容大致是這樣的：

有一天，瑞典的吉爾威國王和一個正在旅行的迷人女孩一起過了一個快樂的晚上。在第二天分手的時候，吉爾威國王送給她四條牛和一塊可以全年都耕作的土地。這個與國王共度一夜的女神便是亞薩神族之一的——凱菲恩女神。

據說，凱菲恩女神曾經從育茲海姆的北部牽來四隻巨大的牛——這些牛便是她和巨人所生下的孩子。凱菲恩將巨大的鋤頭綁在巨牛身上，然後開始挖掘大地。她還將挖掘起來的土壤搬到西方的海面上，在海峽中建造了一座島。後來，她所建造的這座島便是位於哥本哈根的雪蘭島，而那個土壤被她挖掘起來的地方就是瑞典的米拉爾湖。

就因爲這個關係，後來，凱菲恩就成了雪蘭島的守護神。而且，直到現在，哥本哈根港附近都還有一座凱菲恩女神趕著四頭牛的銅像。凱菲恩（蓋文）這個名字和芙蕾雅的另一個凱芬（可能是延伸自「給」的意思）聽起來很相近。而從〈洛基的爭論〉中的描述來看，這兩位女神也極爲相似。

凱菲恩是處女的守護神，因此那些單身時死亡的少女據說都會到她那裡去。由以上這點來看，凱菲恩雖然和芙蕾雅不一樣，但是由接引死者這個任務來看的話，她們兩人的職權又極爲相似。因此，有一方說法認爲凱菲恩即爲芙蕾雅。不過，目前仍然沒有足夠的資料可以證明這兩人是同一人。

第九篇　諸神與世界的毀滅與再生

（一）諸神的黃昏

誰也沒想到洛基被鐵鍊綁起來的這件事後來竟演變成諸神與巨人們戰爭的導火線。這場諸神與巨人們之間的戰爭被稱爲「拉庫那克」。「拉庫那克」意味著「諸神的沒落和諸神的命運」，意指諸神與世界面對滅亡的日子。後來，華格納爲這場戰爭賦予了很戲劇化的情節，編成了《諸神的命運》這部歌劇。

在古詩〈巫婆的預言〉中也有對這場激烈戰爭的描述：

芬普爾的冬天，再過不久，就將來臨，
到那時候，不但沒有陽光，甚至會從四面八方吹來強勁的風雨；
接連過了三個寒冷的冬季，世界從此沒有了夏天，
在那之後，又是三個漫長的嚴冬，
同時，全世界爆發了令人恐怖的戰爭；
不但兄弟們互相殘殺，
他們的兒子們也破壞了家族的和平，

因此，這個世界變得非常不安，
罪惡在四處滋生著，
全世界的人用矛或劍互相砍殺；
戰爭發生時，大家的盾裂開了；
像這樣的暴動，依然在世上進行著，
每個人都變得自私了，
只管自己安全，不管他人死活。

拉庫那克來臨

戰爭暴發了，動亂之中，巨大的野狼一張口就把在天上運行的太陽和月亮都吞進肚子裡。星星也消失了，大地和山脈也紛紛崩裂了。巨人們和邪惡的魔鬼們聯合在一起，攻擊諸神和人類共有的世界，就這樣，世界便在這不斷的戰爭侵擾下消失滅亡了。

諸神之主奧丁早就知道了這世界將毀滅的預言，他知道諸神和人類的美麗世界終將毀於一旦。後來，巴得爾的死亡應驗了這個預言，世上的清靜、美麗與和諧刹那間消逝了。甚至那擁有青春蘋果的伊敦女神都從宇宙樹──尤克特拉希爾的上頭摔下來死亡了。暴力與混亂不斷地擴張開來，世界呈現一種未有的大混亂。兄弟們互相爭鬥不休，孩子們和父親也打了開來……

太陽的光與熱力都消失無蹤了，漫無止境的冬天一直持續著。呼呼的冷風不斷地從四面八方吹來，其中還挾帶著厚厚的雪。太陽消失了，月亮消失了，星星也不見了。大地和山脈因強烈的地震都崩裂開來了，樹木都相繼傾倒了。更可怕的是，所有施了法術的魔鍊和詛咒的束縛一瞬間都消失了。

被囚的洛基和兇惡的分里爾狼因魔咒的消失而重獲自由。盤據海底的魔蛇彌得加特此時也爬出了海底，來到地面。海面上波濤洶湧，巨浪沖垮了河堤，洪水漫上了陸地，吞沒了山谷和山脈。這時，突然有一艘船浮在大洪水上，原來那是一艘用死人的指甲造成的幽靈船。坐在船裡的全都是死人們！這艘船由夫里姆巨人掌著舵。

重獲自由的分里爾狼張大牠的血盆大口，牠的眼睛和鼻孔冒出熊熊的火焰，分里爾狼和張嘴吐著毒氣的彌得加特蛇一同飛快地向阿斯嘉特馳去。不久，天地間便因彌得加特的毒氣，變得暗無天日，毒氣瀰漫。正當這昏天暗日的時候，天空突然從中裂開，分成兩半，從裂縫中出現了火焰國的巨人們。這些巨人一降落便向四面八方噴出炙熱的火焰。站在巨人們最前面的便是守護著「火焰國」的史爾特爾。他手持一把巨人的火劍，散發出比太陽更強大的光芒照亮了整個在阿斯嘉特附近的維克利特原野。另一方面，從孤島上逃出來的洛基這時也率領著大批從地獄來的人來到阿斯嘉特。同時，霜之巨人和居住在山上的巨人們也趕來了。

戰火蔓延

看守著阿斯嘉特神國的海姆達爾一看見這種紛亂的情形，舉起號角便用力地吹著，以警告諸神戰爭已至。諸神一聽見海姆達爾的號角便緊急召開臨時會議。諸神之王奧丁慌亂之下便前往密密爾泉去請求賢者的幫助。就在這時，原本穩穩矗立在大地間的宇宙樹尤克特拉希爾也開始突然不斷地用力搖晃。天地間的萬物都爲了這次浩大的戰役而膽戰心驚。

諸神們在會議之後，便全副武裝，拿起武器和住在瓦爾哈爾宮的死亡戰士們一同從維克利特原野衝去赴戰，隊伍最前頭的便是主神奧丁。他頭戴著閃爍著金色光芒的頭盔，手持著銳利無比的克尼爾矛，直直向著張著大嘴的分里爾狼衝去。

另外和奧丁一起奮勇前衝的便是戰神索爾，他的目標是巨大的魔蛇彌得加特，彌得加特也張大了口，吐著蛇信，噴著毒氣，準備與索爾決一死戰。夫雷則和史爾特爾激戰，兩人纏鬥不休，但由於夫雷爲了娶巨人之女凱兒特而把夫雷寶劍送給了斯基尼爾，他遺失了慣用的寶劍，使他在戰鬥中吃了大虧，不幸地在這場激戰中陣亡了。至於泰爾（都魯）則負責對付來自地獄、兇惡無比的蓋爾姆犬，在一番糾纏爭鬥之後，泰爾和蓋爾姆犬（狗）同歸於盡了。

經過一場長久的激戰，索爾終於打死了魔蛇彌得加特，然而，索爾卻也因此身中彌得加特的劇毒而不治身亡。分里爾狼和奧丁廝殺不久後，便嘴一張把奧丁整個吞下肚去。奧丁的兒子瓦利看見父親被分里爾狼吞掉，便衝到牠旁邊，用穿著堅硬鐵鞋的腳用力狠狠地踹分里爾狼的下頦。

瓦利還一把抓住分里爾狼的上顎，並用力地把分里爾狼的嘴巴撕裂，替他的父親奧丁報了仇。而海姆達爾與洛基也在數回合戰得皆不分勝負之後，雙雙戰亡。

在一片昏天暗地、眾人混戰不休之際，史爾特爾將手中的火劍扔了下來，瞬間便將整個世界化成一片熊熊的火海，就連宇宙樹尤克特拉希爾也受波及而整個起火燃燒。就這樣，大地沉沒於海底，消失了。

一切都正如同〈巫婆的預言〉中所描述的，諸神的世界失去了太陽、月亮與星光，在永不休止的寒冬中，世界爆發了戰爭，毀滅了。

（二）世界的再生

詩歌中詳細描述了諸神悲慘的命運以及人類相繼滅亡的情形。在戰火與烈焰的摧殘下，大地就這樣永遠沈沒海底，世界宣告滅亡。但正如其他所有的神話般，世界的滅亡並不表示不會再次復活。北歐神話中也提到了諸神與世界在一次滅亡後又再生了。

話說，那沈沒在深深的海底的大地，在大海與鹽水的淨化之後，經過不知許久的時間又從海底浮了上來。重見光明的大地，陸陸續續萌生出比以前更多、更綠、更清新的草木，大地一片生機。〈巫婆裡的預言〉中是這樣描述的：「土地上不播種也會長出穀物，一切災禍都轉成了福氣。死亡的巴得爾從死亡國歸來，而戰士們、諸神和黑茲爾及巴得爾和睦相處，一起住在阿斯嘉特。

在〈華福斯得尼爾之歌〉中也提到：諸神之中，名叫「偉達爾」和「瓦利」的兩個神僥倖逃過一劫，沒有被史爾特爾的火焰燒死。而索爾的兒子摩狄和馬克尼也持著沒能逃過大劫的父親所留下的彌約尼爾鐵槌出現在再生的世界上。「利布」和「里普特拉西爾」這兩個人類也僥倖躲在赫特密密爾森林裡靠著露水維持生命，後來他們被認爲是新人類的祖先。

黑暗中的光明

而那早先的太陽雖早已被狼吞入肚子裡，但幸好那早夭的太陽早先還沒被狼吞進去之前就生下了一個美麗的小太陽女兒。後來她便繼承她母親的職務，在天際的軌道上運轉著。

在〈巫婆的預言〉的最後也提到阿斯嘉特裡的吉姆雷宅第的情形：

我看見吉姆雷就矗立在那裡，那是一幢用黃金製成的宅第，
它在陽光的照射下發出金光閃閃。
那裡住著誠實的人，他們永遠過著幸福美滿的生活，
這時，統治世界萬物的勇者從天庭降下，在庭院裡進行審判；
從地獄的尼沙費約爾〈黑暗的山脈〉中竄出一隻黑色的飛龍，
和一隻能夠發出閃光的蛇「尼特黑克」。

他們的翅膀上坐滿了死人，而且不斷地在原野上飛舞，不久就將墜落地上。「吉姆雷」極可能就是當時北歐人所想像的天堂。可是「吉姆雷」與另一個天堂「瓦爾哈爾」完全不相干。「瓦爾哈爾」是專門迎接因戰爭而死亡的戰士們的天堂。而當時，又或許已經出現了基督教信仰，所以文中提到天上出現一位上帝來審判所有的罪人。

而關於會發光的蛇「尼特黑克」或被稱爲「尼克」，則是較帶有神秘色彩。大多數的人都認爲「尼特黑克」是害怕諸神的降臨和審判，才會帶著眾人的屍體拚命逃亡，然而卻在半途中因爲筋疲力竭才會墜落在地面上。可是，由荷蘭人「楊特夫利斯」所撰述的《古代日耳曼民族的宗教史》一書中，則全面推翻了以上的論調。他不採信基督教的各派說法，完全以日耳曼的異教觀點出發。楊特夫利斯相信，日耳曼人自遠古以來就一直堅信世界有朝一日終將滅亡。但如果世界能夠再生，則必須有一個承受萬民之罪的救世主出現，這類的說法是具有相當基督教精神的論調，而事實上，根本沒有這號人物的出現，因此他堅決否定了基督教的影響。

基督教色彩的結局

但是，由另一個角度來看，神話中那全然無罪卻終將難逃一死的「巴得爾」，不正代表了爲承受萬民之罪而亡的耶穌基督的角色嗎？如果這麼說起來，那在〈巫婆的預言〉裡所談及的諸神們的沒落以及新世界的再生，也不能說全然沒有受到任何一點聖經文學的影響。然而，〈巫婆的預言〉並沒有記載作者的名字，也不能考據究竟是在那一年著作完成。如果綜合各方面來參考推論的話，〈巫婆的預言〉極可能的完成年代約莫在西元一千年左右，而其作者則可能是冰島具有神職身份的人或者是詩人。

西元一千年時，冰島的議會經過一場極激烈的辯論後，便將基督教定爲國教。至此，基督教的勢力便立刻大幅滲透到各地。因此，〈巫婆的預言〉在著作時，有可能也受到極深的影響。

而《艾達》這本詩集中所收錄的北歐神話，是否忠實地節錄下古時候流傳下來的北歐神話，也是另一個值得探討的問題。《艾達》想當然也不免夾雜了不少作者本身的想法與渲染，因此，與其把它稱爲北歐神話，還不如將之稱爲「艾達神話」比較適當。

第二部

費爾森家族

那男孩出生時，身體已非胎兒之身，他的身體已經相當強健。據說，他出生之時，還輕輕地與辭世的母后吻別。這男孩被命名為「費爾森」（Volsung），他繼承了父親雷利王的王位，成了芬國的國王。費爾森從小勇敢過人，體格強健。長大後，四處征討，戰無不勝，攻無不克，成為當代舉世聞名的英雄。

第一篇　神子西治遭貶逐

主神奧丁有一個兒子名叫西治〈Sigi〉。阿斯嘉特神國有一個大勇士名叫斯卡迪〈Skadi〉，他有一個以剛勇聞名的奴隸名叫布雷迪〈Bredi〉，神國裡每個人都知道布雷迪。

有一天，西治心血來潮想去森林獵鹿，於是他帶著布雷迪一起出發打獵，到了狩獵的森林，西治便與布雷迪分開各自打獵。他倆沈迷狩獵的樂趣，不知不覺夜幕低垂，天色蒼茫。這時，他們才聚在一塊，談起一天打獵的心得，並比較彼此獵到的獵物。一比較之下，才發現布雷迪所獵到的鹿遠遠超過西治許多。

惱羞成怒殺人闖禍

頓失顏面的西治生氣極了，他惱羞成怒地責怪布雷迪說：「你我的身分可差得遠了。要知道，你的主人斯卡迪不但血統沒有我高貴，就連他的臂力也遠不如我。而你──布雷迪，一個小小的奴隸，你獵的鹿怎麼可以比我多？」西治越說越覺得沒面子，他一氣之下，突然跳了起來，一刀殺死了不小心觸怒他的布雷迪。西治殺了布雷迪之後，小心地將他的屍體埋在雪地裡，才帶著鹿回到阿斯嘉特。

西治回到神國後對布雷迪的主人斯卡迪撒謊道：「布雷迪不知爲何獨自跑到森林深處去，我一直追他、叫他，他都不理，我沒能追上他，只有眼睜睜地看著他的影子逐漸消失在森林裡。這下子，眞不知他跑到那裡去了。」斯卡迪聽信了西治的話，一點也沒有起疑。他十分氣憤地對自己的家臣們說：「去！快去幫我找出這狡猾的逃奴，若是找到他，就一刀殺了他，以懲示他的不忠！」

他的家臣們紛紛出發去森林附近搜捕布雷迪。不久，他們依跡找到布雷迪被埋在雪裡的屍體，他們趕緊帶著屍體返回宮裡去向主人斯卡迪覆命。布雷迪明顯是被謀殺的，他冰冷的屍體上還插著西治使他斃命的刀子。就這樣，一切眞相大白了，西治企圖逃脫罪嫌而扯下的謊被揭穿了。西治因此遭受神譴，他被貶謫到遙遠的人類世界。他永遠地被逐出阿斯嘉特神國，不許再與父神奧丁同住宮中。

遭放逐的西治萬般無奈地離開神國，來到人類世界的芬國（即匈奴國）。他憑著無比的智勇與神力，不久便征服了芬國，並迎娶了高貴的公主爲妻子。西治從此統領了整個芬國，成爲當時赫赫有名的國王，聲威遠播。後來，他的王后爲他生下一個兒子名叫雷利（RERIR）。雷利長大後頗有乃父之風，十分英勇，芬國在雷利的統治之下，達到另一個盛世。

第二篇　西治之後

西治王統治芬國的末期，因他日漸年邁老去，窺伺王位、權威、財富的人越來越多。野心腐化了人心，到最後，就連西治王最親近信任的至親們也為了謀權而對西治持弓相向。

王妃的親兄弟們也日日夜夜盼著機會，他們就等著那一日守護西治的衛兵疏忽時，他們便能捉住機會突襲老去的西治王。就這樣，一場內爭的風暴產生了。西治王與他一些忠心的臣子們雖奮勇抵抗，仔細防範，但終究寡不敵眾，在一場又一場的奪權內戰中紛紛殉難了。

在這為時許久的血腥風暴中，只有英勇的王子雷利僥倖存活下來。他一心要為父王復仇，重建王威。於是，雷利王子與忠心守候在他身邊的心腹好友商議復國大計，預備聯合與他親近的諸侯，藉他們的兵力來復國。

雷利王子得到諸侯的支持，聲勢日漸浩大，他暗中聯集大軍，準備討伐殺死父王的舅舅們。一場復仇的激戰展開了王子，憑著堅決的復國之心及無比的勇氣，殺死了弒父叛變的仇人們。雷利王子併吞了仇人們的領地，收復了失土，成為一個擁有比父王西治更大領土的國王。

神賜的孩子——費爾森

政局穩定之後，雷利王子迎娶了一個身份高貴的公主。他們彼此相愛，婚姻生活十分美滿。唯一的缺憾就是，他們婚後多年仍然沒有生下子嗣。雷利和王妃爲此十分憂心，他們心想，雷利終會老去，若是一直沒有王子出世，那麼，這廣大的國土究竟要傳給誰呢？雷利和王妃日日夜夜對諸神虔誠地祈禱，他們請求諸神賜給他們一個兒子。

主神奧丁聽見了雷利國王及王妃虔誠的祈禱，他喚來女神芙雷雅，命他幫助雷利國王擁有子嗣。芙雷雅便召來她的一個貼心女侍——巨人「里穆尼」（Irimmir）之女「莉葉德」（Liod），交給她一個蘋果。芙雷雅並對她說：「去吧！去把這個蘋果送給雷利！」

莉葉德雙手接過蘋果後，披上鴉翼，飛上了天空。不一會兒，她便來到正在山坡上休憩的雷利王身邊。莉葉德刻意將手中的蘋果掉落在西治王的膝上。正在閉眼休憩的雷利被嚇了一跳，他眼睜睜看見落在自己膝上的蘋果，被那光鮮亮麗的艷紅色與芬芬撲鼻的香味給深深吸引住了。他拾起膝上的蘋果，珍貴地收藏好，趕回宮中與心愛的王妃分食。

王妃自從和雷利王分食了那顆蘋果之後，身體便逐漸起了變化，王妃十分興奮地告訴雷利她有了身孕。他們倆人都爲這新生的生命欣喜萬分，日日夜夜盼著這孩子的誕生。但奇怪的是，十個月過去了，十一個月過去了，明明已經足月的胎兒，卻仍然生不下來。

而這時敵國來襲，雷利王爲了保衛國土必須遠征去和敵國作戰，他告別懷有身孕的王妃遠征，就在他出征的途中，他染上疾病，身體急速惡化，御醫束手無策。雷利王終究無緣見到自己心愛的兒子一面，就魂赴奧丁之處了。

雷利王歸天的噩耗傳回到王妃那裡，一心苦待愛子產下的王妃深受打擊，日日以淚洗面。寡居的王妃傷心地度過六個冬天，笑容從此不曾展現在她蒼白悲傷的臉上。有一天，王妃自知大限已到，她一心懸念著自己腹中遲遲不肯出世的胎兒。她拼了命把腹中的胎兒生了下來，孩子一落地，因拼命產子而虛弱不堪的王妃終於安心地闔上雙眼，撒手人寰。

王妃用盡了力量產下的是一個男孩，那男孩出生時，身體已非胎兒之身，他的身體已經相當強健。據說，他出生之時，還輕輕地與辭世的母后吻別。這男孩被命名爲「費爾森」（Volsung），他繼承了父親雷利王的王位，成了芬國的國王。費爾森從小勇敢過人，體格強健。長大後，四處征討，戰無不勝，攻無不克，成爲當代舉世聞名的英雄。

美麗的雙胞胎

費爾森成年之後，遇上那被芙雷雅女神派遣來送蘋果給雷利的莉葉德，在其父巨人里穆尼的交代之下來到費爾森身旁。費爾森一眼就愛上了莉葉德，遂娶她爲王妃。兩人的婚姻生活十分美滿，莉葉德爲費爾森產下十一個孩子，共十個兒子、一個女兒。長子與長女是一對美麗的雙胞妹，長子名叫西格蒙（Sigmund），女兒名叫西妮（Signy），他們長得比其他九個兄弟還要美麗得多，兩人從小智謀過人。

第三篇　神怒寶劍

在費爾森壯麗豪華的城堡中，有一棵巨大的櫸樹。這棵大櫸樹的四周，有許多豪華的巨宅圍繞著。每年春天，這棵櫸樹的濃蔭覆在這些巨宅屋頂上，櫸樹枝上綻放出許多美麗的花朵。正因爲這棵大櫸樹就正好矗立在費爾森王宮的大廳正中央，因此，費爾森王宮便被稱爲「櫸館」。

西妮長大後，成爲遠近馳名的大美人兒，哥特的一位王儲「席格爾」（Siggeir）聽說西妮貌美無比，便慕名來拜訪費爾森，請求費爾森將西妮許配給她爲妻。費爾森和十位王子們因席格爾出身高貴，看來對這件婚事又十分誠懇，因此都不反對這件婚事，而西妮卻打從心裡厭惡這位哥特國王席格爾。然而，一向溫馴的西妮，卻只能壓下自己對席格爾的厭惡，表面上一點也沒顯露出自己的意見。

婚禮的插曲

這件婚事就這麼決定了，費爾森王把西妮許配給席格爾。婚宴就定在不久之後，櫸館因爲這場盛大的婚宴顯得熱鬧萬分，新郎席格爾也爲了迎娶新娘西妮再度來到櫸館。費爾森王特地準備了一場極豪奢的宴席，婚禮當天，賓客和新娘席格爾都聚集在櫸館大廳中。櫸館到處都燃燒著篝火，四處亮如白晝，閃耀的火光中，老槲樹烏黑粗大的樹幹兀自矗立在大廳中央。

紅日西沈，酒宴方酣，婚禮的嘉賓們吃飽喝足，酒意正濃。大夥紛紛靠近燃燒著篝火，放聲高歌古老的英雄歌謠，樂人此時彈奏起美麗的豎琴旋律。突然，好像一陣雷鳴劃過了黑夜的千里長空。賓客的歌聲停了，豎琴的旋律也停了。大夥仔細傾聽那雷鳴的來處，原來，那並非雷鳴，而是有人正對著宮殿的大門，發出震耳的笑聲。大夥紛紛轉頭凝視著笑聲的來處，不一會兒，一個巨人的身影邁著大步走進大聽來。那人身披著深藍色的斗篷，穿著一條緊窄得好似貼住骨骼的褲子，肩上挑著一柄銳利的長槍。那梣木製成的槍柄映在跳動的篝火之下，顯得特別明亮。

那人戴著一頂深藍色的風帽，帽沿直蓋到眉際。他的身材十分高大，年紀乎也相當大了。再仔細一瞧，這陌生人的右眼好像已經瞎了。陌生人自顧自地走了進來，也不和任何人打招呼。他直接走向大槲樹前立定，接著從湛藍如夜空般的披風下拔出一把閃耀的寶劍，他舉起寶劍，一把往槲樹幹上直刺下去，劍峰瞬間沒入樹幹，發出一陣尖銳的聲音。大夥被這陌生人奇異的舉動給嚇住了，他們紛紛聚攏在這陌生人身旁，一探究竟。

沈默籠罩著大廳，大夥都屏息著等待陌生人打破沈默。終於陌生人慢慢地說話了：「費爾森的族人！哥特的諸王！地上的人們呀！你們瞧，這株古老的槲樹上插著一把尊貴無比的寶劍，這世上沒有一個工匠能鑄出比這更好的劍了。你們之中，誰能把這把寶劍從樹身中拔出來，這把劍便屬於他的了。要記住，這把劍可是鋒銳絕倫的利刃，千萬不能大意了。別了，費爾森王，不久之後，我們將會再見！」

這陌生人說話的時候，有兩隻大鴉盤旋在他的頭上，發出似笑聲般的尖鳴，劃破清澈的夜空。這陌生人的話語彷彿有一股沈醉人的力量，使大家都沈入深深的美夢中。大家彷彿都聽得呆了，一動也不動。靜寂的大廳中只有陌生人的語音迴響著。陌生人話一說完，便大步大步邁開步伐，不一會兒，他就走到了門外。

滿堂的賓客仍像著迷般寂靜無聲，沒有人來得及發問，來得及開口挽留，更沒有人想到去追那陌生人，一瞬間，那陌生人的身影便消失得無影無蹤了。又過了一會兒，大家才如夢初醒般紛紛站了起來，爭先恐後地湧向大槲樹想試著把劍拔出來，好擁有那把至尊的寶劍。

最先，由國王及貴族們將手放在劍柄上，試著拔出寶劍。但奇怪了，無論他們多麼用力，那劍好似生了根似的，緊緊地黏在樹身上，文風不動，國王貴族們喪氣極了，但卻一點辦法也沒有。接著輪到武士們來試，他們一個接一個，試著拔出寶劍，但是，任憑他們全身的力量都集中到手臂上，兩腳死命地踏住樹幹，用力地拉、扯、拔、搖，嘴唇都快咬出血來了，那劍仍是穩穩地插在樹身上，一點也沒有被拔出來的痕跡。

天命的英雄

在座的每一個人都試過了，只剩費爾森王的長子西格蒙仍然還沒試著拔出寶劍。他慢慢地站起來，在眾人的凝視下走到槲樹下。他剛剛把手觸到劍柄，奇異的事就發生了。那寶劍好像一直在等待他似的，慢慢地從樹幹上滑了出來。西格蒙毫不費力地拔出了寶劍，他仔細端詳手上的寶劍，越看越覺得這是一把舉世無雙的鋒刃。眾人都驚得呆住了，他們又妒又羨地望著手持寶劍的西格蒙。

新郎席格爾生性貪婪無恥，他妒忌極了那把光芒萬丈的寶劍。他央求西格蒙說：「你把這把劍讓給我吧！我願意用比這劍重上三倍的黃金來與你交換！」西格蒙斷然拒絕席格爾的請求，他說道：「如果你註定持有這把寶劍，那麼剛才你自己便能將它拔出來。現在，既然命運註定是由我該持有這把劍，那麼，即使你將黃金堆成山來與我交換，我也不會拿劍與你交換的。我既已擁有此劍，便不會再將它讓與任何人！」

席格爾受到西格蒙的拒絕，心中惱怒不已，他想，這西格蒙分明是在嘲笑我，他硬是壓下心中的怒氣，等待日後有機會，便要好好報復今日西格蒙給他的恥辱。

第四篇　懷璧其罪

婚宴當晚，席格爾與美麗的新娘西妮共度了洞房之夜，新娘與新郎心中各懷心事。天微亮，天色一片碧藍，風微微吹著，是一個適合航行的好天氣。席格爾命人打點好行李，準備返回哥特國去。他急著返國，一刻也不願多等待。心中對席格爾的厭惡不減反增的西妮，一點也不願意離開自己的國度隨著自己不愛的丈夫一起航向哥特國。

西妮悄悄地來到父王費爾森跟前說：「我親愛的父親呀！我心中一點也不愛我那新婚的丈夫席格爾。他是個心思複雜不坦蕩的人，我一點也不想隨著他返回哥特國。那人心中打著壞主意，我知道的。父王，你若不趕快取消這樁婚事，對席格爾做好防範的話，大禍就將降臨費爾森家了。請您就答應我的請求吧！」

然而，固執的費爾森王卻一點也不願聽信西妮的勸告，他以為西妮只是耍耍性子罷了，他不以為然地對西妮厲聲回答說：「西妮，我的女兒呀！妳說的是什麼話？這簡直叫我太吃驚了！要知道，席格爾已成了妳合法的丈夫，妳一生都要好好跟隨他。席格爾並沒有犯下任何過錯，而妳卻出言侮辱他。如今，你們的婚姻已合法，如果恣意破壞婚姻的誓言，恥辱時沾污了費爾森之言。屆時，我們費爾森將失去信用，同時也會喪失哥特國的友好關係，這一切牽連可不能小覷。

聽好，西妮，好好地隨著席格爾返國吧！別讓妳心中的怪念頭迷惑了妳的方向。」

大禍臨頭

西妮見父王費爾森並不肯取信自己的諫言，她心中有苦難言，百般無奈之下，只好含著淚，心事重重地微微點了點頭，答應父親自己將隨著席格爾一起前去哥特國。天剛濛濛亮，打點好行李的席格爾就來向費爾森辭行。他臉上堆滿討好的笑意對費爾森及十位王子們說：「偉大的費爾森王及英勇的十位王子們，謝謝你們這一次熱情的款待，我這就要帶著我美麗的妻子西妮一起返回哥特王國了。臨行之前，我想邀請諸位一起到哥特國作客，我和西妮的婚宴只有一晚就結束了，實在可惜得很。我將在哥特國舉辦一場盛大的婚宴，宴席將持續好幾天，以好好地慶祝我和西妮的結合。你們一定要來我哥特國好好地住上三個月，我一定會盡力款待你，讓你們有賓至如歸的感覺。」

在席格爾熱誠地勸說下，費爾森王及王子們都欣然答應赴約。席格爾與他們約好日期，便興高采烈地帶著新婚妻子西妮一起出發返回自己的國家。

很快地，約定好的日子到了應費爾森王和十位王子，席格爾之邀如期抵達哥特國。他們分別乘著三艘大船從芬國港口出發，走海路抵達哥特國。當他們到達的時候，夜色已深了。

一心懸念父王及兄弟們安危的西妮已得知丈夫席格爾的詭計，當天夜裡，她不顧自身安危，悄悄跑去找初抵哥特國港口的父王及兄弟們。她氣喘吁吁地來到父王費爾森王跟前，蒼白著一張臉對他說道：「父王，席格爾心中醞釀著邪惡的念頭。我得知他已召集好大軍準備偷襲你們的船隻，災厄不久便要發生了。我請求您快點和兄弟們啓航趕回芬國去吧！一切就待你們返回芬國召集好強大的兵力，再回來復仇，我請您就聽我這麼一次吧！如果，您再不聽我的勸告，中了席格爾的詭計埋伏，那一切就完了，太遲了！」西妮說完哀愁地望著父王費爾森，一心期待他能答應自己的請求。

那知道費爾森王聽完女兒西妮的這番苦勸，神色自若、坦然地說：「我心愛的女兒呀！妳要明白，我費爾森以前曾以自己的名字起誓，不論是烈火或利劍等待著我，我都不會膽怯逃避。這麼多年來，到今天為止，妳又何曾見我畏縮過了？我現在雖然老了，但是妳難道要我做一個遭人恥笑的懦夫？我相信我的兒子們也是和我一樣，不願做被人譏笑的膽小鬼！人都難免有一死，這是每個人都逃避不了的命運。就算我知道災厄就在眼前，我也不會逃避，只有我還有一口氣在，我就絕不放棄戰鬥。讓我好好面對自己的命運吧！」

可憐的西妮再也忍不住自己的淚水，她投身到父王的膝上，悲傷地低泣著，她哭著說自己再也不願回到可恨的席格爾身邊。她哀求著父王費爾森讓她好好地陪在他的身邊，一起面對將臨的災厄。

費爾森王卻仍是硬下心腸，推開哭泣的西妮說：「啊！不，我的女兒，妳要好好跟隨妳的丈夫席格爾。聽好，不管我和妳的兄弟們發生了什麼事，妳都千萬不要離開他！」可憐的女兒拭了拭臉上的淚水，滿心憂傷地在父王的頻頻催促下回到宮堡去。

費爾森王在西妮走後把王子們全叫到跟前來，告知他們大戰將臨，就等天明便要上岸應戰，但沒料到他們還來不及準備好武裝，席格爾已經領著大軍來偷襲。頓時間矢箭如雨下，劍鳴鏗鏘，一場血戰已然展開，一心想剿滅費爾森家族的席格爾一再發出衝鋒的號令。善戰的費爾森王和王子在這場激戰中，曾八度突破席格爾的軍隊，所向披靡。然而畢竟人數懸殊太大，費爾森這方終究寡不敵眾，在第九度的突襲行動中，一生英勇的費爾森陷在亂軍中刀陣而亡，不久，他所率領的勇將也全軍覆沒。只有十個王子沒有戰亡，但他們全遭席格爾的大軍包圍，一個個成了戰俘。

費爾森家的噩運

憂心父兄安危的西妮一聽到費爾森全軍覆沒，父王力戰而亡，十個兄弟成為階下囚的消息後，心痛欲絕。她急忙奔向席格爾，哀聲地請求道：「我的丈夫呀！請你把我哥哥西格蒙及弟弟們的生命暫時交到我手裡，讓我好好地與他們告別。我請您就讓他們苟且偷生一會兒吧！不會要多久的，就一會兒而已。你把他們加上手鐐腳銬也沒關係，我求求你……」

席格爾聽完妻子西妮的請求，放聲大笑地嘲笑她說：「哈！哈！他們如今落到我的手裡，其實早點死去反倒比較好，免得他們多受罪。他們活得愈久，受的痛苦會越多。哈！算了！我看妳已難過得不知所措了，眞是可憐！我就答應妳的請求，讓他們多活上一天吧！看他們多受一天罪，我也覺得有趣得很！」西妮聽到丈夫席格爾惡毒的話，一方面慶幸自己的兄弟們可以多活上一天，一方面又苦無對策可以解救他們。她內心溢滿苦澀，她憂心著丈夫不知要如何折磨他們。

席格爾召來部下，要他們將俘來的十位芬國王子拖到森林深處，綁在巨木樹幹上，將他們丟棄在那裡不管，被綁得全身無法動彈的王子們一點辦法也沒有。眼看著夜色越來越深了，突然一隻巨大的牝狼從森林中竄出來，露出一口森森的白牙，慢慢地朝王子們所在之處靠近。這是一匹老狼，身軀大得嚇人，一看便知道是一頭可怕的惡獸。

牠猛地躍到十位王子中最靠近牠的那個，張開血盆大口便一口一口地把那個王子吞食了，不一會兒，王子便被惡狼吃得一乾二淨，連骨頭都不剩了。惡狼飽食之後，舔舔舌頭，心滿意足地踩著步伐回森林深處去了。原來，這匹兇殘的惡狼正是席格爾的母親變身的。

西妮派遣的心腹在第二天早晨趕回宮中，向西妮報告昨天夜裡發生的慘事。西妮一聽到兄弟中已有一人喪生惡狼之口，心中悲痛不已，幾乎要發狂了，她腦中一片空白，一時也無辦法可想。

第二天晚上、第三天晚上、第四天晚上⋯⋯一連九晚，那頭惡狼都像第一晚般從森林深處竄出來，一天吃掉一個王子，連骨頭都不剩。可怕的九個夜晚過去了，十個王子只剩長兄西格蒙仍倖免於難。眼見第十個夜晚就要來臨了，西妮急中生智，終於想出一個冒險的計策來解救哥哥西格蒙的生命。她急急喚來那個每天早晨趕回來報消息的心腹，將一塊芳芬香甜的蜜交給他，並小聲地對他說：「快！趁天黑之前趕到我哥哥西格蒙被縛的森林去，把我交給你的這塊蜜塗在我哥哥西格蒙的臉上，並且記得要叫他含一些蜜在嘴中，別吞下去……快去呀！千萬別叫人發現了！」

僥倖活命

這靈巧的心腹聽完西妮的吩咐，帶著那塊蜜悄悄地趕至西格蒙所在之處，照西妮的吩咐行事，待一切安排妥當他才悄悄離去。這天深夜，惡狼照例從森林深處竄出來了。牠已嚐過九位王子的鮮血，今晚牠要來享受最後一頓美味的甜點，牠想這人有點特別，他的臉上、頸上都散發著一般令人口水直流的香甜。牠被這股香味吸引，不由自主地舔著西格蒙的臉和頸子，末了，牠還忍不住貪婪地把牠那長長的紅舌頭伸入西格蒙的嘴裡，想多嚐一點那滿嘴的香甜。

西格蒙就在惡狼將長舌頭伸進他嘴中的這一瞬間，逮住良機，將牠的舌頭使命咬住不放。正沈醉在那香甜滋味的惡狼突然被狠狠咬住舌頭，牠痛得跳躍起來，牠發狂似地用前爪拼命抓著西格蒙的枷鎖，想要掙脫枷鎖被牠的爪子抓散了，西格蒙仍不肯鬆開牙齒放開惡狼的舌頭。就這樣，在惡狼使勁的掙扎之下，西格蒙硬生生地將狼的舌頭給拔了下來。

第五篇　復仇之子——辛斐特利

西格蒙逃過了狼口，也解脫了枷鎖，再度恢復自由之身。他心知自己尚未有足夠的力量復仇，如果莽撞行事，可能只會白白喪失生命，辜負妹妹西妮苦心搭救的好意，甚至還連累她遭受席格爾的怪罪。在這樣的思量下，他暫且壓下心中復仇的渴望，依舊藏身在森林中，等待時機成熟時再一舉復仇之計。西格爾把自己與惡狼搏鬥的過程告訴悄悄來探訪的西妮的那個心腹，並託他趕緊回報爲他牽掛的西妮。

西妮得知西格蒙僥倖逃過狼口，如今藏身在森林中，心中有著無限喜悅，不久，她趁丈夫席格爾外出之際，悄悄溜到森林去密會哥哥西格蒙，兄妹兩人見了面，又欣喜又無限唏噓，他們一面共商對策，一面合力在森林隱密處挖了一個洞窟。西格蒙便以此爲藏匿處，不久，西妮又悄悄爲哥哥送了一切必需的物品。

燃燒的復仇之火

西妮把事情處理得十分妥當，席格爾一點也沒有起疑，他一心認爲西格蒙早就命喪森林中了。光陰似箭，一下子過了好些年，席格爾和西妮生了兩個男孩。當大王子滿十歲的時候，西妮便迫不及待地將他送到西格蒙那裡，他咐咐他聽命於西格蒙，助他完成復仇之計。大王子把西妮的心腹偷偷地帶到西格蒙的洞窟，當他們抵達之際已是入夜時分，西格蒙把一袋麵粉拿給大王子，並交代他用袋中的麵粉揉出晚餐要吃的麵包麵團。西格蒙交代完，便自行出發到林中拾柴去了。然而，過了一些時候，當西格蒙拾完柴回來時，他看見那袋麵粉仍完好如初地被擺在原來的地方，王子並沒有按照他的指示準備好麵團。西格蒙疑惑地詢問他，王子怯怯懦懦地回答說：

「那袋麵粉中好像有什麼東西在蠕動，好可怕。我不敢去碰它！」

西格蒙望著膽怯的王子，深深地嘆了口氣，他心想這樣沒有膽識的王子，一點也擔當不了復仇的重任，看來，他對復仇的計劃可一點幫助也沒有！當天晚上，西妮趁著夜色悄悄來訪，向哥哥西格蒙探問王子的情況。西格蒙毫不隱瞞地對西妮說出他心中的想法。沒想到，西妮一聽完哥哥西格蒙的話，便堅決地對他說道：「既然這個孩子如此無用，就把他殺掉算了，這個孩子沒有活下去的價值。」西格蒙在西妮回宮後，便一刀把大王子給殺了。

很快地，這個冬天過去了，又到了第二個冬天，西妮等不及地將第二個王子偷偷送到哥哥西格蒙的洞窟，希望他能幫助哥哥完成復仇的計劃。西格蒙照樣將一袋麵袋交給二王子，交代他揉好晚餐要吃的麵包麵團。他交代完二王子，便逕自出發去森林拾柴了。

可惜，這個二王子和他的哥哥一樣膽小怕事，沒能完成西格蒙所交代的事，於是西格蒙和來訪的西妮商討之後，又將二王子一刀給殺了。

西妮看自己所生的兩個王子都膽怯怕事，相繼在自己的指示下被哥哥西格蒙所殺，心裡不禁苦惱萬分，她一心期盼他們能助哥哥復仇雪恥，然而，看來擁有席格爾血統的人，天生沒有擔負重任的勇氣和膽識。她爲了復仇所生的兩個兒子都令她失望極了。西妮此刻一點辦法也沒有了。

幻化成妖女

有一天，正當西妮獨自靜坐在房間裡苦思對策時，突然，有一個貌美如花的女妖悄悄來訪。西妮靜靜地望著女妖美麗的臉，突然間她想到一條妙計。她輕聲地哀求女妖說：「能不能請妳暫時把妳我的形貌交換三個晚上？就三個晚上，好嗎？」女妖覺得有趣，便爽快地答應了她的請求。西妮和女妖互相交換了形貌之後，又央求化身成她的女妖說：「那麼，能不能請妳暫且充當我，留在宮中，好叫我的丈夫席格爾不要起疑。我必須趁夜色趕到森林裡辦件要緊的事。求求妳，好嗎？」女妖毫不考慮地答應了。西妮謝了謝女妖，便匆匆地趕到森林去了。女妖安靜地坐在西妮的房間裡充當西妮。當天晚上，席格爾來西妮的房間找她，看見女妖化身的西妮，他一點也沒有起疑。席格爾和女妖上床溫存了一夜。他壓根兒而不知道睡在他身旁的並不是眞的西妮。

另一方面，匆匆離宮的西妮一刻也不停地趕到森林裡去找哥哥西格蒙。她知道哥哥絕對不可能知道自己是西妮變化而成的，於是她前去敲哥哥的門，假裝自己是迷路的旅人。她對西格蒙說：「我是一個流浪的旅人，不小心在森林裡耽誤了些時刻，如今天色已黑，我迷了路，走不出森林了。能不能請你好心地收留我一晚，我又累又餓又冷。」

一向孤獨久了的西格蒙並不習慣見到陌生人。但他被眼前這美麗柔弱女人的無助所動，便邀她入屋。西妮隨著西格蒙進入洞窟，兩人一起準備晚餐。吃晚餐的時候，西格蒙忍不住一直盯著西妮美麗的臉龐。西妮化身的女妖容貌彷彿有一股魅惑人心的力量，一時之間，叫西格蒙意亂情迷了。夜色更深了，西格蒙忍不住要求與她同床共眠，這美麗的少女並未拒絕，兩人共度了溫柔的一夜。就這樣，他們一連共度了三個纏綿的夜晚。

第三天早上，西妮知道她不得不離去，於是她趁西格蒙去林中打獵時，匆匆離開洞窟回到城堡，和在宮中候著她的女妖交換形貌。經過三個晚上的纏綿，西妮終於如願懷孕了，她滿心期待地準備迎接這個有百分之百的費爾森純血統的孩子。席格爾對於西妮懷的孩子也沒有起疑。十個月匆匆過去了，西妮順利產下一個漂亮的男孩。這個延續費爾森血統的男孩擁有他們家族特有的智慧、神勇、俊美及剛強的性格。西妮對這個新生的孩子滿心期待，她深信這個孩子一定能有番作爲，她將這個孩子取名叫「辛斐特利」。

天生的英雄

匆匆數年過去了，西妮等不及辛斐特利滿十歲，便急忙將他送到哥哥西格蒙那裡，多年前，西妮將她的兩個孩子送到森林前，都會先做一個試驗。她把孩子雙手的皮肉用針線和手套縫在一起，而當這兩個孩子都受不了痛地大聲哭叫。這一次，西妮要將辛斐特利送到森林去之前，照例將他喚到身前來，將他雙手的皮肉密密地和手套縫在一塊兒。沒想到，這個不滿十歲的小王子和他之前兩個膽小的哥哥一點也不同，他坦然地接受母親殘酷的試驗，哼也不哼一聲，就連臉色也沒有變一下。後來，當他的母親西妮用力地將手套撕下來的時候，辛斐特利手上的皮膚也跟著一塊兒被撕下來。他的雙手頓時血肉糢糊，慘不忍睹。西妮看了忍不住心痛，問他：「痛不痛？」沒想到，勇敢的小王子微笑地說：「那兒的話，身上流著費爾森家血液的人怎麼會喊痛？」

西妮聽了他的回答，心中高興極了，她心想這麼多年來的苦心總算沒有白費，辛斐特利一定能擔任復仇大任。西妮吩咐心腹將辛斐特利送到哥哥那裡，西格蒙並不知道這一次他見到的並不是席格爾的骨肉，而是自己的親生兒子。西格蒙同樣地交給他一袋麵粉，交代他揉晚餐的麵團。之後，他便獨自到森林去拾柴了。沒多久，西格蒙帶著拾來的柴薪回來一看，發現辛斐特利已按照他的交代將麵包烤好，等著他了。

他滿意地點了點頭，問辛斐特利說：「在麵粉中有沒有發現什麼奇怪的東西？」

辛斐特利不慌不忙地回答：「剛開始揉麵粉的時候，好像有東西在裡面動來動去，但那也無所謂，我用力把它跟麵粉一起揉進去了。」

西格蒙聽完他的回答，微笑著說：「那麼，這些麵包可千萬不能吃了，因爲你已經把世界上最可怕的毒蛇給揉進麵團裡了。」

第六篇　狼形人心

西格蒙打從心底喜歡這個勇敢的孩子，但他覺得這個孩子尚未滿十歲，實在太過年幼，縱使他擁有無比的勇氣，但仍需一些時日加以鍛鍊，以便擔當復仇重任。兩個人便一起在森林裡生活，等待良好的機會復仇。

夏天的時候，西格蒙便讓辛斐特利隨意在森林中四處冒險，以便增加他的閱歷。有一天，西格蒙和辛斐特利一起在森中漫遊，他們不知不覺走到森林裡某個陌生的深處，突然，一棟小屋出現在他們眼前。他們在好奇心的驅使之下，推開小屋的門，走進屋內一看，有兩個手上各自戴著黃金戒指的男人正躺在屋內熟睡著。屋內的牆上掛著兩張巨大的狼皮。原來，這兩個男人是被魔法變成狼的某國王子，他們被施的魔法要再過十天才會解除。

誤觸魔法

西格蒙和辛斐特利在他們兩人熟睡之際，好奇地拿起牆上的狼皮披在身上玩，沒想到，突然間，魔法便附在他們身上，兩人變成了可怕的狼。他們驚慌極了，可是身上的狼皮卻如何也脫不下來，他們無法恢復人形了。他們試著說話，可是卻再也發不出任何語言，只有狼嗥從他們喉嚨深處發出來，幸好他們彼此還能了解對方的意思。

化身成狼的兩人只好就這樣在荒無人煙的森林裡四處遊盪。後來，他們決定暫時分開。西格蒙在與辛斐特利分開前，慎重地告訴他，如果他遇上七個人以上的人群，就千萬要小心避開，以免危險。同時，不管是誰先遇到敵人，就一定要發出示警與求救的嗥聲以便互相呼應。臨別，西格蒙不時叮嚀他：「要記住，千萬要遵守我們之間的約定，你還太年幼，心機還不深，不知人心的險惡，現在你又被化身成狼，任何人見到你，都一定會把你當成上好的獵物來獵殺你的。」

西格蒙仔細叮嚀完辛斐特利就和他分頭走了。剛分開不久，西格蒙就遇上一群人，他立即按照約定發出嗥聲告知辛斐特利。辛斐特利一聽到嗥聲，便立即飛奔過來，一下子就把所有的人全都殺死了。後來，倆人又分開而行，這一次辛斐特利遇上另一群人，這群人共有十一個人，辛斐特利看見他們，不但沒有避開，也沒有按照西格蒙吩咐照約定發出嗥聲示警。他單獨衝向人群，以迅雷不及掩耳的速度一下子把所有的人全都咬死了。辛斐特利經過這場激烈的搏鬥，覺得疲倦極了，他獨自躺在一棵大槲樹下休息。

過了好半晌，西格蒙前來尋他，他看見地上有十一個死人，十分生氣，他叫醒辛斐特利，嚴厲地責備他說：「這麼多人，你為什麼不叫我來幫忙，你完全忘了我們的約定嗎？」辛斐特利不慌不忙的回答說：「只有十一個人就要借助於你，我很不喜歡。」西格蒙見他毫不在乎地說了這話，十分生氣，他一生氣之下張口便咬了下去，沒想到竟重重咬傷了辛斐特利的咽喉，鮮血頓時汩汩汩地湧了出來。西格蒙發現自己竟錯手重傷了辛斐特利，十分懊悔。他將受傷的辛斐特利，揹負在背上，帶他回到洞窟裡。無奈化身成狼的魔法還要滿十天才會解除，擔心辛斐特利傷勢的西格蒙只好暫時與他藏身在洞窟中，耐心等待魔法的解除。

等待中，有一天，西格蒙恰巧發現有兩隻鼬鼠互相撕咬，有一隻被咬成了重傷，咽喉上直冒著鮮血。這時，受傷的鼬鼠趕緊跑進草叢中，找出一片奇特的草葉咬碎敷在受傷的咽喉處。沒多久血止住了，傷口很快地痊癒，更神奇的是，竟一點也看不出受傷過的痕跡。

西格蒙見狀，依跡尋去，他找出同樣的草藥，取出一片草藥揉碎，仔細敷在辛斐特利的咽喉上。奇蹟發生了，一瞬間，他的傷口癒合了，辛斐特利很快地恢復了健康。

終於，在漫長的等待中，十天過去了。魔法消失了，西格蒙和辛斐特利順利脫掉狼皮，恢復人形。他們一恢復人形，便趕緊將那兩張糾纏他們十天——可怕的狼皮投入火中燒成灰燼。

第七篇　復仇紅顏

經過這些時日的鍛鍊，辛斐特利成熟許多，他變成一個智勇雙全的少年。西格蒙覺得復仇的時機已經快要到來，不久後，他便能藉辛斐特利之助，完成復仇的心願。

西格蒙和辛斐特利選定好日子，便按照計劃離開洞窟，悄悄地潛入王宮，這時夜已深了。他們趁守衛不注意時藏身在大廳置放的許多大酒桶後面，耐心等待時機。西妮在生下辛斐特利之後，又和席格爾生了兩個兒子。這天晚上，這兩個王子正在西格蒙和辛斐特利藏身的大廳裡玩耍。他們兩個蹲在地上，在石板上玩滾黃金環的遊戲。這時，一只黃金環剛好滾到西格蒙和辛斐特利藏身的木桶後面。小王子追逐著黃金環跑了過來，突然看見兩個頭戴著銀盔、身穿著銀甲的西格蒙和辛斐特利，小王子一時被這兩個武裝的陌生人給嚇住了，他拔腿就跑，嚇得趕緊跑到父王席格爾那裡，氣喘吁吁地將剛剛看見的事情一五一十告訴他。

席格爾聽完小王子的話滿腹狐疑，他想想這其中似乎有著陰謀，正當他沈思不語時，西妮已經起身，拖著兩個王子飛奔到哥哥西格蒙漢兒子辛斐特利面前。西妮喘著氣把兩個小孩子推到西格蒙身前，一臉堅決地說：「快！快將他們兩個殺了，他們已經將你們的事情告訴西格爾。快呀！現在就將他們殺了。」

為復仇絕人倫

西格蒙聞言大吃一驚，他回答說：「可是，西妮，他們可是妳的親生兒子呀！」西格蒙還在猶豫之際，一旁的辛斐特利已經拔出劍，毫不猶豫地將他們兩個當場給殺了。之後，他兩手抱起這兩個滿身是血的屍身，衝進席格爾所處的臥室裡，「砰」地一聲把王子們的屍體摔在驚愕的席格爾面前，把席格爾嚇得跳了起來。席格爾大聲高叫：「快來人呀！有刺客！來人呀！」

不一會兒，席格爾的侍衛和家臣匆匆忙忙地大批湧現，把西格蒙和辛斐特利兩人團團圍住。西格蒙和辛斐特利神色不變地坦然面對眾敵，經過一番激戰，他們雖然英勇殺敵，但畢竟寡眾懸殊太大，敵人不斷地湧了出來圍剿他們。到最後，西格蒙和辛斐特利實在是累得筋疲力竭了，他們不得不拄著劍喘息，這時，席格爾的部下紛紛擁了上來，將他們押倒在地，並將他們加上鐐銬。

席格爾不甘心就這樣讓他們輕易地死去，他命令部下先將兩人押進大牢等待處置。席格爾痛失愛子，又驚見早該命喪狼口的死仇西格蒙仍然在世，他愈想愈不甘心，一夜無法成眠，於是他決定想個辦法好好折磨西格蒙和辛斐特利以消他怒氣。隔天一大早，天色剛明，他便召來家臣，命令部下用石塊砌一個大石墳，中間用厚石塊分隔成左右兩室，密實得連小蟲都無法飛過。

石墳砌好之後，席格爾令人將關在牢中的西格蒙和辛斐特利拖出來，分別丟進左右兩間石室中，準備將他們活埋，這樣一來，被分隔開的兩人根本無法互通訊息。席格爾正希望他們各自孤單地面對死亡的恐懼。當西格蒙和辛斐特利被扔進石室後，家臣們便開始蓋上石板，準備將石室封死，覆上泥土。這時，王妃西妮匆匆趕來，她手上握著一束稻草丟進石室裡。不一會兒，墳墓就在家臣們合力之下完全封死住了。

神怒寶劍重現

被關在左邊石室中的辛斐特利看見母親西妮丟進來的一束稻草，以爲裡面包的是食物，他高興地想：「至少暫時不會餓死了，先留住一條性命，以便想辦法逃生。」辛斐特利在一片黑暗中探手去摸稻草束。出乎他意料之外的是，他摸到的並不是食物，而是一把劍。原來，他的母親西妮丟進來的是奧丁的寶劍，那把原屬於西格蒙的「神怒」寶劍。辛斐特利握著手中的寶劍，高興得跳了起來。他心想，只要有這把鋒利無比的寶劍，這小小的石室根本困不住他，他把寶劍抽出來，刺入石牆中，使勁將劍推向牆內，直到穿刺至西格蒙所處的右邊石室中。西格蒙驚喜地看見自己的寶劍，他想這下子他和辛斐特利有救了。於是他和辛斐特利一推一拉，像鋸木頭般，用神怒寶劍將間隔著他們的石牆割開了。

他們割開石牆後，又合力挑開頭頂上的石板，使勁弄彎鐵條，撥開覆蓋著的泥土，不一會兒，他們已經爬出石墳，呼吸到夜裡的新鮮空氣，看見皎潔的夜色和點點星光。他們偷偷趁著夜色，潛回席格爾的王宮，夜已深了，全城的人都進入沈沈的夢鄉，四周一片死寂。他們撿拾來一大堆木柴，悄悄運入王宮大廳，點了一把火，一下子，熊熊的烈焰便瞬間衝上了天花板。一陣陣濃煙湧了上來，火花四濺，火光很快地驚醒了宮中的人。

被喧鬧聲與熊熊火焰吵醒的席格爾狼狽地匆匆穿著睡衣跑了出來，他驚慌地大叫道：「是誰？是誰放的火？……」這時，一個宏亮的聲音回答他：「是我們，費爾森王的長子西格蒙和我妹妹的兒子辛斐特利！席格爾，你難道忘了我的父親和九個弟弟嗎？你的手上染滿了我費爾森家族的鮮血，你可別驚訝，費爾森家族並沒有如你所願地，徹底死絕，今天我便要你血債血還，償我一家的血海深仇！」西格蒙的話語一落，他便揮著手上的神怒寶劍帶著勁風疾砍過去，瞬間席格爾的鮮血如湧泉般灑出，當場命亡。西格蒙終於一償多年的心願，替費爾森家報了仇。

薄命的紅顏

西格蒙大聲呼喚著妹妹西妮，眼見火勢越來越大，西妮再不逃，恐怕會喪生火窟。他急急地呼喚著西妮，一心擔憂她的安危。此時，西妮靜靜地走了出來，一臉肅穆，頰上淌著未乾的淚痕。她又高興又悲傷地對終於復仇的哥哥西格蒙說：「哥哥，我們終於盼到這一天了，不枉我們多年來的苦心等待。爲了復仇，我們都付出了不少的代價。多年前，我爲了復仇而生的兩個孩子，因爲無助於計劃，我親自要你替我殺了他們。不久，我又要你們替我殺了那兩個向席格爾告密的親生孩子。我的手上染滿了我親生兒子的鮮血，罪孽不淺。再說，更慚愧的是，多年前，我還借了女妖的形貌去森林裡和你共度三天三夜，我想和你生下有純粹費爾森家血統的孩子。只有擁有如此血統的孩子，才能擁有如此剛勇的性格，助你完成復仇之計。哥哥，你明白了嗎？辛斐特利可是你我所生的孩子呀！現在，深仇已報，我一生的心願已經達成了。這些年來，我為了讓席格爾所犯的錯誤遭到懲罰，讓你知道我們費爾森家可不是好欺負的。我又一再犯下血腥的罪過。我如果不是為了等待今天，我根本一天也活不下去了。席格爾雖是我一輩子最恨的丈夫，但現在我將隨他而去了。再見了，我的哥哥西格蒙。再見了，我的兒子辛斐特利！」

西妮話一說完，便迅速轉身投入熊熊的烈火中。一生薄命坎坷的西妮就在這復仇之夜結束她的一生。

第八篇　名王赫爾吉

西格蒙報了血海深仇之後，便帶著辛斐特利整頓一支強大的軍隊，乘船回到了闊別多年的祖國——芬國。他順利地驅逐了趁他不在時竊據王位的篡位者，在民眾的擁戴之下，復位成爲芬國國王。不多久，高貴、勇武的西格蒙已經成爲一個受人愛戴、威名遠播的君王。他娶了當時出名的大美人波兒席特（Borghild）爲妻，夫妻倆一直十分恩愛，後來波兒席特爲西格蒙生了兩個漂亮的男孩。

當第一個男孩出世時，命運三女神現身在波兒席特的枕邊，輕聲地對她說：「這個孩子將來長大會有一番大作爲，他將成爲世界諸王中最有威望的國王。」波兒席特聽了命運三女神的預言，心中十分高興，等他的丈夫西格蒙從戰場打仗回來時，她便迫不及待地將這個好消息告訴他。西格蒙知道了這個好消息後，便開心地將這個孩子取名作赫爾吉（Hellgi），他滿心期盼有一天他能成爲一個不辱費爾森血統的大英雄。

少年英雄

赫爾吉從小便展現他過人的勇智，當他十五歲時，已經決定親自上戰場。當時，世界諸國中以芬登（HUDING）國的版圖最大，國勢最強。赫爾吉第一次上戰場便與芬登王交戰，經過一場激烈的戰役，英勇出眾的赫爾吉獲得最後的勝利，稱霸一時的芬登王陳屍沙場，戰場上更是佈滿數不清的戰士屍體。年紀輕輕的少年赫爾吉初上戰場，便戰勝了如此強大的敵手，創下如此耀眼的戰績，他的威名頓時遠播。

芬登王被赫爾吉打敗、命喪沙場後，他的四個王子重整芬登國的軍隊，向赫爾吉下了戰書，誓言必報殺父之仇。赫爾吉多次衝入敵人的陣地，擊潰芬登國王子們的防線。最後，赫爾吉終於一舉攻破芬登國的軍隊，獲得壓倒性的勝利，而芬登國的四個王子全都命喪赫爾吉的劍下。

取得勝利的赫爾吉志得意滿地凱旋回國，途中他遇見一群如花似玉的美貌少女策馬而來，而其中領軍的少女氣質出眾，高貴大方，美得令人眩目。赫爾吉被她的美迷惑住了，他驅馬靠近其中一位少女，問她那領軍的少女是誰，後來他才知道原來那領軍的少女正是霍克尼（Iogni）王的女兒——席格倫公主（Sigrun），而這群少女正是她的親兵。

赫爾吉策馬迎向席格倫公主，溫文儒雅地鞠躬說：「美麗的公主，我誠心歡迎妳與我們同行。我乃是芬國的王子赫爾吉。」然而，席格倫卻不加考慮地拒絕了他的邀請，她說道：「謝謝你的好意，赫爾吉王子，但我有別的事情。」失望的赫爾吉忍不住追問道：「究竟是什麼事情？能否告訴我？」席格倫低頭含羞地回答說：「我的父王已經把我許配給霍德布洛德（Hodbrodd）

王了，我雖然心中百般不願意做他的妻子，但事到如今我也無法可想。除非……除非你肯爲了我率軍去征服霍德布洛德，這樣一來，我便不必做他的妻子了。」公主話說到此，沈默了半晌，又漲紅著臉說道：「如果，我能和你在一起，那我一定比跟任何人在一起都還要快樂得多！」

赫爾吉見席格倫也對自己有意，聽完這番話，他心中燃起希望的火焰，立刻回答道：「放心，美麗的公主，我赫爾吉一定盡力不讓人把妳交給妳不愛的霍德布洛德王。我這就去召集大軍，準備攻打霍德布洛德。」

赫爾吉告別席格倫之後，便立刻派人四處去徵募軍隊，準備時機成熟便攻打霍德布洛德。勇敢的辛斐特利也來參加赫爾吉的軍隊，所有召募來的大軍全部聚集在雷特堡，一面等待時機，一面等待從挪威駛來支援的華麗戰船，好壯大這方的聲勢。當戰船抵達之際，他便召集麾下的將領們，問他們召來的軍隊總人數。將領們回答說：「召募來的軍隊共有一萬人，而從挪威海峽開來的戰船上共有兩萬大軍。」赫爾吉聽完，滿意地點了點頭，他重整好三萬大軍，便朝華林江口出發。

舉兵遠征為紅顏

戰船駛到海面，突然捲出狂風，巨浪濤天，船上的槍桿紛紛碎裂如山崩，但赫爾吉英勇的戰士們、卻都沒有人發出一聲抱怨。他鼓勵著掌舵的舵手，並命令士兵張滿帆，鼓漲的船帆在颶風中飛舞，船行如飛，不久，載滿士氣高昂的兵士的戰船，在一聲聲高昂的歡呼中，來到了目的地——華林江口。美麗勇敢的席格倫公主也隨著軍隊登陸，一同向格尼巴倫得港前進。當地的居民驚見這樣龐大威武的軍隊都議論紛紛、驚慌失措，掀起一場大騷動。而領主——霍德布洛德王之弟見到大軍來襲，親自迎向大軍，高聲問道：「誰是此軍的主將？」

辛斐特利聽到他的問話，手持著刻有光榮標幟的長槍，舉著鑲有金邊的盾牌，高喊：「快回去通報吧！這是費爾森族人率領的大軍，由赫爾吉親自領軍，我們來找霍德布洛德王宣戰！」頭戴銀盔、身披白銀甲的辛斐特利看起來威武十足，他的宣戰把問話的霍德布洛德王（領主）給嚇了一大跳，他聽完辛斐特利的話，便趕緊策馬趕回王宮通報王兄霍德布洛德王。霍德布洛德王早已穿好了戰甲等待弟弟的回報，他看見弟弟慌慌張張地跑了進來，上氣不接下氣的，便問他說：「快說！到底是誰領軍來了？所為何事？」

「是費爾森族人，戰船上約有兩萬士兵，而進駐在索克島上的約有七千多人，主力軍駐在格林多爾，而領兵的大將是赫爾吉。」

霍德布洛德聽到弟弟詳細的通報，不由得臉色大變，他立刻命令家臣說：「快！快派使者到世界各國去召集人馬，不許任何一個男子留在家中而不來加入軍隊。同時快遣人火速趕到霍克尼王和阿爾夫老王那兒去報信。求助他們向來與我們友好，而且兩者皆是勇武的強者，也許……也許他們願意助我們一臂之力也不一定。快！快去！」

霍德布洛德火速整軍準備赴戰，不久，兩軍會戰於烏爾夫斯頓，兩軍激烈交戰數回合，英勇的赫爾吉率領菁英屢次衝破敵軍的防線，所向披靡。同時，交戰中赫爾吉這一方有一群少女，手舉著如火焰般明亮的盾牌，列隊緩緩前進與敵軍交鋒，這支少女軍便是席格倫公主領軍的親兵。戰爭最末，赫爾吉終於與霍德布洛德交鋒，不消一下子，赫爾吉便把對方擊斃，使其死在沙場上。霍德布洛德那方的軍隊頓失將領，群龍無首，不一會兒的工夫，便徹底被擊垮了。戰爭告終，赫爾吉的大軍大獲全勝。

席格倫公主狂喜地向赫爾吉跑來，向他賀喜：「赫爾吉王，謝謝你義勇的幫助，今天是我一輩子最幸福的一天了，我相信你的英名一定會永垂青史！」戰勝的赫爾吉把霍德布洛德的領地收歸為己有，此後，他的盛名更盛，成為一個赫赫有名的名王。在他有生之年，他統治領導著這個王國，聲勢不墜，而美麗的席格倫也如願地當上了赫爾吉寵愛的王妃。

第九篇　英雄末路

赫爾吉王打了光榮的勝利一戰後，便帶著美麗的席格倫公主和他的費爾森大軍踏上歸途。而英勇的戰士辛斐特利並不想要同他們返國，他獨自到各地去流浪打仗，在這之間，他邂逅了一位美麗絕倫的公主，與她深深相戀。但不幸的是，他父王西格蒙的王妃波兒席特的弟弟也深深迷戀上這個公主，殷勤地追求著她。於是，兩人從情敵締下深仇，成爲死敵，決定舉行一場決鬥。結果，辛斐特利殺死了波兒席特的弟弟。

辛斐特利之後又獨自領軍遠征了不少地方，立下許多輝煌的戰功，並因此贏得「世上無雙勇士」的美名。多年後的一個秋天，辛斐特利厭倦了長久的戰爭，決定返回家鄉芬國。他率領著許多豪華的戰船，載著金銀財寶，風風光光地返回父王西格蒙的國家。離家多年的辛斐特利向父王請安之後，又親自去向繼母波兒席特致意，他原以爲這麼多年下來，繼母心中對他的仇恨應該消弭了不少。但沒想到，辛斐特利離國的這幾年，波兒席特可是一天也沒有忘記他的殺弟之仇，她的心中燃著一股熾熱的復仇之火。

就在辛斐特利離國的期間，波兒席特曾去請求她的丈夫西格蒙下命將辛斐特利永久驅逐出國，永不得返鄉。但心疼愛子的西格蒙怎可能答應她的請求？他只能賜予她許多貴重的黃金及財寶來安慰她，試圖藉此解開她心中對辛斐特利的怨恨。王妃見西格蒙有意袒護辛斐特利，不願照自己的意思將他驅逐出境，她只好表面上假裝答應不再提起這件事，等待時機再報復。

王妃的毒計

辛斐特利返國特地來向繼母波兒席特請安的那一天，她突然說想要替亡弟求冥福，並為此舉行一場盛宴，她吩咐辛斐特利一定要參加。當晚，王宮內舉辦了一場盛大的筵席，宴會方酣，波兒席特突然走入賓客群中，手執著一只酒壺親自為客人斟滿酒，她手中拿著一只四方形的大酒杯，走向辛斐特利，對他說：「我勇敢的孩子辛斐特利，喝了這杯我特地為你斟的酒吧！」

辛斐特利聞言接過繼母遞給他的杯子，仔細地凝視杯中的酒之後，便把酒杯送給繼母，說：「不！我不喝，這是一杯致命的毒酒！」西格蒙王聽見了，趕緊把四方形的大酒杯搶過來說：「快！把這杯子給我！」他把四方形杯子裡的酒倒在地上，不許辛斐特利碰到。王妃見狀，豎起秀眉生氣地說：「我親自為你斟的酒，你為何不喝？」於是，她不死心地又為辛斐特利倒滿了一杯酒，硬是推到辛斐特利唇邊，不斷催促他說：「快！快把這酒喝乾了！」辛斐特利不由得接過王妃硬送上來的杯子，他低頭凝視著杯中的酒，自言自語道：「這杯酒仍然有毒！」

一旁的西格蒙聽見了，把酒杯一把搶過來。「我的兒呀！把酒杯給我……」他猛地把酒全部灑在地上。可是，滿心怨恨的王妃仍然不死心，她再度捧著斟滿酒的毒杯，殷勤地遞給辛斐特利，她說道：「唉！辛斐特利，你實在太小心了，一點都不像費爾森家的人！如果你眞是如人們說的那樣不怕死，不愧爲勇士，那麼你就把這杯酒給全部喝掉吧！」

辛斐特利第三次接過繼母硬遞過來的酒，他聽見她所說的話，一邊皺著眉頭，一邊望著杯中的酒，他痛苦地喃喃低頭道：「啊！這杯仍然是毒酒！」西格蒙此時不由得心急地大叫出聲：「不要碰它！辛斐特利！千萬不要喝它！」但來不及了，辛斐特利已在繼母的催促下一口氣喝盡了杯中的酒。那果然是一杯含有劇毒的酒。喝了酒的辛斐特利，臉色馬上變得慘綠，那四角形的毒杯從他的手指間滑落，在地上不停地滾動。腹部絞痛的辛斐特利勉強站起身來，他的步履蹣跚，汗如雨下，不久，就當場在眾人驚呼下倒下，立刻斷了氣，這樣一個英勇的英雄從此消逝。

西格蒙王眼睜睜看著愛子倒下，他輕輕撫摸著他的屍體，頓時老淚縱橫，悲痛難忍。他抱著辛斐特利的屍體，意識茫然地獨自走出王宮，慢步走進了一片森林。痛不欲生的西格蒙抱著愛子走了又走，漫無目的地遊蕩著，終於他來到一條大河邊。他悲傷地望著河面，突然他看見一個老翁獨自划著一隻輕舟，從蘆葦叢中蕩了過來。他仔細一瞧，這老翁的右眼彷彿瞎了。西格蒙不知道這已是他第二次看見主神奧丁現身。西格蒙呆立在河畔，不出聲，此時那老翁用其低沈的聲音問道：「要過河嗎？」西格蒙不假思索地回答道：「嗯！要麻煩您了！」老翁聞言便撥開蘆葦，將船划來靠岸。

奧丁的接迎

但因這小舟最多只能乘載兩個人，絕對塞不下三個人，無奈之下，西格蒙只好將愛子的遺體先託付給老翁，讓他好好地安置在舟上，心中悲痛難忍的西格蒙，便順著岸邊跟著小舟慢慢地行走。可是，奇怪的是，不一會兒，老翁所划的小舟卻眼睜睜地在西格蒙的面前如煙一般消失了。西格蒙不敢相信地睁大了眼睛仔細地瞧，可是，什麼也沒有，小舟早已不見了蹤影。河面上只有不停流動的河水和隨風搖曳的蘆葦，西格蒙怔怔地望著河水，不一會兒，他彷彿想通了什麼，心情頓時平靜了下來。

西格蒙平靜地走回宮中，他立即放逐了因懷恨而執意要辛斐特利死的王妃——波兒席特，他將她貶為平民，並下令永不許她再踏入芬國宮中，終其一生，他不願再見她一面。被仇恨蒙蔽了心眼的波兒席特從此流浪宮外，不得返宮，不久她便抑鬱而終。而西格蒙以他的英明仁勇繼續統治著芬國，國家在他的領導之下一直十分強盛，西格蒙因此成為其他各國君主敬慕的明君。

第十篇　英雄氣短

在西格蒙晚年統治芬國期間，有一個一向以英勇聞名的愛利米（Eylimi）王，他有一個心愛的掌上明珠，名叫葉迪絲（Hiordis）。葉迪絲美貌無雙，而且聰慧伶俐有才氣，附近各國都知道這位才貌雙全的公主。西格蒙後來也聽說了葉迪絲的美貌與才氣，他有心要迎娶她爲妃，因此便千里迢迢地仰慕著她的美名而來。西格蒙親自來到愛利米王的宮堡拜訪他，並表明來意。

愛利米王得知西格蒙前來拜訪的消息，便舉行了一場盛大的宴會來迎接這個威名赫赫的老王。盛宴中在座的還有另一位貴賓——芬登王的另一個王子，林克威〈Lyngvi〉。林克威王子也是慕葉迪絲的美名前來向她求婚。林克威王子與西格蒙王同時來向葉迪絲求婚，並請求愛利米王的允許，這叫愛利米王左右爲難極了。他知道不論他將葉迪絲許配給誰，都會引起另一方的不滿而心生報復之心，而爲自己的國家引起種種不堪設想的禍患。宴會結束後，愛利米王憂心極了，他左思右想找不出個解決的好方法，整夜輾轉不能成眠。

於是天色剛明，困惱的愛利米便命人將葉迪絲召來自己的寢室。他愼重地對葉迪絲說：「我心愛的女兒呀！妳一向聰慧明理，不教我爲妳擔憂。現在選丈夫的難題，我看也由妳自己決定吧！不過，妳要記得，不管妳選擇誰作爲妳的丈夫，都會引來不可避免的禍端。因此，妳可要好好考慮清楚才好。葉迪絲聞言低著頭含羞地笑著回答說：「我親愛的父王啊！這的確是個難題！不過，我的心已經爲我做好決定，給我一個確定的答案！西格蒙如今雖然已經老了，但我仍然希望這位威名遠播、英名蓋世的明君成爲我的丈夫！」

紅顏禍水

愛利米王得知女兒的心意後，便將她許配給西格蒙爲妃。西格蒙娶得美嬌娘，心中十分得意。不久，愛利米王便爲他們舉行了一場豪華無比的婚禮，筵席接連在王宮內延續了好幾天。宴會結束後，西格蒙便帶著新婚妻子葉迪絲告別了愛利米王，一同回到了芬國。然而，當西格蒙和葉迪絲返回芬國後，才知道大禍已臨，求婚被拒的林克威王子和他的兄弟們，早就在這段期間，集合了數萬大軍，千里迢迢渡海來到芬國準備做一場殊死戰。林克威王子派遣使者前來向西格蒙求戰。

西格蒙一口應允了林克威的求戰，並決定了決戰的日期。之後，他匆匆召來王妃葉迪絲，仔細囑咐她帶著芬國王宮內所有的財富家當，悄悄地藏身在近海的一片密林深處。葉迪絲此時已經懷有了西格蒙的骨肉，她在不得已之下，只好帶著一個忠心的心腹侍女，悄悄地照丈夫的指示藏身於密林中去了。她衷心地期待丈夫能順利打敗林克威的軍隊，前來接她回宮。

勝利的宿命已逝

不久，會戰的日期到了，林克威的大軍已如巨濤般洶湧而來。他的大軍分批向陸地進攻，聲勢浩大，銳不可當，但英勇的西格蒙漢特地前來支援的愛利米王仍不爲所動地嚴守著陣地。一陣陣響亮的角笛聲響徹森林原野直達雲稍。一場激戰就此展開了。年紀大了的西格蒙再上沙場，英勇不減當年，他絲毫不畏懼，一直屹立陣前，奮勇殺敵。他手上揮舞著那把多年前在妹妹西妮婚宴之夜，他親自從槲宮中央那棵大槲樹上拔出來的奧丁的「神怒寶劍」。神怒寶劍鋒銳無比，所向無敵，任何盔甲、盾牌在劍下有如廢鐵，激戰持續了一整天，西格蒙勇猛地一再突破敵軍的陣線，兩軍僵持不下，一時之間勝負難預料。

長槍如梭，矢箭如雨，激戰之下，兩軍皆死傷難以計算。西格蒙仍立在陣前，沒有受到一點輕傷，他的馬前屍體早已堆積如山。他的雙臂上、肩頭上都染滿了敵人的鮮血。他的眼神如炬，絲毫不見一絲疲憊。突然間，一個巨大的深藍色身影大步地走入交戰的軍隊中，誰也不知道他從那裡來。只見這人身披著深藍色的斗篷，頭戴著一頂寬邊帽，他的右眼彷彿瞎了。啊！這是奧丁第三次現身在西格蒙面前了，只是這一次他是來接他一塊走的。

西格蒙怔怔地望著這似曾相識的巨大身影，眼見他舉著手上的長槍大步地向他走來。突然，他舉起長槍猛地對著西格蒙刺來，西格蒙立即揮著神怒寶劍，用力往上一擋，寶劍和長槍碰撞在一起，發出一聲響亮的鏗然巨響，沒想到向來鋒利無比、削劍如泥的寶劍竟瞬間斷裂成兩半，掉落在地上。西格蒙見狀頓時傻了，他茫然佇立著，心中隱然知道「無敵」的命運已隨著神怒寶劍的斷裂棄他而去。刹那間，奧丁也消失不見了，敵軍見狀，如夢初醒地握著手上的長槍向手無寸鐵、一臉茫然地西格蒙蜂擁而去。一生英勇、稱霸一時的名王西格蒙就這樣慘死在亂軍之下。

費爾森的軍隊因西格蒙王被殺，士氣大損，頓時兵敗如山倒，潰不成軍。愛利米王也在混亂中和西格蒙王一起葬身在沙場。

第十一篇　亡國後的王妃

林克威王子如願打贏了一場勝仗，他第一要事便是尋找他一直念念不忘的葉迪絲，想要將她帶回國納爲妃。可是，無論他的手下如何找也找不到王妃葉迪絲的身影，就連芬國大批的財寶也都不見了。失望的林克威王子在不得已之下，只有將芬國的政務暫由一位部將處理，自己回到戰船上，凱旋回國。他得意地想，至少費爾森族已全部被他剷平，現在他可以高枕無憂了。

夜色降臨在死屍遍野的沙場上，四周一片靜寂。心焦無比的葉迪絲白天和心腹侍女偷偷躲在林中聽著咚咚的戰鼓聲，心中忐忑不已。好不容易到了黃昏時分，勝負已定，敵軍陸續撤離，沙場上終於寂靜無聲，空無一人，葉迪絲忍不住和侍女一起悄悄地溜到戰場上一探究竟。她們一出密林，只見原野上屍橫遍野，她們忍著心中的悲痛四下尋找西格蒙和父親的屍體，終於，葉迪絲在屍堆上方找到了尚存一息、身受重傷的丈夫西格蒙。她見丈夫奄奄一息的模樣，瞬間，悲痛難忍，淚如雨下，她的淚水滴落在丈夫染滿鮮血的胸前。葉迪絲一邊輕喚著丈夫西格蒙的名字，另一邊慌亂地想拼命替丈夫止血，西格蒙緩緩地睜開他的眼睛，看見一臉淚水地愛妻葉迪絲，他輕輕地推開她的手，低聲地對她說：「葉迪絲，我的愛妻！不必費事替我止血了，我的神怒寶劍已被奧丁的長槍打斷了。這表示奧丁他不再將無敵的光榮賜予我，命運已然離我而去，我的傷已經治不好了。」

流不盡的淚

深愛著丈夫的葉迪絲聽到這裡，忍不住淚水又湧了出來，她同時失去了丈夫和父親，頓失所依。只剩一絲氣息的西格蒙強忍住痛苦對葉迪絲說：「我心愛的葉迪絲，我已經不行了。妳現在有身孕在，千萬要好好教養他，讓他成爲費爾森家族中最勇敢的勇士。還好！我這把斷劍給妳要妳仔細收藏著，將來孩子長大了，妳再請人將它重鑄成一把寶劍，鑄好之後，可以把它叫做『格拉姆』（Gram），並將它送給我無緣謀面的孩子。葉迪絲，我該走了，我要回到祖先那邊去了。再見了，妳要好好聽我的話，並保重自己！」

葉迪絲跪在西格蒙身邊守候著他，並仔細聆聽他交代的話，漫長而痛苦的一夜過去了，當天邊的第一道曙光出現，西格蒙嚥下了他的最後一口氣。這時，悲痛的葉迪絲抬起她的頭，望向海面，突然發現海面上有無數的白帆快速地朝岸邊疾駛過來。這船隊聲勢浩大，不知是敵是友？葉迪絲睜大了眼睛，心中警鈴大作，她趕緊站起身來，對守在身邊的心腹侍女說：「快！我們趕緊先躲到森林裡去將身上的衣服對換，從此，妳便用我的身分和名字，自認爲王妃，千萬不要說漏了嘴！」

這時，船隻已經靠近了陸地，船上的人擠在甲板上四處張望。他們驚見原野上遍地的死屍，同時也瞧見有兩個女子快步地從屍堆旁走入林中。船靠岸後，大家都陸陸續續上岸一探究竟。原來，這支船隊乃是由丹麥王亞爾普雷（Higlprek）的兒子阿爾夫（Aif）王子親自率領的，他時常帶著大批船隊來這附近沿海大肆劫掠，他對於向來強大富裕的芬國也早就有覬覦之心。阿爾夫下船登岸一看，這眞是一場觸目驚心的大殺戮，滿地數不清的死屍，看來當時戰況想必十分激烈。

巧換身分扮女侍

阿爾夫下令要部下去林中找出剛才那兩個在屍堆旁走動的女子，以便探出一點消息。不久，他的部下便在林中找到她們，並將她們帶到阿爾夫王子的面前。阿爾夫見到葉迪絲王妃和她的心腹侍女後問道：「能不能告訴我這裡究竟發生了什麼事？」穿著女主人衣服的侍女沒有回答，而喬裝成侍女的葉迪絲卻開口，將戰況和西格蒙及其父愛利米戰亡的詳細情形給說明了。阿爾夫聽完後心中十分驚嘆，深感世事之無常，他稍微安慰了眼前這兩位國家被亡的女子，之後便向兩人打聽芬國王室的大批財寶的去處。這時，葉迪絲突然說道：「我們知道財寶的所在之處，請你跟我們來！」阿爾夫聽見做侍女打扮的葉迪絲表明知道王室財寶的去向，又驚又喜，於是他帶著幾個心腹家臣隨著她們去找放置財寶的地點。她們領著阿爾夫王子一行人來到靠近海岸的森林密處，指著一個隱密的洞穴，告訴他們財寶便藏在裡面，阿爾夫王子命家臣們把掩蓋在洞口的石塊和乾枯樹葉搬開。突然，眼前金光閃耀，一箱箱的寶物堆積如山，頓時阿爾夫王子和他的家臣們全都愣住，看傻了眼，好一會兒才回過神來。

阿爾夫王子興奮異常地趕緊命家臣們將所有寶物全搬上船，準備啓航返回丹麥。阿爾夫王子決定將葉迪絲和她的侍女一起帶回國，就這樣，當所有的寶物全部搬上船安頓好之後，船隊便揚起白帆離開了芬國的岸邊，向丹麥國航行。在航行期間，阿爾夫王子經常親自掌舵，而葉迪絲和她的侍女也經常和王子一起聊天，談論各種事情，彼此都增廣了不少見聞。終於，船隊經過漫長的航行後，返回了祖國丹麥。

阿爾夫王子帶著驚人的大筆財寶和兩個美麗的女子回國，一時風光非凡。葉迪絲和她喬裝成王妃模樣的侍女也在王子的熱心安排招待下，在王宮居住了下來。阿爾夫的母后在王子的引薦下和她們也有了相當程度的熟稔。阿爾夫的母后是個有見識且心思細膩的人，有一天，她在和自的兒子阿爾夫閒聊之中提到：「兒子呀！有一件事我一直覺得很奇怪，爲什麼你帶回來的那兩個主僕女子，那身分低下的侍女氣質卻明顯優雅許多，她的儀態言談等等也處處勝過那個手上戴了許多金指環的公主呢？這實在有些不合情理！」

黃金堆中的真公主

阿爾夫聽完母后的話接著回答說：「母后，對於這事我心中也有疑惑哩！我在想也許那做侍女打扮的女子才是眞正身分高貴的公主呢！不如就讓我試探看看吧！」就這樣，在幾天後的一場夜宴上，阿爾夫刻意走到葉迪絲她們身邊，裝作若無其事不經意地問道：「如果在一個全無星辰的黑夜裡，妳們要如何才能知道天已經快亮了呢？」這時，做公主打扮的侍女回答說：「當我還小的時候，我有一個特殊的習慣，每天天還未亮我便會感到口渴，而趕快爬起來喝水。現在，我雖然長大了，也沒有了這個習慣，但每天天快要亮的時候我仍會自動醒過來，正因爲如此，我總是知道何時天要亮。」

阿爾夫王子聽完她的回答，忍不住笑了出來，口中低語道：「這可不是一個出身高貴的公主的習慣。」於是，他又轉頭對著葉迪絲，等待她的回答。葉迪絲不自覺地回答道：「我記得我小時候，父親給了我一個小金指環，我將它戴在手上。每天天快亮的時候，手上的金指環便會變得特別冰涼，正因爲如此，我可以感覺到那陣冰涼，並得知天就要亮了。」王子聽完她的敘述後，高興地握緊她的手，掩不住心中的興奮與熱情對她說：「妳一定是出生在一個黃金很多的地方！妳才是身分高貴的公主呢！公主啊！妳實在是騙我騙得太久了，請妳原諒我這麼久以來並沒有以妳尊貴的身份來好好對待妳。我現在有一個願望，那便是希望你能答應做我的妻子。而妳若生下了孩子，我一定會把財產平分給妳，請妳考慮看看好嗎？」

身分被揭穿的葉迪絲一開始心中十分恐慌，但後來她看出來王子所言的確句句皆爲肺腑之言，於是她終於將實情給吐露了。從這一天開始，丹麥人便視她爲未來的王后，對她十分的尊敬。

第十二篇 英雄之子——西古德

幾個月後，葉迪絲在丹麥王宮順利產下一個健康的男孩。阿爾夫王子的父親亞爾普雷王特地來看他的兒媳婦所產下的男孩。見著這西格蒙王的遺腹子有一雙銳敏明亮的雙眸，叫丹麥王大吃一驚，他心中想著這孩子將來一定有一番不凡的作爲，必能成爲一個舉世無雙的大英雄。他十分喜歡這個男孩，並替他取名爲「西古德」（Sigurd，即〈尼布龍根之歌〉注釋中英勇的男主角齊格菲。）

西古德在丹麥王宮中受到良好的教育和照料，幾年後，他成爲一個身材高挺、舉止優雅、容貌俊美、臂力與膽識都超人的少年。他頭腦聰慧而且擁有一顆純潔善良的心。負責教導西古德的老師是一個擅長百藝的侏儒，名叫「雷金」（Regin），他跟隨著他學習各國語言及古詩選，培養王子應具備的知識和禮儀。然而這侏儒——雷金雖然聰明卻心懷叵測，他一心想利用西古德，並常常試著挑撥他和保管著芬國財產的丹麥王之間的感情。雷金一直試圖想引起西古德對那筆龐大財產的興趣，但心性良善不貪婪的西古德在他的煽動之下卻一點也不爲所動，他眞正關心的是報他的殺父之仇，他心裡想有一天他一定要殺他父王的兇手付出代價。

喜獲寶馬格拉尼

不久，雷金又想到一個主意，他教唆西古德去向亞爾普雷工要一匹坐騎。西古德聽了很心動，於是他前去找丹麥王。國王一看到西古德，就高興地和他聊了起來，後來他問西古德：「我的孩子，你想要什麼？」西古德回答說：「我想要一匹馬！」國王聽完不假思索地點頭道：「我的孩子，你想要什麼樣的馬，你自己到王宮森林裡的馬場好好挑選吧！」西古德聽完十分高興，第二天，他便逕自出發到馬場去挑選馬匹，就在他要去馬場的途中，他遇見一個年老的浪人，那人有著比雪還白的鬍子，個子高大，右眼瞎了。原來是奧丁現身在他面前，但年少的西古德並不知道在自己眼前的便是奧丁神。奧丁開口問他：「年輕人，你這會兒趕著上那兒去？」西古德回答道：「我要去馬場好好地給自己選一匹馬！」

這陌生的浪人聽見對他說：「孩子，如果你眞想選一匹良馬的話，最好的法子便是把馬場裡的馬全部都趕到布希爾塔倫（Busilgarn）河的河流深處去，那樣一來，你便會爲自己挑出一匹最好的馬！」浪人說完不久，就逕自走掉了。西古德到了馬場後，便照著浪人的話，把馬場裡的馬全部趕到河流深處，所有的馬都驚慌極了，紛紛爭先恐後地想游上岸，只有一匹剛出生不久，剛生出絨毛的小馬獨自悠哉地在河水中戲水，西古德毫不猶豫地便選了這匹馬當自己的坐騎。這匹馬的年紀還相當小，卻長得十分高大，眼眸清澈有神，還沒有人騎過牠。這時那年老的浪人又出現了，他對西古德說：「孩子，這匹馬可是世上罕見的名駒，牠身上有著奧丁的愛馬斯雷普尼爾的血統，你可要好好照料牠，牠日後會給你相當大的幫助！」浪人說完這話後，便突然像一陣煙般地消失了，剩下西古德愣在當場。

西古德後來便把這匹馬取名叫格拉尼（Grani）。

不久後，詭計多端的雷金又有了一個新主意。他不斷慫恿西古德說：「西古德呀！我知道有一筆龐大的寶藏，如果你能得到它，那你一定會成爲一個又富有又有聲望的人！」西古德不由得被雷金勾起好奇心，他仔細聆聽著雷金的敘述：「那守護著這批寶藏的是惡龍「發福尼爾（Fafnir），惡龍所盤據的地方便是克尼達（Gnita）荒野。發福尼爾守護著一大批黃金，世界上無論是多有威勢的國王，也不敢妄想得到這一筆巨大的財富！」西古德聽了回答說：「啊！我聽過惡龍的傳聞，據說牠可是世界上最可怕的巨龍，沒有人能夠接近牠而不喪命，牠可是一頭帶有巨毒的惡龍……」

雷金趕緊搖頭否認：「啊！不！孩子！這傳聞可不是眞的！那惡龍也不過是一般大蛇的身影大小罷了，世上的傳聞總是太誇大了！」他接著又打量了一下西古德，繼續煽動他說：「西古德，你身上可流著費爾森家族的血液哩！難道你的勇氣和決斷一點都比不上你偉大的祖先們？」西古德聽了也不動怒，他反倒笑著說：「也許我的確是比不上我的祖先們，我可還是一個未成年的孩子，以我現在的年紀，自然還沒能擔當得了任何事情，你這樣激我，究竟是爲了什麼？」

雷金見西古德一點也不受自己的激將法所激，頭痛極了，一時也沒有別的法子可想，只好嘆口氣說：「哎！這事說來話長，不過事到如今，我就一五一十地告訴你吧！」

雷金家族的詛咒

雷金開始將自己的家世背景告訴好奇的西古德：「我的父親名叫雷得馬爾（Hreidmar），我們家共有兄弟三人，我排名老三，我大哥叫發福尼爾（Gafnir），二哥叫歐特（Otr）。我的臂力和勇氣和我的兩個哥哥比起來要差得多了，可是我擅長製作各種鐵器、金器和銀器，這點又比他倆強了些。

我的二哥歐特則擅長打魚，大白天的時候，他經常變身成水獺，住在河中捕抓瀑布中的魚。他每每一捕到魚就用嘴啣上來，一隻隻排列好在草地上。他經常上了岸就直接穿著水獺皮回家，吃了飯倒頭就睡。我的二哥是一上岸就和瞎子沒兩樣，什麼也看不見。而我們三兄弟中最巨大最可怕的要屬我的長兄發福尼爾了，他的性情兇猛且貪得無厭，一向認爲只要是他自己的東西，任何人也不能碰一下，是一個佔有慾極強的人。

有一天，奧丁神和洛基及赫尼爾（Honir）一起出遊，在途中，他們恰巧經過我二哥歐特白天化身水獺捕魚的地方。當我二哥歐特變成水獺模樣從瀑布裡抓了一條鮭魚，一邊走上岸，一邊津津有味地吃著鮭魚時，向來愛惡作劇的洛基便隨手拿起一塊石頭，打死了我那一上岸便雙眼不能見的哥哥。後來，奧丁他們還一起將我二哥的水獺皮給整張剝了下來。他們當時並不知道這水獺是我二哥化身而成的。當天晚上，他們三個一起來投宿我家，還把那剝下來的水獺皮拿出來給我父親看。

我父親聽他們三個講起他們捕捉水獺的地方，又看見那張水獺皮，馬上知道那被殺死的水獺即是兒子歐特，當場幾乎氣昏倒地。他不住地痛罵殺死兒子的三位神祇，心中怒氣仍不能消，他抓起他們死命地打，末了，他還要求他們要去找來足以裝滿整張水獺皮的黃金，並且在水獺皮上漆上金箔，以做爲補償他兒子歐特被殺的慘劇。

於是奧丁便命殺死歐特的洛基出發去蒐集所需要的黃金。洛基想到一個好方法找到所需的黃金，他找來海神之妻蘭，一起出發到那獵殺歐特的瀑布邊。原來，在這瀑布的潭水中除了居住著歐特之外，還有一個名叫安特法利（Andvari）的侏儒。他也經常變成水獺，以這瀑布旁的潭水爲家。他十分喜愛黃金，並把所有收集來的黃金全都藏在潭的深處。洛基知道他擁有許多黃金，於是他在蘭的協助下，在瀑布潭中撒下大網，果然沒幾下，那化身成水獺的安特法特就被洛基給網住了。

性命落在洛基手中的安特法利不住地求饒，要洛基饒了他。可是洛基卻說，如果他要活命，便必須繳出所有的黃金。愛黃金如命的安特法利一開始是百般不願意，但在洛基的要脅之下，他不得不把藏在潭水深處的黃金全部繳出來，只是藏起一枚金戒指。但洛基還是發現了，他逼他一定要把戒指一併繳出來才行，否則，他便要將他的手臂給砍下來，安特法利不得已只好恨恨地將金戒指給交出來，這下子，洛基才肯放他逃命。安特法利一得到自由，便逃回自己的岩洞中，大聲詛咒道：『我將詛咒那黃金指環和那一筆黃金。從今以後，那黃金和指環的擁有者將因持有它們而有不斷絕的災禍！』

洛基拿到所需的黃金之後，便將所有的黃金全部裝到歐特的水獺皮裡，裝滿之後，再用黃金箔將外皮鋪好蓋住。等一切都弄好之後，我的父親跑來看，結果發現鬍鬚還露在外面，我的父親不滿意地要求奧丁用金子蓋住這露出來的部分。奧丁只好從他的手指上脫下那天從安特法利那兒得來的受過詛咒的指環，以用來遮蓋住鬍鬚。

之後，在我父親滿意地點頭之後，三位神祇便離去了，但因我們家擁有了那些受到詛咒的黃金，而永遠受到安特法利的惡咒。果然，詛咒很快就應驗了，我那貪得無厭的大哥因爲那筆黃金，發狂地殺死了親生父親，將所有的金子全部佔爲己有。在貪欲與狂亂之下，大哥發福尼爾竟境變成了一頭可怕的巨龍，在克尼達荒野守著他的財富，一輩子孤獨。

而我也因此家破人亡，流離失所，我之後再也沒有見過我那喪失心志、守護著他的巨富的大哥發福尼爾。輾轉之下，我來到丹麥國，成了宮裡的鍛冶長官，而從那時起，那筆原屬於安特法利的黃金，便叫做歐特的黃金。

孩子，這便是我和我大哥發福尼爾結恨結仇的過程，他親手殺死了我的父親，我有一天一定要他償命！」

格拉姆寶劍

雷金說到此，一臉憤慨，而傾耳細聽的西古德眼中則流露出一股堅毅的神色，他說道：「啊！這眞是太不幸了！你大哥發福尼爾的確太壞了！如果你眞能替我鍛鍊一把削鐵如泥的寶劍的話，我便出發去屠殺這頭惡龍！」

雷金聽到這話，高興極了，他說：「好的！請你相信我的手藝，我一定會親自鍊出一把令你滿意的寶劍！」雷金話一說完，便迫不及待地回家去鍊劍了。過了幾天後，雷金興沖沖地帶來一把劍給西古德看。西古德接過劍看了看，便對雷金說：「好吧！雷金！讓我來試試你鑄的劍！」他舉起劍，便用力地一把砍在鐵砧上，「啪！」的一聲，那把劍便應聲斷成兩半。西古德失望地搖了搖頭，雷金灰頭土臉又回去再鍊一把劍。幾天後，他又帶來了一把劍，西古德仔細端詳這把劍，臉上露出不滿意的神情，他對雷金說：「雷金呀！像你這樣一個名師，竟鍛出這樣如此爾爾的劍，你自己難道會感到滿意嗎？」他話一說完，揮起手中的劍便往鐵砧上砍，頓時劍鋒碎裂飛散如水柱般。西古德見狀一臉遺憾地對雷金說：「雷金呀！雷金！你是否和你的族人一樣，只擅長說謊？」西古德話一說完，也不等雷金回答，便逕自前往母親葉迪絲的寢室來見母親。他見著母親葉迪絲，便迫不及待地問：「母親呀！聽說亡父西格蒙臨亡之前曾將主神奧丁所賜給他的神怒寶劍斷片託付給妳，這是眞的嗎？」

神怒再生

葉迪絲回答說：「沒錯！那寶劍斷片正在我這裡！怎麼了？我的兒子。」西古德一聽，掩不住喜悅地說：「那麼！母親，請妳將那斷片送給我鍊一把寶劍，好嗎？」葉迪絲答應了兒子的請求，她將斷片找出來，慎重地交給他。西古德心願得償，高興地謝了母親後，便來到西古德的煉鐵廠。正在沮喪中的雷金，聽到西古德拿到神怒寶劍的斷片，眼睛爲之一亮。他對西古德說：「給我一點時間，我一定會鑄出一把寶劍。」雷金拿到斷劍，便開始聚精會神地重鑄一把寶劍。

一些時日之後，興高采烈的雷金帶來一把用斷劍重鑄的寶劍，給久等的西古德說：「孩子！如果這把劍還不叫寶劍，那麼我這一生也鑄不出更好的劍了。你仔細看看吧！」西古德聞言接到這把新鑄好的劍，一劍砍向面前的鐵砧，這下子，鐵砧整個連台座如腐敗的朽木一下子被砍成兩半。西古德開心極了，對手中這把劍愛不釋手了，他給這把劍取名叫格拉姆（Gram），西古德心中一直忘不了要報自己父親被殺、國家被亡的仇恨，他拿到寶劍後，便前去找自己母親的弟弟格里畢爾（Gripi）他請教他的未來。待他拜訪自己的舅舅回來時，雷金已經在等著他，「孩子！我已按諾言鑄成一把寶劍，現在可該你遵守諾言，爲我去將惡龍發福尼爾給殺了！」西古德冷靜地說：「聽著！我一定會遵守諾言去殺惡龍，可是，在那之前，我必須先去爲我的亡父西格蒙報仇！你等著吧！等我報了父仇回來，必定會去殺那惡龍！」

西古德復仇之征

西古德拿到鑄好的格拉姆寶劍，心中覺得自己報父仇的時機已經到了。他來到丹麥王亞爾普雷面前，對他說：「偉大的國王呀！您對我的培育之恩比海還深，我這輩子都不會忘記您的恩惠。但我現在一心記掛的是要替亡父西格蒙復仇，你能允許我率兵遠征芬登國嗎？我要讓芬登國的仇人們知道費爾森家族並未死絕。國王，您願意助我一臂之力嗎？」

丹麥王和王子們聽了西古德的請求，都異口同聲地說願意助他復仇。於是，丹麥王立即下令召集大軍，備妥船隊和武器，全部妥當後，西古德便乘著一艘最大、最華麗、色彩最鮮艷的船，帶著武裝的船隊出發遠征。他們張了滿帆順風前進，一開始船行十分順利。可是，幾天後，海上突然颳起了大風，下起了暴雨。濁浪滔天，好似要將船隻給吞沒了，那一股股湧起的濁浪，好似死人的血，十分駭人，但西古德卻執意一張帆也不肯卸下。他乘著暴風狂雨，張滿帆疾行，也不管槍桿是否會在狂風的吹襲下斷折。他一心想早日抵達芬登國向仇人們挑戰。

終於，他們登陸了芬登國，只要是軍隊所經之處，他們一律將之摧毀。他們驅逐民眾，縱火燒屋，所到之處一片狼籍。逃亡的民眾逃向王宮以求林克威國王的保護，林克威王因而得到驚人的消息說：「敵軍已經登陸芬登國，現在正如野火燎原般火速地向首都方向攻來！而其中最令人驚訝的是，原來費爾森家族並未死絕，現在率大軍攻來的正是西格蒙的兒子——西古德。西古德率著大批丹麥國的軍隊勢如破竹，如今已攻陷不少我們的城池！」林克威王聽到這些消息心中吃驚極了，他好不容易回過神便匆匆召集軍隊，準備親自領軍去攻打西古德。於是，一場大戰就這樣展開了。

不久，西古德的軍隊便攻到芬登國的首都，遇上林克威王親自率領的軍隊，兩方展開激烈的對戰。槍矛如梭，矢箭如雨，短兵相接之際，劍與劍相觸擦撞出朵朵火花。在聲聲搖旗擊鼓吶喊下，盾裂、甲破，傷亡遍野。但西古德的大軍個個視死如歸，奮勇殺敵。領軍的西古德，手持格拉姆寶劍，騎著愛馬格拉尼見一個殺一個，身上染滿了敵人的鮮血，眼中充滿堅定的神情。

慌亂中，他見到殺父仇人——林克威策馬飛快向他奔來。「你這小鬼！等著領死吧！我一定要滅了你們費爾森一家。」林克威手持著劍，口中瘋狂地大喊著。西古德見狀也策馬揮著劍迎了過去，他的眼中燃燒著熊熊的殺意。快如閃電的一擊，在林克威還不知道發生什麼事之下，西古德已經一劍將林克威連人帶甲頓時斬成兩半。他一轉身，又將迎面而來的林克威之弟葉法特（Hjorvard）一劍刺死。

光榮而返

林克威和其弟葉法特在剎那間都成了西古德劍下的亡魂，西古德終於親手報了殺父之仇。芬登國的軍隊看見自己的國王被殺，軍心大亂，將亡兵散，潰不成軍，紛紛敗走如山崩。於是，西古德的大軍順利取得大勝。

英勇的西古德，有著驚人無比的勇氣和過人的毅力，在他的少年時代便得償心願，報了殺父之仇。他帶著林克威王無數的財富和勝利的榮光，在丹麥人民的歡呼下回到了丹麥國。丹麥王十分以西古德的功績爲榮，他特地爲西古德舉行了一連好幾天的慶功宴讚揚他的勝利。西古德的母親葉迪絲見到兒子如此有成，年紀輕輕便爲自己的父親和外公復了仇，心中十分欣慰。

在盛宴中，大家紛紛向西古德舉杯致敬。雷金卻仍忘不了他的計劃，他走近西古德身邊，悄悄靠著他的耳朵說：「孩子！你的父仇既然已報，恥辱已雪，現在，你該依約定去替我殺惡龍發福尼爾了吧！」西古德聞言正色道：「放心！我說過的話必定遵守，絕不會食言！」

勇屠惡龍

西古德在不耐等待的雷金不斷催促下，便和他一起出發去殺惡龍發福尼爾，兩人騎著馬朝惡龍每天飲水必到的深淵前進，這個深淵便在惡龍居住的格尼達曠野附近。他們兩人終於來到深淵，他們走近深淵，便處處發現惡龍經過的痕跡，凡是發福尼爾所經之地必定是岩碎草枯。他們靠近深淵一瞧，發現那巨龍俯身飲水的絕壁，足足有二十潯之高，由此可見，巨龍的身材肯定是超乎想像無比的巨大。

西古德一臉疑惑地回過頭對雷金說：「雷金！你不是說這條惡龍的身形不過是一般大蛇的身形？但我以牠爬行的痕跡和飲水的深淵看來，牠可不如你所說的那樣！」雷金知道自己的謊話被揭穿，一時也不知該如何回答，他沉默了一會兒才說：「總之！你可以就先挖一個洞，藏身在事先挖好的洞裡，等巨龍來喝水的時候，趁牠不注意時便一劍將牠刺死！這樣不是容易得很嗎？」

西古德聞言說：「如果我被毒龍的血濺到，那該怎麼辦？」「哎！像你這樣婆婆媽媽、怕東怕西的，無論我提出什麼妙主意，可都一點用也沒有！你這樣膽小的人，那點有像身上流著有費爾森家血的勇士？」雷金嘴上不斷叨罵著西古德，一臉不屑，其實他自己心中可是嚇得六神無主，不知如何是好，他催促西古德趕快策馬前去找合適的地點挖洞埋伏，自己卻逕自找了一個隱密安全的地方躲了起來。

西古德依言找了一個合適的地點，便開始動手挖洞，準備偷襲惡龍，正在他專心挖洞時一個身材高大留著白鬍子的老浪人突然出現在他身邊（不用說，這自然又是主神奧丁現身）。老人走近他身邊，親切地問他說：「年輕人，你在做什麼？」西古德一五一十地把事情緣由給說了。老人聽了一直搖頭說：「不好！不好！這法子可不妥！我看你還是多挖幾個洞，洞多不但可以混淆惡龍的視聽，不致於讓牠發現你的藏身之處，而且那些多挖的洞也可以當作疏導龍血之用途。這樣一來才比較保險，你也可順利一劍刺中龍胸！」

老人話一說完就如輕煙般消失了。西古德依老人之言，又多挖了好幾個洞之後，他便選了一個洞持著劍躲在洞中等惡龍現身果然不久毒龍可怕的身影由遠處出現了牠嘴中不斷噴著毒氣，附近的草木只要沾到毒氣便立即枯萎，而他所經之處大地更視爲之震動！但勇敢的西古德絲毫不畏懼，他手中緊緊地捉住格拉姆寶劍靜心等待時機。終於，在惡龍逐漸靠近他藏身的洞穴時，他便奮力揮著手中的寶劍，一劍刺入惡龍的心臟，劍身整個沒入惡龍胸口，直至劍柄。惡龍沒料到會遭到突襲，難忍劇痛之下，牠猛一翻身，只見血流如柱，染紅了大地。西古德趁機從藏身的洞中跳了出來，他手持著寶劍，渾身染滿了惡龍的毒血。

惡龍發出如雷般的哀號，毒血不斷湧了出來，如血紅的火焰四飛散落。發福尼爾自知氣數已盡，牠掙扎地哀號道：「你是誰？究竟是誰？你的父親是誰？你竟然一點都不怕我，還敢向我揮劍，果然是勇氣過人！」

西古德原本想說出自己的名字和家世，但就在一轉念間，他突然想到惡龍臨終時那可怕的毒咒可能會落在自己的身上，於是，他大聲回答說：「我沒有父親！也沒有母親！」發福尼爾一聽大叫道：「謊言！謊言！你若無父無母，怎可能到世上來？我看你根本是不敢說出自個兒名字罷了！」

西古德被牠一激之下，便脫口而出道：「我叫西古德，我的父親乃是費爾森王之子西格蒙！」發福尼爾聞言不住點頭喃喃道：「難怪！這也難怪！原來你是費爾森之後，西格蒙之子，難怪我今日會死在你的手裡！啊！你果然有一雙炯炯的明眸！仔細聽好了，年輕人！從今以後，我所守護的黃金將會成爲你日後禍患的根源！」

西古德聞言面不改色，他冷靜地說道：「人都難免一死，我會怕什麼災患！」惡龍見西古德不聽牠的忠告，痛苦地用最後一口氣說道：「年輕人，你若不聽我的忠告，日後必將後悔！我知道我今天的痛苦和死亡都是我的弟弟雷金一手策劃而成的！年輕人！你要記住，那詭計多端的惡人也有一天會加害於你的！」惡龍痛苦地呼出最後一口氣便氣絕身亡。

年紀輕輕的西古德繼親自報了殺父之仇後，又親自手刃惡龍，然而涉世未深的他對於人性並非十分了解，對於惡龍給他的忠告，不放在心上。當惡龍斷氣不久後，躲在附近安全處的雷金便趕緊跑了出來，走近西古德說：「啊！孩子，你眞是了不起！這惡龍的確和傳言一樣可怕。要知道在你之前，可是沒有人有如此的勇氣走近牠身邊呢！更甭提親手屠龍了！你眞是了不起的大英雄！」雷金這時停頓下話語，凝視著惡龍巨大的屍體許久，然後才又開口說：「哎！再怎麼說，惡龍到底是我的哥哥，牠的死到底還是也有我的份！」

「哈！是嗎？當我冒著生命危險拼命刺死毒龍的時候，你在那裡？你可不是躲得老遠地，袖手旁觀嗎？」西古德對於他的貪生怕死、自私自利不滿地指責道。說完，西古德便動手用他的格拉姆寶劍，挖出惡龍的心臟。雷金見狀，一直貪婪地吞嚥不斷噴湧出來的龍血，他那樣子叫西古德覺得噁心極了。一會兒，雷金涎著臉對西古德說：「孩子！我有一個小小的請求。我這會兒仍是嚇得全身發軟，肚子又餓極了，不知道你是否願意升火把這惡龍的心烤熟給我吃了。這樣一來，我的力氣便會恢復了。孩子！這對你而言不過是小小的請求，你就答應了我吧！」

啄木鳥的忠告

西古德拗不過雷金低聲下氣的請求，便去林子裡撿來柴薪動手升火。他把那剛挖出來的龍心插在樹枝上，架在火上烤，才一會兒，他看見那龍心上的血液不斷地滲了出來，他想試試龍心熟了沒有，便用手指輕輕去碰觸正在火上烤的龍心。那正在烤的龍心熱得燙手，他不由得將手指猛地抽回來放在嘴中含著以緩和疼痛感。說也奇怪了，當那龍心的血一觸及他的舌頭時，西古德突然覺得林子裡的啄木鳥的鳥囀不再只是鳥鳴！他聽懂了鳥語！啄木鳥的鳥鳴聲在他的耳裡都突然有了意義！於是，他仔細傾聽著啄木鳥們的話。

「哎！西古德！你眞是笨極了。你竟然坐在那裡爲那心懷不軌、只會坐享其成的人烤龍心給他吃。你冒著生命危險屠殺了巨龍，這龍心本來就該你吃。你要知道，你若吃了這顆龍心，便會成爲世界上最聰明的人！」

「哎呀！對呀！西古德，你眞是笨極了！那坐在你身旁的雷金一肚子都是壞水，專會欺騙相信他的人，你千萬別再上他的大當了！」

「是呀！是呀！你應該把這壞傢伙的頭給一劍砍了下來，獨自把所有的黃金都拿走才對！」

「說的眞好！西古德，你眞的該照我們的話去做，你就一劍砍了雷金的頭，然後再到發福尼爾居住的洞穴取得那筆龐大的財富。之後，你要動手前往沁達雅爾（Ilndargiail），那裡有著世界最美的睡美人——布林希德。你該去那裡將她從睡夢中喚醒。西古德，你該好好聽我們的話，照著去做，你也該稍微替自己的幸福想一想了。

最後一隻啄木鳥接著說道：「對！對！對！對極了！西古德你真是天下第一大傻瓜！你竟然去幫那無恥的惡人，還親自幫他烤龍心，讓他坐享其成！」

西古德靜靜地聆聽完五隻啄木鳥的話，便毅然拿起他的格拉姆寶劍，一劍砍下坐在自己身邊雷金的頭。之後，他依啄木鳥的話，將烤熟的龍心給吃了。他吃了一半吃不完，便仔細將剩下來的一半龍心收好藏在身上。西古德收拾好行李便騎上馬，循著發福尼爾一路爬行而來的痕跡，找到牠居住的洞窟。洞窟的鐵門敞開著，而那深入地底下的洞窟四壁全是鐵製的牆。他走到洞窟深處，發現裡頭堆滿了數不清的黃金及大批精緻無比的金器。除此之外，還有寶劍、無敵的頭盔和黃金的胸甲。西古德一時看傻了眼。

後來，他便將這些財寶全部裝進一兩個大箱子，讓愛馬格拉尼被在身上，西古德怕格拉尼的負擔太大，拉著韁繩要牠緩緩前進，自己則徒步走在牠身邊。但格拉尼卻不聽他的指示，仍是一動也不動地停在原地。西古德原來並不明白牠的意思，後來他才明白愛馬的意思，他微笑地拍了拍愛馬的頭，便一躍上馬。西古德一坐妥，持好韁繩，格拉尼便如飛似地奔馳起來，好似身上一點重量也沒有，果然是名馬之後。

西古德帶著財寶，並沒有直接回丹麥國。他照著啄木鳥的話，決心前往沁達雅爾尋找沈睡的美人布林希德。

第十三篇　烈焰中的沈睡美人

西古德順著啄木鳥指示的路線來到了沁達雅爾。從沁達雅爾可以轉向前往法蘭克國。他一到沁達雅爾，只見眼前一片火焰熊熊至天際的火焰，天地中只有四處飛竄的火舌，岩山上覆蓋著火焰，火苗不斷地從石縫中冒了出來。這情景十分駭人，任何人見狀都會打消繼續前進的念頭。但西古德只是坐在格拉尼背上呆視了一會兒，便鼓起勇氣，準備策馬穿越火牆。格拉尼一點也不畏懼，牠在西古德的指示下，一躍而入那燃燒的火焰中。

只見四周的火苗四面飛舞，發出轟轟的巨響。然而奇蹟似的，似乎有一股和風包圍著西古德和格拉尼。那火舌輕吻著他，輕拂著格拉尼，卻一點也不炙熱灼人，只覺像策馬馳過夏季的大片麥田，和風輕拂般。火星在他的四周跳躍著，終於牠馳過了火焰牆，西古德和愛馬格拉尼都毫髮無傷。

西古德是第一個、也是唯一一個通過火焰牆考驗的人。他繼續騎馬前進，只見眼前出現一座城堡，城牆四周都懸掛滿閃耀的銀白色盾牌。那城頂最高的地方並沒有懸掛任何旗幟，只有一個黃金閃耀的大圓盾牌。每當風一吹過，那懸掛在旗竿上的楯身一觸及旗竿，便會發出一聲聲鏗然的巨響。

宿命的相遇

城堡的大門敞開著，西古德策馬馳進城內，那露天空曠的城池中央，有一個女子從頭到腳穿著銀白色的甲冑沈沈地熟睡著。西古德下馬走近那女子身邊，知道她便是睡美人布林希德。他好奇地輕輕掀開頭盔一看。啊！他忍不住倒吸一口氣。這女子美極了！她的額頭比雪還潔白，臉頰比最細的絹還細緻，她豔如玫瑰的紅唇輕輕吐著芬芳的氣息。天呀！這眞是一張只有天上有的絕美容顏。

放眼望去，四周是一望無際的岩山、蔚藍的天空和熊熊燃燒的火焰。這沈睡不醒的美人正像是一抹極美的幻影，一切顯得如此美而不眞實。她彷彿任何一秒鐘便會消失似的。啊！天呀！這世上絕不可能有第二個這樣美麗如幻影的美人了。西古德凝視著布林希德的臉，在心中自語道。他用手輕輕拂著她潔白柔細的臉龐，口中輕聲地喚著她：「醒醒！美麗的布林希德，快從睡夢中醒來吧！我是西古德，特地來將妳喚醒！」

然而，布林希德仍是一動也不動，沈沈地睡著。西古德拔出他的格拉姆寶劍仔細割開布林希德的甲冑，現在布林希德身上只穿有一件輕薄柔軟的亞麻長袍。西古德輕輕地喚著她的名字。不久，布林希德原本白如冬雪的臉上突然開始轉成一絲絲的血色，她的胸部也因較沈重的呼吸而上下起伏。她的雙臉輕輕顫動著，長長的睫毛閃動著，慢慢眨著眼睛，終於，她張開她那明亮動人的雙眸。她張大眼呆呆地望著那逐漸由藍色轉成紅薔薇色的天空，安靜地躺著一動也不動。

西古德被她美麗懾魂的眼神迷住了，他靜靜地跪在她的身邊，屏住呼吸等待她說出第一句話。這時，夜晚已盡，天空逐漸轉亮，天上的晨星一顆顆隱逝。東方，初昇的金黃色光芒灑了下來。城池中的草叢藤蔓，每一秒鐘都因太陽的照耀顯得更加光耀，太陽漸漸地升了起來，閃耀的金光籠罩住整座城池。終於，天際那枚彎月消逝了。

許久之後，一直注視著天空的美人布林希德轉過頭來，望著西古德。西古德和布林希德兩人的眼神交會之後便不再分開，如磁鐵般緊緊地彼此吸引住。愛情的火焰燃燒起來，在兩人的眼中、心中跳動著。

永眠不醒的咒語

原來，布林希德乃是主神奧丁的女兒，她是好戰處女——「華爾邱利」之一。華爾邱利是由一群善戰的處女女神組成，主要任務是依奧丁之命去帶領在戰役中注定要死的勇士。但有一次，布林希德卻違反了父親奧丁的命令，她沒有遵命爲父親帶來選擇的勇士，以增援圍攻敵人雅姆古納（HJARMGUNNAR）的神軍。奧丁發現她違反了自己的意旨，便在盛怒之下懲罰她永眠不醒，直至被凡人喚醒。奧丁並要她在被凡人喚醒之後，便要化爲凡人，託付終生給那喚醒她的男士。但生性倔強的布林希德，即使面對盛怒的父親仍不畏地大喊道：「不！我絕不！」她發下重誓說：「除非那人是英勇不畏艱難的勇士，否則我寧永眠不醒也不願做他的妻子！」就這樣，布林希德便長久沈睡於烈焰之中直至今日，被那不畏烈焰的勇士西古德喚醒。

布林希德如願被一名天下無雙的少年英雄喚醒，西古德策馬跳躍烈火牆的勇氣叫布林希德心折。現在，她眼中燃燒著愛情的烈焰，一抹紅暈上了她的雙頰。良久，她終於輕輕地開啓她那艷紅的雙唇對西古德說話。她緩緩地起身領西古德進入城堡之中，找來酒和酒杯，爲西古德和自己各斟了一杯酒。她略帶羞意，

滿懷著愛意地將一只酒杯遞給西古德，並用她那柔軟優雅的聲音對他低語道：「來！請和我飲盡這杯酒，希望諸神能賜給我們幸福。」西古德舉起酒杯一飲而盡，他此時心中充滿了對布林希德的愛意。之後，他們倆談了許多關於自己的事，布林希德把艱深難懂的文字教給他，並告訴他許多關於人類命運的智慧之語。

原來，布林希德具有預知未來命運的能力，她心中早已預知她和心愛的西古德未來註定不能結合的悲慘命運。在這些彼此愛意日漸加深地相處日子中，布林希德一直強壓下心中的悲苦，強顏歡笑。他們兩人立下相愛不渝的承諾，但布林希德知道命運自有它的安排。西古德一點也不知道布林希德對於他們兩人的未來的預言，心中仍相信自己終能與心愛的布林希德相守。

一些時日之後，布林希德催促著西古德該上路了，他倆到此必須暫時分離，等待再次相逢的時刻。西古德心中雖然百般不願意與布林希德分離，但他也只有任憑命運的安排，他相信他很快便能和布林希德再次聚首。

重逢與愛的誓言

西古德和布林希德分手之後，便依照她所言來到布林希德在凡間的姊姊貝克希德（Bekkhild）家作客。貝克希德的丈夫乃是海米爾（Hekmir）王。海米爾王和貝克希德見到屠龍的少年英雄西古德都十分高興，他們十分熱忱地招待他留在城堡中作客。有一天，西古德心血來潮想到森林中打獵，於是，他騎著愛馬格拉尼，肩上立著獵鷹，在許多獵夫的陪伴下，帶著一群獵犬一起到王宮附近的森林遊獵。直到太陽逐漸西下的黃昏時分，西古德才意猶未盡地準備踏上歸途。突然，正在他們轉往王宮方向時，那原本停在西古德手臂上的獵鷹卻猛地飛離他的手臂疾飛上天際，一會兒後，牠在一座高高的城塔上盤旋不去。

西古德見狀便緊隨著獵鷹的蹤影來到這座高塔下，突然獵鷹停止盤旋，停在高塔的一個窗緣上。西古德順著往上看，發現那獵鷹停留的窗口前正站著一個光輝耀眼、美如天仙的美人，西古德定睛一瞧，那美人正是自己日思夜想的布林希德。布林希德看見西古德，便在侍女的陪伴下將自己親手繡的錦布張開給西古德看。那錦布上佈滿了許多閃亮的金箔，上頭有布林希德用美麗的彩色絲線細細織出的精美圖案。原來，布林希德用彩色絲線仔細地繡出西古德立下的輝煌功績。

西古德看見朝思暮想的愛人布林希德奇蹟地出現在他眼前，心中無限狂喜。他急著想進入高塔嶼她相會，但布林希德卻搖了搖頭，要他先回城堡，過些時日再來，屆時，她必定會與他會面。無奈之下，西古德只好和獵夫們一起返回王宮。

原來，就在和西古德分別後，布林希德也悄悄地來到了姊夫海米爾的城堡，只是她要求悄悄地住在王邸附近森林中的城塔中。於是，她便在許多侍女的陪伴下，安靜地住在城堡中，每天用彩色的絲線一針一線細心地織出愛人西古德所立下的功績，之後她還在那錦布上撒滿許多閃閃亮亮的金箔。她心中知道命運自會安排他倆再度相會。

當天，西古德悶悶不樂地返回宮中，他的腦海中不斷湧現她的倩影，現在他一心只想早點再見她一面，其他什麼事都提不起他的興趣，吸引不了他的注意力。在武士的競技會上，豪奢無比的盛宴上，只見他怏怏不樂地坐著沈默不語。海米爾的兒子阿斯菲德（Alsvid）見了他的樣子，忍不住關心地問他說：「西古德呀！你爲什麼如此不快樂呢？大家都覺得很奇怪呢！你看連你的愛馬格拉尼也變得垂頭喪氣，你的獵鷹也顯得憂鬱極了！」

身陷情網

西古德此時深深嘆了一口氣，良久後，他才開口說道：「哎！你眞想知道我心中的秘密嗎？好吧！那我便告訴你吧！就在四、五天前，我去森林狩獵的途中，那停在我手臂的獵鷹突然飛離到一座塔上不斷盤旋，我追近一看，那窗前站著一個美麗絕倫的美人，她張開她親手織的錦布上，那上頭灑滿了金箔，繡滿了我的功績……」

「啊！你說的正是我的阿姨——布林希德，她是布德利（Budli）王的公主，她可是全世界最善戰、最迷人的大美人。」阿斯菲德忍不住打斷西古德的話說道。

西古德馬上點頭說道：「不錯！她正叫布林希德。但她是什麼時候來到王邸的？」

「喔！在你來了之後不多久她便獨自來了，並住在那森林裡的城塔中。」阿斯菲德說道。

「啊！她的美麗與高貴實在是無與倫比，我實在無法不去想她！」說完，他又嘆了一口氣。

阿斯菲德聽了西古德的話，便忍不住勸他說道：「西古德呀！我的阿姨一向孤僻，任誰也難得見到她，她心中滿是戰鬥和立功的事，我看你就別爲那不可企及的憧憬而苦惱了。像你這樣天下無雙的勇士，何必爲一個女子而煩心不已呢？這樣豈不是太不値得了？」

但心中燃燒著熱情的西古德那聽得下阿斯菲德的話，他知道他並不知他與布林希德早有了愛的承諾，他毅然地說：「啊！不！我一定要再去看看她！她一定會見我的。我相信此時她的心一定和我一樣燃燒著火焰！」

阿斯菲德聞言愣住了，他說道：「啊！可是，我這位阿姨可是不輕易見人的，她從來不肯單獨和人喝上一杯酒的！」

但西古德卻堅持道：「啊！我只要再見她一面，就能知道她的心思如何，是否願意與我在一起。」阿斯菲德見西古德如此堅決地要再見自己的阿姨布林希德一面，只好答應西古德明天一早便和他一起到森林的城塔找布林希德。

兩情相悅立誓約

隔天一早，西古德便迫不及待地來找阿斯菲德，急著前往森林的城塔。當他們來到城塔時，阿斯菲德堅持只肯在大廳等待，而不願陪西古德見布林希德。布林希德的一名侍女請西古德進去公主的房間和她見面。於是，西古德便獨自走了進去，他看見整個房間裝飾著美麗的壁飾，地板上鋪著極華麗的地毯，而他心愛的布林希德正坐在椅子上，微笑地望著他。西古德滿心喜悅地微笑道：「啊！我心愛的布林希德，我遵守誓約來了！」布林希德臉上的笑容加深了，她含羞帶怯、掩不住喜悅地低聲說：「你來了！我的愛人。」

布林希德手上拿著一只金酒杯，一旁的侍女在她的酒杯中斟滿了酒。西古德緩步走近她的身邊，在她的身畔坐了來了。西古德情不自禁地握著布林希德執酒杯的玉手，試著將她拉進手邊。布林希德臉上泛起一抹紅暈，她略帶羞意地站起身。來這時西古德喃喃自語道：「啊！我美麗高貴的佳人啊！妳可知道，我不分晝夜地，心中想著妳！」誰知布林希德聽了他的話，卻激動地說：「啊！西古德，你要知道脆弱乃是女人的本能與天性。因此，女人常會在無心之下破壞了原該牢不可破的誓言，你最好還是不要輕易地相信女人才好，我已經看見了我們的未來，我們命中註定不能相守。更何況，我又身負重任，經常全身披盔甲奔馳在無情的戰場上與敵人廝殺。愛人啊！命運註定要將我們分離。」說完，她輕輕地嘆了一口氣。

西古德溫柔地擁住嘆息的布林希德，無限無奈地對她說：「如果，命運眞的註定我們不能相守，要將我們分離，那對我而言，實在沒有活下去的必要了，與其要我忍受與妳分離的痛苦煎熬，我寧可乾脆承受利刃的一擊。」

命運的阻隔

「啊！不！我的愛人！我的一生都註定要生活在那槍林箭雨的戰場上。而你，吾愛，你會娶喬奇（Girki）王的女兒顧得倫（Gudrun）爲妻。我們註定不能生活在一起！」

「啊！不！不！不！我絕不願對其他人動心，無論她是那個美麗貌美的公主，我都不會將心交給她。我願向諸神立下誓言，我這輩子除了妳，絕不會娶任何人爲妻！」

布林希德聽了西古德這番眞情流露的話，心中百感交集，她將臉深深埋進西古德胸前，心中充滿既快樂又複雜的情緒，她的臉全漲成粉紅色，情意在她的眼裡流轉，良久，她才又抬起頭對西古德說：「當然，你知道的，除了你，我這輩子也不會再思念任何人！」

西古德聽見布林希德的承諾，心中高興極了，他脫下手指下戴著安特法利的金戒指環，輕輕地拉起布林希德柔軟的手，將這枚金戒指輪輕輕地套在她纖細的手指上，以作爲相愛的盟約象徵。之後，他們對彼此傾吐心意，不管未來命運如何捉弄人，他們都將遵守著這愛的誓約。最後，西古德才在阿斯菲德的催促下，滿心歡喜地趁著夜色返回海米爾的宮邸。

顧得倫之夢

雖然，布林希德與西古德立下了千百次相愛不渝的誓言，但她那預言未來不幸的心事卻一直困擾著她。在她預言中所提到的顧得倫乃是萊茵河南方一個叫尼布龍根（Nibelung）國的國王喬奇之女。顧得倫是整個尼布龍根國最美麗的少女。顧得倫有三個哥哥，長兄叫古拿（Guthorm），二哥叫霍克尼（Hogni），三哥叫顧特霍（Guthorm）。她這三個哥哥都已參加過許多次戰役，立了不少輝煌的功績，喬奇王非常以他這四個孩子為榮，他將他們視為王冠上的珍寶，有了他們，他這一輩子已心滿意足，別無所求。

而喬奇王的王妃名叫顧林希德（Grimhild），她雖然貌美，但卻心機很深、心地狠毒，並且精通魔法。有一天，美麗的顧得倫做了一個奇怪的夢，她醒來後，所有夢的內容都還記得十分清楚。她一直想不透這個夢的意思，而感到十分困擾，於是，她決定親自拜訪以有預言能力著名的布林希德。布林希德在人世的父親乃是聲威顯赫、威名四播的布德利王。布德利王的長子名叫阿特利，他的舉止優雅，智勇雙全，是一個武士中的武士，十分勇武。顧得倫來到布林希德位於一座山丘的王邸，這座巨邸用許多黃金裝飾，室內華麗無比，四周的壁上掛滿了許多耀眼的五彩壁畫。

顧得倫如願見到布林希德，她一五一十地將自己的夢境告訴布林希德，希望她能為她解夢以解除她心中的疑惑。「有一天，我和許多人一起離開了我的房間，突然間，我看見一頭大牡鹿，這頭鹿美麗極了，牠比一般的鹿大得多，而且牠全身的毛是呈黃金色且十分柔軟。大家見到牠，都想要得到牠！於是大家爭著要捕捉牠，但沒有人能捉到牠。而我，卻如願捉住這頭鹿看來又珍貴又迷人的牡鹿。這頭鹿十分稀奇，我打從心理愛牠愛得不得了，但此時，布林希德妳卻狠心地用利箭射殺了這隻正依偎在我膝前的鹿，我氣得心都要炸開了，我的心不停地淌著血。後來，妳送給了我一頭狼，但這狼後來卻把我哥哥們的血灑在我身上。布林希德，我的夢境到此便結束了。妳現在是否能爲我解惑呢？」

布林希德靜靜地聽完顧得倫的敘述，她的眉頭緊蹙，一臉悲傷又嚴肅的神色，她緩緩地對顧得倫說出她不祥的夢占：「顧得倫，這是個極不祥的夢。這夢預言著從今以後要發生在妳身上的事，預言著妳註定坎坷的未來。在夢境中，那來到妳身邊的鹿是西古德，命運會將他送到妳身邊去。而他卻是我一生思念，互誓相愛不渝的人。但我得不到他，因爲妳又自私又殘忍的母親顧林希德會趁機讓他喝下遺忘的魔酒，讓他忘了我，忘了對我的誓言。從那以後，妳和我就陷入一場激烈的競爭中，搶奪西古德。後來，他將會成爲妳的人，但那爲時極短，不多久後，妳註定失去他，永遠地失去他。然後，妳將會嫁給我的哥哥阿特利爲妻，但，後來，妳連阿特利也給殺了。」

顧得倫聽完布林希德這不祥的夢占，嚇得花容失色，說不出話來，不久，便匆匆地趕回宮去了。

分離的命運

西古德在和布林希德交換過愛的誓約後，便收拾行李，告辭了海米爾王和布林希德的姊姊貝克希德，騎著他的愛馬格拉尼，帶著許多財寶繼續他的旅程，四處漫遊，他相信命運會讓他和布林希德再次相遇。有一天，西古德披著華美的盔甲，騎著他那高大駿美的愛馬格拉尼，不經意來到喬奇王的王城。他策馬在王城中的大街上漫遊，看見他的人都爲他這威儀勇武的儀表讚嘆不已。喬奇王的家臣也看見他了，他們都不由得喃喃道：「啊！這人難道不是從天而降的神祇嗎？你看他行囊充實，儀表非凡，身騎寶駒，這人絕非凡人。」

西古德的出現引起一股大騷動，喬奇王也聽到這個消息，他決定親自出去迎接這陌生的貴客。

「請問，這來到我城內的貴客是那位英雄？能否告知大名？」喬奇王大聲地問道。

西古德聽見喬奇王如此殷勤有禮的問話，便非常謙恭地回答道：「我是西格蒙王之子──西古德。」喬奇王聽到西古德的回答頓時大吃一驚，他又問道：「啊！西古德，難道你便是親手屠殺惡龍發福尼爾的勇士？那眞是好極了！你的到來眞是敝國無比的光榮。敝國雖然並不富有，但我會盡心招待你，希望你願留下來在敝國屈就小住一段時日，好告訴我們你屠龍的英勇事蹟。」

喬奇王殷勤地將西古德迎進宮裡，於是，西古德在喬奇王熱情地邀請下，決定留下來暫住一段時日。喬奇王家的人和家臣們都對這位屠龍的少年英雄好極了，三位王子們和西古德很快地便成了好朋友，他們經常一起結伴騎馬出遊。雖然喬奇王的三個兒子也都是著名的勇士，但他們的狩獵技術和騎術和西古德比起來，還是差得多。

遺忘的魔酒

有一天，西古德終於忍不住向王子們說出自己對布林希德的一往情深及彼此立下的誓約，後來，他便常常向他們提起她。因此，不久後，連王后顧林希德也漸漸得知西古德對布林希德的深情。但爲人自私又壞心眼的王后，自從見到儀表不凡的西古德便起了私心，早就打算將西古德永遠留下來作爲女兒顧得倫的夫婿。她越看西古德越是喜歡他，他罕有的勇氣與技藝及他那一大筆遠比傳聞還要來得多的財富，在在都是一個理想的乘龍快婿，現在西古德正在她的宮中，她怎捨得讓他白白溜走，成爲另一個女人的夫婿？於是，她苦思良策，要使西古德忘了心中深愛的布林希德，而娶自己的女兒顧得倫爲妻。她知道自己的動作一定要快，因爲西古德可不會在此久留。

終於，她想出了一條萬無一失的良策。一天晚上，大家全部聚在一起喝酒吃飯的時候，王后顧林希德親自捧著一杯用黃金角杯裝著的酒，走近西古德身邊說：「西古德，你能來宮裡當客人我們都覺得光榮極了，我們全都願意盡一切的可能讓你感到快樂。來吧！把這杯酒給乾了吧！祝大家都快樂！」西古德聽了王后這番殷勤的話，半點疑心也沒有，舉起她遞過來的杯子，便一股作氣地把酒給喝光了。王后見他把杯子裡的酒全喝光了，滿意地笑了。原來，早就計畫留下西古德的王后遞給西古德的可不一是一般的酒，精通魔酒的王后爲他斟滿的可是一杯「遺忘」的魔酒，這杯魔酒可以使人的某些回憶暫時消失。

燃燒的火焰城

古拿帶著一切必需的物品後，便和被選定爲媒人的西古德一同千里跋涉，終於，他們風塵僕僕地來到了希德利王的王城。他們報上自己的名字，求見布德利王，布德利王欣然地接見了兩人，並熱情地款待。古拿把自己想迎娶布林希德的事跟布德利王說了，布德利王安靜地聽完古拿的話，面色凝重地說：「我本人對這門親事並沒有任何異議，但我這女兒布林希德可就難說了。她的眼界一向很高，對於求婚者一向嚴峻拒絕，就連求婚的人想見她一面都是一件難事。她除了自己眞心相許之人外，絕不可能輕易鬆口答應的。不過，你倒也不妨一試，她現在不在我的宮中，多年前，她前去拜訪她的姊姊貝克希德後，便長住在她姊夫海米爾王的王邸，從此深居。你們可以前往海米爾王的王邸去探聽布林希德的消息。」

古拿和西古德在得到布德利王的許可後，便依言前往海米爾王的王邸以打聽布林希德的消息。他們兩人看到海米爾王，但他說明了想向布林希德求婚的心願，海米爾王便向他們說：「布林希德的確在我這兒，在她並不居住在我的王宮內，她的住處就在這附近不多遠的山丘上，但她一向不輕易見客，再說她居住的宮城四周如今已被燃燒的烈火團團包圍住，築成一道道火焰牆。

布林希德曾說，只要有勇士能騎馬飛越過火焰牆，她便會許身給他！看來，你若想娶她為妻，只有冒險一試了。」

古拿和西古德聽完海米爾王的話，便告辭離開趕至布林希德所居的山丘，他們一看，果然宮城四周被一道道猛烈燃燒的大小火焰包圍著，那烈火燃燒時發出轟轟的聲響，十分駭人。而那座被烈火包圍的壯麗城池，在閃耀的火光反映之下呈現黃金般的色澤，彷彿一座黃金打造的城池，光華壯麗。

求婚心切的古拿策馬靠近火牆想要穿越烈火進入宮堡尋找美人，但無論他如何迫切地鞭策坐騎，他的坐騎只是一味地往後退，半步也不敢往前，一旁西古德見狀問道：「古拿，怎麼了？」古拿漲紅了臉，很不好意思地回答說：「我的馬太膽小了，牠看見這熊熊的烈火便心生膽怯，不管我如何鞭策牠，牠都不願照我的指示向前。西古德，你能不能將你的愛馬格拉尼借我一用，這樣或許我才能穿越火牆，順利見到布林希德，以達成我向她求婚的心願。」

視古拿為親兄弟的西古德十分乾脆地答應將格拉尼借給他。古拿騎上格拉尼，拉緊韁繩，再度靠近火牆，但因古拿不知如何控制格拉尼，火焰牆的火勢又非常大，格拉尼不肯服從古拿的指示，只是不停地在火焰前搖頭踱步，一步也不願再靠近火牆。無奈的古拿只好按照母后在他臨行之前給他的指示，要求和西古德暫時調換形貌，西古德毫不猶豫地答應了，他倆服下顧林希德交給古拿的魔法藥，一下子兩人的形貌交換過來了。變幻成古拿形貌的西古德一跨上格拉尼，用力往馬腹一夾，受到鞭策的格拉尼即昂首嘶鳴，一股作氣地躍入熊熊的火焰中。西古德看見眼前四周熊熊燃燒的烈焰發出轟轟駭人的巨響，烈焰映紅了整個火空，他回頭一看，這才發現和自己交換形貌的古拿並沒有跟進來，仍在火焰牆前徘徊。

悲劇的開始

於是，幻化成古拿形貌的西古德決定去替古拿求婚。他策馬馳過重重火焰，終於來到了一座莊嚴華麗的城池前。城池四周排列著無數個光輝奪目的銀白色長楯，圍繞住整座城池。而美麗的布林希德此時正手持著長劍，頭戴著閃耀的頭盔、身穿著發亮的胸甲立在大廳前。她儀態萬千，靜靜地立著，如一隻美麗的白鳥。她看見西古德走了進來，大吃一驚，問道：「你是誰？你竟能越過火焰牆！」

已幻化成古拿形貌的西古德接著回答道：「我是喬奇王的長子古拿王子，妳的父親已經答應了我的求婚，如今，我遵照妳對求婚者的要求，騎馬越過了這道火焰牆，希望妳遵照妳的誓言與我成婚。」布林希德內心充滿疑惑與混亂，她怔怔地望著眼前這陌生人似曾相識的眼神，喃喃自語道：「這叫我怎麼說才好呢？」她心中頓時失去了主張。西古德因遺忘魔酒的效力，完全不記得眼前的布林希德是自己發下誓言一生相愛的人，他現在心中只想趕快替古拿達成求婚的心願。

西古德見布林希德臉上頗有猶豫之樣，似乎不願答應婚事，於是他將自己的長劍插在地上，倚著劍柄，絲毫不肯放鬆地進逼道：「請妳答應我的求婚吧！我會送給妳數不盡的黃金與珠寶。」

可憐的布林希德心中仍是懸念著自己發誓終身相許的愛人西古德，無奈，在命運的捉弄下，相愛的兩人如今相見卻都不相識。布林希德看見西古德不斷出言相逼，頓時悲從中來，她低泣道：「啊！古拿殿下，請你不要再強逼我答應這門婚事吧！我早已發誓，這輩子除了那我早發誓與之相愛不移的男子後，我絕不把自己託付給任何人的，請你諒解我的苦衷……」

但西古德卻仍不願放鬆，他進逼道：「但妳也發誓願意與躍過火焰牆來的男子共度一生呀！我是知道了妳這誓約才拼了命冒險躍過火牆的，妳如今可不能違背誓約，更何況，妳那發誓永愛不移的人至今也沒有爲妳越過火焰牆前來求婚。我看妳還是答應了這門親事，實踐妳的誓言吧！」在西古德不斷相逼下，布林希德無法再爲自己辯解，無奈之下，她只好答應這門婚事，並把西古德引入自己的臥室。西古德在布林希德的城中住了三個晚上，但每一個晚上，雖然他都與布林希德同床共眠，但他都拔出格拉姆寶劍放在兩人正中央。布林希德看見他這奇怪的舉動，忍不住問他理由，但西古德只是胡亂找了個理由搪塞她說：「聽說娶妻子時，一開始不這麼做，可是會惹禍上身的呀！」布林希德聽他這麼說，雖然仍是滿腹疑問，但她也不好再追問下去。

原來，西古德心中謹記住自己是以古拿的形貌代他娶妻，因此他雖不得已與布林希德共眠，但他仍取出格拉姆寶劍置在兩人中間以證實兩人的清白。終於，三個晚上過去了，第四天早晨，西古德準備告別離開，他自行囊中取出一枚惡龍發福尼爾財寶中的其中一枚指環送給布林希德作爲定情的信物。他並從布林希德手指上取下了那枚自己當年交給她作爲相愛不移的信物——安特法利的金指環。之後，西古德又騎著格拉尼穿越火焰牆，來到另一頭與等待消息的古拿會合。古拿聽到西古德已取得布林希德允婚的好消息，心中十分高興，於是，兩人交換回形貌，策馬來到布林希德的姊夫海米爾王的城堡，他們一同將布林希德允婚的消息告訴他。海米爾王聽到布林希德允婚的消息，心中十分詫異，但他壓下心中的訝異，嘴上也不好說什麼。

不解的謎

就在古拿和西古德到達海米爾王宮的同一天，布林希德也策馬匆匆趕至姊夫的宮裡。她見到自己向來信賴的姊夫，便一古腦兒將自己的煩惱與困惑向海米爾王仔細地說了：「那人通過了火焰牆嚴格的考驗，來到我身前，說要娶我爲妻，他說他的名字叫『古拿』，是喬奇王之子。但，我心中卻怎麼也難以相信，這世界上，除了幾年前在山上與我交換相愛誓約的西古德之外，還有誰能策馬通過火焰牆？那人難道不是西古德嗎？他的形貌雖然不同，但我依舊認得他那熟悉的眼神。啊！不！那人一定是我此生發誓相愛的人，是我此生此世唯一深愛的人！但這一切的疑問實在教人困惑！不！我一定要弄清楚。」海米爾王終於了解布林希德答應親事背後的心聲，他聽完她的話，只有靜靜地坐在一旁，愛莫能助。

布林希德向姊夫訴說完心中的疑惑後，便匆匆整裝趕回父王布德利王的宮城，準備依諾言面對那並非她心所願的婚禮。她耐心地等待著疑團被解開的一天。

另一方面，古拿和西古德兩人帶著布林希德答應求婚的好消息，高高興興地回到尼布龍根國。王后顧林希德見心願達成，心中高興得不得了，她一再感謝西古德的大力幫助。可憐的西古德此時仍是一點都不知道自己在王后的詭計下，親手將自己深愛的布林希德交給古拿。

十天之後，約定的日子到了，新娘子布林希德如約來到喬奇王的王城。尼布龍根國城裡爲了這場婚禮，一連舉辦了好幾天的宴筵，古拿終於如願娶得布林希德爲妻。這故事原本該到此便落幕，但命運弄人，就在此時，顧林希德施計因西古德飲下的遺忘酒而被掩蓋住的記憶開始恢復了。西古德猛然想起布林希德正是自己發誓過一生相愛不渝的人，他一直注視著古拿正式的妻子，一幕幕影象不斷地如閃電般在腦海中掠過！

啊！天呀！我做了什麼？這個我越過火牆去爲古拿娶來的妻子，不正是我此生此世發誓永遠相愛並互許終身的女子嗎？多年前，在那星光逐漸隱沒的晨空下，我不也馳馬越過火焰牆與她相會，在主神奧丁的神火搖曳的時候，我不也和這女子許下千次萬次的誓言嗎？天呀！我不也和她在海米爾王宮附近的那座森林裡的高塔上共度過相愛的甜蜜時光嗎？我怎麼會將這一切相愛的記憶給遺忘了呢？西古德那原本丟失的記憶瞬間全部湧現，他終於完全恢復了記憶。

但這一切都已經太遲了，他早在不知情下另娶顧得倫爲妻，違背了相愛的誓約，如今，他竟又親自去爲別人娶布林希德爲妻，拱手將愛人交給他。啊！這一切的事實一時叫西古德難以承受，他孤獨地承受這無盡的痛苦，茫然地與大家一同舉杯祝飲。這簡直是比死還痛苦，他像已沒有了靈魂的軀殼，他望著滿臉欣喜的古拿與喬奇王家人們，低聲地告訴自己：「如今錯誤已經造成，無法挽回，我只好獨自勇敢地承擔這一切的痛苦，讓大家得以保有目前的和平與幸福。就這樣，西古德壓下自己內心的悲苦，假裝自己仍毫不知情。於是，大婚過後，尼布龍根城表面上仍是一片和平。而婚後的布林希德和古拿的相處十分冷淡，她的心中仍有一個解不開的疑惑。

悲劇的上演

有一天，尼布龍根的王妃們一起到河中去淋浴，而根據當時的習俗，身分較高的人都在河的上游沐浴。原本和顧得倫同行的布林希德，刻意遠遠地離開顧得倫，逕自走向河水的上游。顧得倫見狀，便追了上來，問她爲何如此，不料布林希德卻倨傲地回答說：「顧得倫，妳要知道妳我的身分可不相當。我的父王比妳的父親有威權得多，再說，我的丈夫也比妳的丈夫地位要來得高得多。妳要明白，妳的丈夫只不過是丹麥王亞爾普雷的臣屬罷了。妳還是認清自己的本份到下游去沐洗吧！」

顧得倫聽布林希德如此惡意出言侮辱，那壓得下心中的怒氣，她忍不住將埋藏在自己心中的秘密說了出來：「哈！布林希德，請妳不要出言蔑視我的丈夫，我的丈夫可是眞正天下無雙的勇士。妳呀！妳這樣出言譏笑自己生平發誓相許的第一個戀人不是太奇怪了嗎？哈！我的丈夫不但是那殺死惡龍發福尼爾的英雄，同時也是那天騎馬躍過火焰牆去向妳求婚的人呀！哈！妳還不明白嗎？妳還眞心相信那人是古拿嗎？哈！我丈夫可曾和妳同睡在一張床上共度了三天三夜呀！這些妳都不知道吧！要證據嗎？看呀！這便是那天他親自從妳手指上拔下來的安特法利的金指環，妳總該認得吧！這便是信物呀！」被憤怒與報復心蒙蔽的顧得倫，不顧後果地將一切全都說了出來。她一說完，硬是把手中的安特法利金指環送到布林希德的眼前。

布林希德定睛一瞧，果然，在自己眼前的正是那天那人從自己手指上拔下來的安特法利指環。突然間，她明白了這一切如青天霹靂般的事實眞相，頓時，她的臉色變得比死人還要蒼白。她茫茫然地回到宮中，從此，病倒在床上，終日沈默，不發一言。深愛著妻子的古拿殷殷地探問她，但心中無限悲哀的布林希德將自己封閉起來，不管古拿如何探問，她都蒼白著臉，不發一言，宛如一具沒有靈魂與生命的屍體。但深愛著布林希德的古拿仍舊不願就此放棄，每天，他仍陪在妻子床前，殷勤地探問她。終於，忍不住怨恨的布林希德在他不停地追問之下，心中的憤怒像火山一般爆發了出來：「古拿，那枚我給予你作爲信物的金指環呢？現在到那兒去了呢？當初，你和你的父親用火和劍來脅迫我的父王，要他答應這門親事。我原本也不願答應這件親事，只想就領著我父王分予我的三分之一的國土，就此永遠伴隨著我的父王。但我的父親只給我兩個選擇，一是永遠失去他的愛並被逐出國境，二是嫁給自己所選擇的人。因此，我在不得已之下，才答應立下誓言要嫁給能躍過火焰牆的人。因爲，我心中堅信，除了那個我發誓相愛不渝的愛人——西古德外，這個世界上再也沒有任何人可以做到，我心中早就打定主意，我此生此世只愛著西古德，除了他之外，我絕不把愛獻給別人。但，現在一切都成了泡影，這一切都要怪你那可惡的母親顧林希德，是她狠心地用詭計拆散了我的戀情，撕裂了我的心。是她用伎倆深愛我的西古德喝下遺忘的魔酒，讓他忘記了我和他之間的誓言，後來，她又用計欺騙了我，讓我誤嫁你爲妻。這世界上沒有人比她更殘酷狠毒了。啊！現在，西古德已是別人的丈夫，而我也成了你的妻子。我這一生最沈切的愛戀已成了泡影，我的人生已失去了希望。我……我要殺了你以洩憤。」

燃燒的憤恨之火

瀕臨崩潰邊緣的布林希德說到這裡，突然發瘋似地胡亂捶打著古拿，立在一旁的古拿之弟霍克尼見狀趕緊壓住她的手，用力將她推倒在床上。但布林希德仍狂亂地揮舞著雙手，於是霍克尼便去找來了一副腳鐐，將她上了腳鐐困住。古拿心疼妻子，見狀低聲地責備霍克尼說：「霍克尼！你用腳鐐實在是太殘酷了。」沒想到，這時布林希德卻說：「不，沒有關係，從今天開始你再也不會見到我的笑顏，再也不會聽見我說一句和顏悅色的話。反正，這一切對我而言都已經無所謂了。榮華富貴和錦衣華服與我從此絕緣了。你就算將我上了腳鍊，我也不會感到任何一絲痛苦。」布林希德一邊哭著，一邊將身子扭過去，把身邊的刺繡台整個拉過來，用力將它擊成粉碎。之後，她整個人撲在床上，放聲痛哭，她淒慘的哭聲傳遍了整座宮城。

自知自己失言闖下大禍的顧得倫又內疚又耽心嫂嫂布林希德的身體，她責怪自己的禍從口出。她匆匆跑去找古拿，勸他好好安慰妻子，讓她平靜下來。但無計可施的古拿痛苦地說：「啊！不！她不許我去看望她，也不許我分擔她的悲哀，她的心已經封閉住了。」古拿嘴上雖然這樣說著，但他仍忍不住去看望妻子。布林希德如往常一樣緊閉著雙眼，躺在床上，一動也不動，像座石像，她不說話也不願傾聽。古拿看到心愛的妻子如此沒有生命的躺著，心中十分焦急，他後來實在束手無策，在和弟弟霍克尼商量之下，決定去找西古德，讓他試著勸勸布林希德。但西古德聽了古拿敘述的情形，只是靜坐一旁，默不作聲。

隔天，西古德逕自到森林裡狩獵，回來之後，他到顧得倫的房間，突然痛苦地對妻子說：「顧得倫，這件事究竟會不會引出很大的禍端，目前還不知道，但我知道布林希德可能活不久了！」顧得倫突然聽見丈夫如此說，大吃一驚，她立起身來，失色地說：「不！不可能的！不會的，布林希德不過是昏睡了七天七夜，雖然沒人能喚醒她，但她怎麼會活不久？不會的……」「不！顧得倫，她絕不是昏睡，她的心裡一定是在計劃對我的復仇，我毀壞了誓言，傷害了她的心！」西古德忍不住悲哀地說。

顧得倫聞言急得哭了起來，她摟住丈夫西古德說：「啊！不！西古德，我絕不能失去你，如果沒有你，我該怎麼辦？有沒有什麼辦法可以緩和她的怒氣，讓她不對你加以報復！給她黃金吧！給她珠寶吧！看看能不能使她平靜下來……」西古德看著神色慌亂的妻子，沈重地搖了搖頭，一句話也沒有說便離開了她的房間。西古德靜靜地走進布林希德的房間，他看見他深愛的戀人現在正躺在床上。她的臉色比雪還白，半點生氣也沒有。西古德緩緩地走近她的床邊，溫柔地揭開她身上的被子低聲地說：「醒來吧！布林希德，從睡夢中醒來吧！忘了妳的痛苦與悲哀，好好地追求歡樂吧！妳睡夠了，該醒來了，太陽已經出來好久了！」

愛恨交加

原本緊閉雙眼的布林希德這時緩緩睜開眼睛，幽怨地對西古德說：「啊！西古德！你這背信的人，如今，你竟敢如此從容地來到我的身前，叫我忘記悲哀！有人比你還要殘酷嗎？」她凝視著西古德，一臉淒楚。「啊！不！不要這麼說！我求求妳，布林希德。我的心比妳還要悲哀痛苦。布林希德，妳不是自己願意選擇古拿作爲丈夫的嗎？事實不就是這樣嗎？」

「不！不！不！事情完全不是這樣的。我現在才知道古拿根本從未躍過火牆，而那時，你們雖然互相交換了形貌，但你以古拿的形貌來到我眼前時，我卻認得你那熟悉的眼神。哎！我到底還是沒能看透這整樁陰謀。也許，這正是你我逃不過的命運吧！這悲慘的命運註定要降臨在我的身上，因此，我才會被計謀陷害所騙，啊！西古德，你殺死了巨龍，躍過了火牆，我眞心愛著的一直是你呀！天呀！那天，躍過火牆來見我的根本不是喬奇王的兒子古拿，我被騙得好慘！我好恨！」

「布林希德！這一切都太遲了，畢竟我不是妳的丈夫，而妳也不是我的妻子呀！我們今生註定不能相守。」

「西古德，這一切我都明白。這些日子以來，我雖然成爲古拿的妻子與他一起生活，但是我卻沒有一次打從心裡眞心地對他笑過一次，我一直是個冷漠的妻子呀！或許他自己並不這麼覺得，但我的心早就冷卻了。我曾發誓要獻身給越過火牆的男子，但我卻終究違背了這個誓言而不自知，現在眞相已經大白，我只有死路一條了。從今以後，我的生命再也沒有幸福，沒有希望了，這世上再也沒有值得讓我活下去的事了。我，一點也不畏懼死亡的到來……」

「不！不！布林希德！妳千萬不要想到死亡，妳不該想要放棄生命，只要妳不要想到，我願將我所擁有的一切財產都送給妳……我求求妳！」

布林希德依舊悲傷地搖了搖頭，她悲哀地說：「西古德，你終究還是不了解的！你不了解我，不了解我內心悲傷的秘密。西古德，你是我這輩子唯一眞心相許的人，但我卻是你這輩子最討厭的女人！」

「啊！布林希德，妳眞的是大錯特錯了，妳完全誤解我了。我告訴妳我內心眞心的話吧！我一直愛著妳，我愛妳甚於我自己。雖然，在命運捉弄之下，我們無奈地陷入一個無法挽回的悲劇中，但布林希德，請妳相信我，我愛妳的心一點都不曾減少，我依舊如此深愛著妳。我之前失去記憶多年才將妳遺忘，但就在妳與古拿舉行婚禮那天我卻突然恢復了記憶。啊！天呀！那情景眞是叫人心碎，當我好不容易從遺忘的魔法中醒來時，竟發現心愛的妳已經成爲別人的妻子，而我也早另娶顧得倫爲妻，這一切叫我情何以堪？從那天起，我便每日活在無以復加的悔恨中，好幾次，我痛苦地想從這一切的悲哀中解脫，想結束自己的生命。但，我一想到和我一同住在喬奇王宮城中的妳，我想想我能夠和心愛的妳住在同一個宮城裡，我也該感到些許安慰了，也就是從那時起，我便彷彿活在一場幻夢裡，每天懷抱著與妳共同的回憶活卜去！布林希德，請妳相信，我對妳的愛只有增而無減！」

可憐的布林希德此時已經哭得像淚人兒似的，她的淚水流過她蒼白的面頰，濡濕了她的長髮，沾濕了枕頭。「啊！西古德！是這樣的嗎？你眞的是打從心裡爲我感到悲傷嗎？你還是一樣地愛著我嗎？哎！可惜這一切都太遲了。」布林希德說完，又悲哀地低泣起來。

「我的愛人，就讓我們償完今生的願望，一起共眠吧！」西古德望著滿臉淚痕的布林希德，情不自禁地將她輕輕摟近胸前，他內心波濤洶湧，一股熱情再也壓抑不住地湧了出來。他扯掉自己身上的胸甲，再將她抱得再緊，感覺她狂亂的心跳。但布林希德卻將他推開，轉過頭去說：「不！西古德！我不能這樣做！一個女子怎能同時擁有兩個丈夫？不！我不能欺騙古拿，背叛婚姻，我寧願選擇一死。」

布林希德和西古德面對這難圓的結局，兩人臉上都是後悔悲傷的眼淚。他們心裡都明白，過去那段美好甜蜜的回憶已經無法重溫了，那年在沁達雅爾情竇初開的喜悅，在海米爾王宮附近高塔的山盟海誓，這一切一切的美好，現在都已經隨風而逝了。他倆沈默著，半晌，西古德悄悄地走了出去，他明白誰也更改不了布林希德的心意了。

由愛生恨

滿心焦急在外頭等待的古拿，一看見西古德垂著頭、悄悄離開的身影，便忍不住趕緊來到妻子的房間探視她。一心悔恨的布林希德看見他，一時悲從中來，又氣又恨，她嚴萬地斥責丈夫古拿利用西古德作爲替身騙她答應婚事的行爲，她聲淚俱下，氣憤難忍，古拿只有不知所措地立在一旁。突然間，布林希德止住了淚，神色平靜了下來。古拿心焦地望著她，布林希德緩緩地開口說：「古拿，這一切都是詭計所害，我才會受騙落到這種地步。但多年前，我便將心許給了西古德，我的誓言不容更改。今天，你雖然派他來見我，但這究竟解不開這糾纏的一切。他代你來求婚與我共度三個夜晚的情景，我料想他必定已經都告訴顧得倫，我的名譽已毀，顧得倫心中必定已經瞧不起我了。現在，這僵局只有三條路可走，一是西古德死，二是你死，再來便是我死了。我要你去把西古德給殺了，不然，我便回去我父王那裡，一輩子在悲哀裡度過！你做個決定吧！」說完，她便閉上眼，轉過頭去不再開口。

古拿看見妻子的背影，心中苦惱極了，他心中如此迷戀著妻子布林希德，但西古德可是自己結盟多年的兄弟，他要如何做選擇呢！古拿此時煩惱極了，後來，他終於下了決定，他心想布林希德是他好不容易得到的美人，天下無雙的大美人，他一心愛著她，如果要他做個決定，他寧可犯下滔天大罪也不願失去她。於是，下定決心的古拿便開始著手殺害西古德的計劃，他找來和自己很親近的弟弟霍克尼，極盡煽動之能事詆毀西古德，他捏造許多西古德的罪狀，試圖慫恿弟弟霍克尼幫助他殺害西古德。

「霍克尼，聽著，你一定要幫我復仇。那可惡的西古德竟辜負了我對他的信任，在他替我向布林希德求婚之際，趁機奪去了她的貞操，他如此背叛結盟兄弟的信任，簡直是不可信任！我一定要殺之而後奏。再說，我們只要殺了他，便可以擁有他那筆龐大的財產及他所領有的土地，這不是一舉兩得嗎？」聽了哥亞古拿的慫恿，霍克尼仍心有猶豫，他說：「可是，古拿，不管如何，西古德可是與我結成盟交的兄弟呀！我們曾發誓，誠信以待，如今我們這麼做簡直是背叛了盟約，這樣的下場一定會自取滅亡的呀！當初，我們喬奇王家如果不是有他的支持，也不會如此興盛，我想，就算是他父親西格蒙王再世，聲望也不見得能超越得了他，我們當初有幸才能找他做我們的結盟兄弟，再說，也是他的大力幫助你才能娶得布林希德爲妻。我不相信他會犯下這種背叛兄弟的過錯！古拿，你千萬別受布林希德的影響，一定是她唆使你殺了西古德以洩憤。古拿，你還是再想一想吧！這樣意氣用事的下場，一定會惹來大禍的！」

可是，古拿早就硬了心腸，決心殺了西古德以留住布林希德，這時，任誰的話都勸不了他了。他眼神定定地望著弟弟霍克尼說：「不管如何，我已經下定決心要殺了他，你再說什麼也沒有用。如果你不願幫助我，我便要求小弟顧特霍幫忙，他年紀還小，思想單純，一定會聽我的話幫我殺了西古德。再說，只有他沒有正式與西古德共飲結盟的酒，正式與他結拜，他一定會聽我這親兄弟的話的！」

「啊！古拿！你的想法太毒了，你竟想利用單純沒心機的小弟。聽著，古拿，不管你將計劃設計得如何巧妙，如何天衣無縫，背叛正直高貴的結盟兄弟西古德一定會有所報應的，難道你真的不怕遭天譴？」

「我不管了，今天不是西古德死，便是我死，我已經沒有別的選擇了。」

霍克尼見哥哥古拿心意已堅，只好答應承諾要幫助他，於是兩人便私下商議殺害西古德的方法。後來，他們決定找來叢林中的野猿肉和蜥蜴肉一起搗碎煮熟，再混在酒中讓弟弟顧特霍喝下去，這樣一來，等酒力一發作，他便會感到心緒急躁而且蠻力大增，這時，他們再輪番慫恿他去殺害睡眠中的西古德。夜裡，他們召來小弟和他一起喝酒，並勸他喝下特製的酒，一切都照計劃順利地進行，顧特霍也聽信了兩個哥哥的慫恿，在酒力大發之際，便嚷著要殺了西古德。

於是，夜正深，天還未明，顧特霍便悄悄地潛入西古德的臥室準備暗殺他，但顧特霍看見沈沈熟睡的西古德卻突然間不敢下手，他驚慌地悄悄退了出去。之後，他在哥哥們的再次慫恿下，又鼓足勇氣來到西古德的房裡，他伸手握在劍柄上，準備拔劍刺殺他，不料，他望向西古德的臉時，卻發現西古德正睜著他閃耀如星般的雙眼凝視著他，這下子可把顧特霍嚇壞了，他手一軟，劍也不敢拔出，便匆匆地逃了出去。最後，顧特霍再次鼓足勇氣，偷偷來到西古德的房間，他看見西古德正沈沈地進入夢鄉，他一咬牙，猛地拔出劍，便躍上床刺殺西古德。

被刺一劍血流如柱，劇痛驚醒的西古德一轉身便順手掄起枕邊的格拉姆寶劍對準刺殺後倉惶而逃的人影用力擲了過去，銳利無比的寶劍急急地射了出去，發出咻咻的聲響，只見寶劍瞬間斬過顧特霍的身體，他的上半身被斬斷掉在地上，但他的兩隻腳卻仍飛快地往門外奔跑。

顧得倫的傷心

原本沈睡在丈夫西古德身旁的顧得倫被這吵鬧聲給驚醒，她猛地睜開眼，卻看見深愛的丈夫浴在血海裡，氣息奄奄，她嚇得大哭出聲。西古德卻沈靜地躺在床上說：「顧得倫，別哭了。這是我逃不過的命運，我知道這一切都是布林希德的意思。她深愛我，但卻一定要置我於死地。命運啊！啊！可憐的布林希德！相信我，顧得倫，我從未背叛過古拿！」西古德語氣微弱、斷斷續續地說著，終於，這個天下無雙的屠龍英雄嚥下最後一口氣，撒手人寰。痛失丈夫的顧得倫抱著丈夫的屍體淚流不止，她知道是布林希德故意設計讓古拿決意殺死她的丈夫。顧得倫面對這無法挽回的慘劇，瘋狂地大哭起來。此時，遠遠在那一頭的房裡靜聽一切動靜的布林希德，在聽見顧得倫呼天搶地的哭聲，臉色瞬間一白，她知道古拿終於順利按照自己的意思殺死了西古德，布林希德呆愣了一會兒，突然發出瘋狂的苦笑聲。他的心願終於得償了，他一生的戀人終於按自己的意思死了，當她的丈夫古拿前來告訴她西古德已死的消息時，只見她平靜地躺在床上。她眼神無波地望著古拿說：「古拿，現在西古德已死，我的心願也算了結。但如今你們一家的運數也到盡頭了，因爲你並未守住當初與西古德締下的盟約，背叛了他的信任，西古德卻至死都不忘守住兄弟之盟。那時，當他化身成你，代你來向我求婚之際，我們雖然共度了三個晚上，同睡一張床上，但他心中卻沒有一刻忘記兄弟的盟約，他執意在我們中間放上他的寶劍，一點也沒有碰觸到我的身體。他是如此忠實地信守著與你的兄弟之誼，而我一輩子心中只有他，現在，他死了，而我連做你形式上的妻子也不願意了，我的心已經跟隨著他了，請你殺了我吧！求求你！」

悲戀的終結

照妻子的意思殺掉西古德的古拿原本以爲布林希德會因此放寬心，重展笑顏，沒想到她卻說出這番叫他大吃一驚的話來。古拿趕緊走上前去，溫柔地抱住妻子的頸項，他深怕她眞的失去求生的慾望，古拿低聲地勸慰她說：「布林希德，請妳快別這麼說，我願意給妳我所擁有的一切黃金和財寶，只要妳有一絲絲求生的意念。我是這樣深愛著妳呀！」但求死心意已定的布林希德根本聽不下去丈夫古拿的話，她只是不斷地沈默著。這時，霍克尼緩緩地走了進來，他對古拿說：「哥哥，我們已經照她的意思殺死西古德，而小弟也因此送了命，我們也付出了不小的代價，她也該滿意了吧！現在，我們是不是該同情一下我們可憐的妹妹顧得倫？」霍克尼話一說完，便拉著古拿一起走出布林希德的房間，留下她一個人。

布林希德等古拿兩人一離開，便喚人將自己所有的黃金及財寶全部搬來，她親自將所有的黃金及財產一一分給身邊的人，對自己貼身款待的人告別，之後，她便拔出一把她使用慣的利刃，對準自己的胸口，用力刺入直至刀柄和刀身整個沒入她的胸口。布林希德倒在雪白的床褥上，不斷噴湧而出的鮮血染紅了白色的床單，不久，她的氣息便越來越微弱。古拿聽到布林希德自殺的消息，飛奔來探視她，她望著一臉焦急的古拿，語氣困難地說：「古拿，現在，我只有一個要求，請你一定要答應我……請你替我和西古德一起準備火葬。在我和他的遺體上用染滿高盧人鮮血的紅色布塊覆蓋住，並將我倆的遺體並放在一起，同時別忘了，將一把出鞘的利劍放置在我們之間，就像那時我們共臥在同一張床時那樣，只有這樣，我和他下輩子才能圓滿有美好的結局，得以以夫妻相稱！啊！西古德！我下輩子絕對不再讓你轉身離我而去，不再讓你當著我的面將門關上。啊！古拿！我該走了，再見。」就這樣，布林希德安祥地闔上了雙眼。

古拿終究還是失去了布林希德，他不忍心違背她最後的請求，於是，他按照古禮將他倆的遺體包裹好，一起放在屍床上，兩人之間置上一把鋒利出鞘的劍。這一對愛恨交纏，卻慘遭命運捉弄的戀人終於如願以償一起同床共眠，彼此相守。熊熊的火焰燃燒了起來，將他們這輩子糾纏不斷的愛恨情仇一起燃盡。火勢越來越旺，終於只剩一縷青煙。

第十四篇　顧得倫的流離

眼見親手足親手殺死自己丈夫的顧得倫，在丈夫死後，天天以淚洗面，什麼事也無法讓她重展笑顏。她每天獨自懷念著與西古德共享的過去，喃喃自語道：「啊！我多麼想念西古德呀！那些擁有他的日子多麼的快樂呀！上天呀！為什麼將他從我身邊帶走的人偏偏是我至親的兄弟？連格拉尼失去了西古德都變得垂頭喪氣，失去了他往日的神氣。如果格拉尼能夠說話就好了，那我更會和牠談談失去西古德的悲傷。」

遠走他國

這樣日復一日下去，顧得倫終於忍受不住觸景傷情的悲痛，有一天，她偷偷收拾了行囊悄然出走。她離開了王宮，獨自穿越王宮附近的密林，夜裡，四處一片漆黑，遠處傳來陣陣野狼的嗥聲，但顧得倫卻一點也不畏懼，她的內心此時被悲傷整個佔領了，對她來說，死反而是一種解脫。她走著走著，不知不覺來到了丹麥王的領地，如今老王已死，由阿爾夫繼位。顧得倫來到丹麥王的宮城裡，見到了阿爾夫及公主德拉，後來，她便在公主德拉（Thora）的庇護與照顧下，在丹麥國住了下來。

顧得倫在這遠離家鄉的國度，整日以刺繡消磨時光，她以精巧的手藝在錦布上繡出亡夫西古德生前立下的功業，西古德的寶劍、寶馬、甲冑及遠征時所搭乘的船隻……雖然如此，顧得倫仍是沈浸在過去的回憶裡，一點也不能從丈夫的死亡中解脫出來，她的內心仍是無比的悲苦。她對於兄長的罪惡及內心刻骨銘心的恨，使她寧可長期流浪在外也不願返回家鄉。就這樣，她在丹麥國一下子便度過了七年的歲月。

終於，七年後，她的母親顧林希德和兄長古拿、霍克尼一齊尋到她棲身的地方來。他們一行五百人，個個騎著披著戰甲的駿馬，頭盔上裝飾著華麗的珠寶，浩浩蕩蕩地來到阿爾夫的宮城來見顧得倫。顧得倫見到千里跋涉來找尋她的母親和兄弟，神色十分冷淡。儘管他們說盡了好話，勸她回去，她卻一句也聽不進去。她心中仍記得是母后顧林希德惡意地製造悲劇，而她的親兄弟們則聯手殺死她的丈夫。

王后的野心

但是，顧林希德此行可是有備而來，她知道顧得倫絕對不會輕易就範，於是，她早就準備好一份特製的遺忘魔酒，這魔酒具有極強烈的遺忘魔力，材料有樹血、燒焦的堅果、荒野中的墨露、被神處死的野獸腸子及腐爛的野豬肝等等可怕邪惡的東西。顧林希德將遺忘魔酒盛在一只角杯上，角杯上刻有鮮紅奪目的神秘的魯涅咒文。

顧林希德將角杯推給顧得倫，殷勤地勸她喝下去，顧得倫推卻不了，只有將酒喝了下去，剎那間，酒中的魔力發作了，顧得倫的心情頓時開朗了起來。她還記得丈夫西古德的死，但她卻將對兄弟及母后的恨給忘得一乾二淨，她忘了是母后和兄弟的罪惡讓丈夫慘死。魔力發作之後，顧林希德便殷勤地向女兒說道：「顧得倫呀！妳離家這麼多年了，我們好不容易才找到妳。妳看，我這次給妳帶來好多好多的黃金和財寶。除此之外，我還特地為妳準備了價値無比的指環和芬國少女用的美麗髮飾。看看，這些都是為了補償妳的損失。孩子，聽話，跟著我們走吧！只要妳願意，妳可以享有無比的榮華富貴。只要妳一點頭，妳便是擁有無比威勢的阿特利王的王妃了，想想看，這麼一來，他擁有的一切光榮也屬於妳的了！顧得倫，清醒些吧！妳得為自己多想想！」

顧得倫沒想到母親突然說出這番驚人之語，她大驚道：「嫁給阿特利王為妃？不！母親，我至死都是西古德之妻，我現在心目中仍是懷念著他，母親，妳為何突然做這個決定呢？不！我不願再嫁他人！」

「傻孩子，這麼多年過去了，妳為何還要固執地為一個死去的人思念不已，守活寡呢？妳私自離家多年，遺棄父母和家人兄弟不顧，妳不覺得太狠心了嗎？總之，我今天不管如何都要妳好好地聽我的話，答應我嫁給阿特利王為妻。妳聽媽媽的話準沒錯。」

「但，母親，我心中一直深深惦記著西古德，我這輩子只愛他，就算他已經死了，我仍然只認他為我今生唯一的丈夫！求妳別逼我嫁給別人了。」

「不！我不容許妳這麼做，這輩子，妳的命運已不容妳作決定。現在，嫁給阿特利王是妳不能更改的命運，別再多說了！」

「啊！母親！我最後再次請求妳，請妳放棄逼我再嫁的念頭，妳要明白，如果我嫁給阿特利作妻子的話，一定會給我們家族召來大禍的，請妳一定要三思而後行！」

「妳給我閉嘴！我才不相信妳故作神秘的不祥預言，妳的命運已定，任誰也無法再改變了，妳就等著作新娘子吧！」顧林希德此時已失去耐性，不再裝作溫柔和藹的樣子，她不容女兒反抗她的決定，露出她兇殘的本性對女兒厲聲斥責。

可憐的顧得倫，面對母親的怒容，遭遺忘魔酒作祟的她，再也無力反抗，她無言的垂著淚，好半晌才悲哀地說：「好吧！母親，縱使我心中千般萬般不願意，內心無限悲苦，可妳既然如此堅持，我也只好從命！哎！我的命好苦！」說完，她的淚又忍不住地流下來。顧林希德聞言，心中大喜，她趕緊打鐵趁熱，催促女兒趕快收拾行李，以便早日出發上路前往阿特利宮城。

無奈的顧得倫只好含著淚強打起精神來收拾行李。待大夥都整裝好後，顧林希德便興高采烈地向丹麥國的人辭行，之後，便迫不及待地帶著女兒和一行人急急趕回阿特利的王城去。他們趕了四天整的陸路，之後又走了四天的海路，最後又是四天奔波的陸路，終於，他們到達了阿特利王豪華宏偉的宮城。

不情願的新娘

當顧得倫一行人抵達宮城時，城門前那座高聳入雲霄的城塔上擠滿了許多聽到新王妃到達的消息的男女老少，他們全擠到這城塔上，好奇地搶著看這以美貌聞名的公主。顧得倫在眾人的歡呼聲中進了王城，阿特利王十分殷勤地招待她和她的家人們，不久，一場盛大的婚宴展開了，顧得倫身不由己地成了阿特利王不情願的新娘。大婚之後，顧林希德和兩個王子帶著一行人返回尼布龍根國。而顧得倫雖已成爲阿特利王的妻子，但她的內心早就封閉起來，她臉上鮮少有笑容，對阿特利王也一向有禮而冷淡，她的心中一直沒有忘記深愛著的西古德。

時光流轉，幾年的光陰流逝過去了。顧得倫和阿特利王的婚姻依舊冷淡，即使顧得倫先後爲阿特利王生下兩個王子也沒有化開她心中的心結，這麼多年下來，她沒有嘗試去接受她的新丈夫，只是聽天由命地接受自己身不由己的命運。而阿特利王，當初決定迎娶顧得倫時，也是心中另有盤算。他早打好算盤，心想娶了顧得倫後，他便有機會打探她之前的丈夫西古德生前所擁有的龐大寶藏，也就是那筆傳說中價值無數的「安特法利的黃金」。他想顧得倫既然嫁給西古德爲妻，那麼她必定知道那筆財寶的下落，如今，那財寶不在她手中，必定是在她的哥哥古拿和霍克尼手中了。

阿特利王是一個又勇武又有謀略的國王，在當時是威勢最強大的君王。他心思一向細密，他在娶得顧得倫之初，並不敢冒然向顧得倫打聽，怕她知道自己的野心，這些年下來，日子久了，他便不再那麼小心仔細，逐漸顯露出他的野心。他找來自己忠心的家臣們，一起商討奪取西古德遺產的對策，他推想，現在那財產一定是由古拿和霍克尼保管，他得想個法子將他們兩個一起騙來，再好好地逼問那財富的下落。他想好對策之後，便決定派遣一名叫芬奇（Vingi）的勇士擔任使者，前往尼布龍根國邀請古拿和霍克尼來參加特地為古拿新登位所舉辦的盛大聚會。

顧得倫心中早就疑心丈夫心有不軌，她聽到阿特利王要邀請哥哥們來參加聚會，心中警鈴大作，她知道阿特利王一定是故意設下陰險的陷阱，騙兩個哥哥們前來，再下毒手。她心中著急極了，絞盡腦汁想想個天衣無縫的方法好及時警告哥哥們，讓他們有所警覺，打消受邀來訪的念頭以躲避一劫。她苦思良久，終於讓她想到一個好方法，她脫下手指上長期戴著的金指環，仔細刻上用魯涅文字寫上的警告訊息，然後再附上一束狼毛，一併交給使者要他親手交給哥哥們。她想，這樣一來，哥哥們一看見戒指上的文字和警惕用的狼毛，便能明白她苦心的示警了。她將事情辦妥後，便忐忑不安地向上天祈禱她的示警能成功。

然而，沒想到和顧得倫派遣的使者一起乘坐同一艘船的武士芬奇，卻在臨抵達尼布龍根國前，偷偷地讀了那金指環上的文字。原來，芬奇能讀得懂魯涅文字，他得悉了顧得倫的示警，便偷偷地將那金指環上的文字磨平，之後，再逕自改刻上用魯涅文所寫的歡迎辭。他將一切辦妥之後，再神不知鬼不覺地將戒指偷偷放回去。

終於，使者一行人來到了古拿的王邸，芬奇見到古拿，便走上前殷勤有禮地說：「古拿王，我是阿特利王特地派來向你祝賀你的登基的使者，我王衷心期望你能訪問敝國，我王特地為你準備了一場極盛大的祝賀邀宴，他將在宴會上致贈你寶貝的甲冑、銀盾、寶劍、名馬及大批精兵及領地以祝賀你並表達他的敬意。再說，你的妹妹顧得倫王妃也十分掛念久未謀面的兄長們，她也致敬歡迎你們的訪問。」

新登基的國王古拿對於阿特利王如此熱情的邀約及大方的賀禮心中不由得起疑，他聽了使者芬奇的話之後，將一向和自己親近的弟弟霍克尼拉到身邊來，偷偷地和他商議道：「霍克尼呀！你是否也覺得奇怪呢？阿特利王說要把財產及領土分給我，如此大方的舉動實在令人起疑，再說，我們尼布龍根國如今也強大富足，那筆巨龍的財產早就成了我們的財產，現在對我們而言，黃金、甲冑、寶馬等等根本就不算什麼了呀！我看他是別有用心吧！」

霍克尼聽了點點頭低聲回答道：「是呀！我們的確得小心些，他的心意究竟是什麼呢？再說，你有沒有注意到妹妹顧得倫交由使者送來的金指環上還附上一束狼毛？那大概是警告的意思吧！她是否是警告我們此行有危險，要我們不要應約前去？」

立在一旁的使者芬奇見到古拿和霍克尼兩人低聲地商議，臉上神色有異，他生怕古拿和霍克尼不願應邀前往，他心急之下，連忙接著說：「古拿王和霍克尼王啊！不瞞你們說，我王這回會如此殷勤地邀約你們，並致上豐富的賀禮，實在是因為他的年紀大了，而膝下的兩個王子又是如此年幼，他怕威勢不保，才會想要和你們結盟，將領土和財富分給王妃的兄長們，這樣一來，力量便更加強大了，這便是我王的苦心呀！」

危險的示警

這天晚上的酒宴，大家各懷心事地喝酒吃飯，宴筵很晚才散去。霍克尼喝得很醉，當他拿著妹妹顧得倫的金指環回到房裡時，他已經醉得有些迷糊了。他將金指環交給在房裡焦心等待消息的妻子柯絲貝拉（Kostbera）後，便躺在床上呼呼大睡了。柯絲貝拉接過那枚刻有文字的金戒指，就著燭光仔細地閱讀那上頭刻的魯涅文字，她仔細地研究推敲，發現那上頭刻的魯涅文字中夾有錯字，她心中立即起疑，她心想以顧得倫的學養一定不可能犯下這種錯誤的。她再仔細瞧，赫然發現這文字的下面彷彿另有一段微微隱現的字句，她仔細研究那隱現的字句，發現那彷彿是示警的句子。這時，她恍然大悟，這上面這段夾有錯字的歡迎詞並不是顧得倫本人刻的，另有其人假造了這段句子以抹去她的示警。柯絲貝拉心中大驚，她趕緊搖醒睡得迷迷糊糊的丈夫霍克尼，將發現的事情一五一十地告訴他，並極力勸阻，要他和古拿拒絕前去赴約，以免釀下大禍。但霍克尼大概是喝得太醉了，他沒把妻子苦口婆心的勸告放在心上，躺回床上又呼呼大睡了。

隔天早晨，古拿和霍克尼在使者芬奇鍥而不捨地勸誘下，終於決定前去赴約。雖然他們心中仍不免有疑慮，但在盛情難卻下，他們還是整裝出發了。柯絲貝拉知道自己再說什麼也改變不了丈夫的決定了，她只好蒼白著一張臉，隨著丈夫一行人到海邊送行。這次遠行，是一趟有不祥預兆的旅程。尼布龍根國的百姓都隨著王妃一起到海邊，百姓們紛紛落下眼淚，哭著送行，四周密佈著一抹悲傷和不安的氣氛。大家極力試著要阻止古拿和霍克尼的出行，但終究無法挽留住去意已堅的他們。

霍克尼臨行之際，轉身對著神色悲傷的妻子柯絲貝拉柔聲地說道：「柯絲貝拉，我們這一去無論遇到什麼，都是命運的安排，請妳不要感到悲哀！」柯絲貝拉聽到丈夫這番如遺言般不祥的話，心中難掩傷感，掩著面哭泣了起來。

終於船揚起了風帆，很快地順著風駛離了大夥送行的海港。船隻漸行漸遠，如疾風似地向東方疾行，一下子便駛進北風洶湧的波濤中，成了一點點白色的影子了。

不歸的旅程

古拿和霍克尼一行人和阿特利王派來的使者在海上航行數日之後，終於來到了阿特利王所統治的匈奴國。到達匈奴國的國境後，他們又改騎馬走陸路，穿過一片茂密的森林之後才來到阿特利王的王宮。他們一到王城的城門前，就聽到不遠處傳來的搖旗吶喊聲，不久，他們抬頭往上一看，赫然發現城牆上、城門上，皆大軍密集，上頭並掛滿了旗幟，那軍隊的吶喊聲越來越大，後來，似乎連大地都震動了起來。一下子，阿特利王的軍隊便團團將古拿和霍克尼一行人給包圍住了。霍尼克知道自己已經中了敵人的詭計，千里迢迢來赴一場惡意的約會，他恨恨地咬緊牙根，喚來自己的部下們，安排他們的部署，之後，他自行領兵率先往阿特利的王城門衝殺去。使者芬奇見自己已經達成了任務，臉上露出得意的笑容，他譏諷地對霍克尼說：「哈！你此時再做什麼都只是垂死的掙扎罷了，你率兵進攻根本是飛蛾撲火之舉，你瞧瞧他們都把絞刑台準備好了，不久，你們一個個都會被吊上絞刑台，一個也逃不掉。看吧！如今，我們的軍隊已團團將你們包圍住，你們還是儘早棄械投棄吧！」霍克尼聽見芬奇這番譏笑，心中怒火中燒，他忽地掉馬轉頭，冷不防地往芬奇頭上重重一擊，他怒喊道：「這是你陰險陷阱的報應！」只見芬奇的頭骨瞬間應聲而裂，倒在地上氣絕而亡。

霍克尼整好軍隊，準備作一場殊死戰。此時，阿特利王站在高高的城牆上往下大聲喊道：「古拿與霍克尼，你們來得正好，現在趁你們還沒喪命前，將那筆安特法利的黃金趕快交出來，那筆西古德所遺留下的財產本來就該屬於我的妻子顧得倫所有！快！快將那財富的藏處說出來！」

古拿聽了阿特利王的問話，冷笑幾聲，輕蔑地回答說：「哈！叫我獻給你，你想得美！我們將那筆財寶給藏在連魔鬼都找不到的神秘地點了，你這輩子休想找到它！」

阿特利王氣得大喊：「你不知情的殺害與自己結盟的兄弟，謀奪了他的財富，我的妹妹布林希德也被你一家子的毒計給害死，一輩子得不到幸福，今天，這筆帳終於可以清算了。」阿特利王說完，便示意下令弓箭手發出攻擊，頓時箭如雨下。

手足情深

此時，得知消息的顧得倫已匆匆趕至城門，她一看見在箭雨中的兄長，立即脫下身上華麗的長袍奔出城門，趕至他們身邊。她挨近哥哥們身邊，焦急地問道：「你們怎麼還是趕來了呢？我不是已經暗示你們此行是設下的毒計，你們爲什麼不聽我的警告，還是來了呢？哎！現在說什麼都太遲了，只能先設法讓你們活命！哥哥呀！你們究竟有沒有求和之意呢？是否願意交出西古德的財富以求得生存呢！如果有的話，我這就去向阿特利幫你們講和！」顧得倫說完，定定地望著古拿兩人，等待回答，但他倆不約而同地都搖了搖頭：「不！事到如今，不是阿特利死，便是我們死，我們寧死也不願求和，我們已經沒有退路了，只有一戰到底了。」

顧得倫聽到哥哥們的回答，知道事情已經沒有轉寰的餘地了，她心中明白兩方兵士懸殊太大，哥哥們根本不可能有半點獲勝的機會，她沈默了半晌，便慨然地說：「好！哥哥們，既然如此，我便和你們一同作戰，要死，大家一起死吧！這也許便是我們喬奇家的命運。」顧得倫飛快地轉身衝回城裡，披上她的甲冑，手持著長劍，騎著馬回到哥哥的陣營中，誓死和哥哥們並肩作戰，同生共死。

一場激戰下來，城前戰死的軍人屍體堆積如山，鮮血染紅了廣場，喬奇軍只剩下少數身受重傷的軍力，古拿已經被俘，霍克尼仍揮舞著長劍奮勇殺敵，他殺死了二十名勇士，如今仍奮力地作戰，不願投降。阿特利軍也損失不小，阿特利王心腹的二十五名勇士，在這場激戰中損失了十九名。阿特利王一怒之下，派出更多的軍隊來支援，生力軍如潮水般湧了上來，霍克尼面對龐大的軍力，終於力竭被俘。

霍克尼被拖到城內阿特利王的面前，阿特利王對著被推到地上的霍克尼厲聲喝道：「為了你的頑強抵抗，我喪失了多少心腹勇士的生命！我一定要把你的心給挖出來洩恨才行！」

然而，霍克尼聽了神色不變，他冷靜地說：「我今天既然落在你的手裡，要殺要剮隨便你！」他的臉上沒有半點懼色。

這時，王妃顧得倫的一位心腹家臣見勢趕緊上前化解霍克尼的危機，他對在氣頭上的阿特利王說：「我的君王啊！我看這人過些時候再行刑吧，也許還可以從他口中套些話出來呢！我們之前有被判死刑的奴隸到現在都還沒有行刑，不如今天就先處死他吧！」阿特利王一聽他的諫言，決定先將霍克尼關進大牢中，於是霍克尼得以暫時免於一死。

急於找出寶藏地點的阿特利王，命人將古拿押上前來，迫切地逼問他黃金的藏處。但卻他怎麼也沒料到成為階下囚的古拿仍一臉鎮定，漠然地說：「要我說出黃金的藏處可以，但在那之前，我要親眼看見染著鮮血的霍克尼的心臟才行！」阿特利王聞言心中一驚，呆愣了半晌，之後才命人去取剛處決之人的心臟前來，並告訴古拿他將呈上霍克尼的心臟。原來，阿特利王意欲以剛處決的奴隸雅利的心來矇騙古拿，好誘使他說出黃金的藏匿處。

不一會兒，阿特利王家臣呈上雅利鮮血淋漓的心臟，並騙古拿說這是霍克尼的心臟。沒料到古拿趨前一看，便露出一臉鄙夷的神色，他用力將面前的心臟一把推開說道：「這肯定不是霍克尼的心臟，而是某個貪生怕死的奴隸吧！這人肯定是個怕死的膽小鬼，你瞧，他的心到現在仍然不停地顫抖著，可見他被處決時有多麼地害怕。我的兄弟霍克尼絕不是這樣的人！」

阿特利王萬萬沒想到自己的伎倆一下子就被拆穿了。逼不得已之下，他只好命人去大牢中押出霍克尼，將他的心臟活生生地挖取出來。勇敢的霍克尼果然是個了不起的英雄，他活生生地人剖開胸膛取出心臟而亡，在這之間，他卻連呻吟一聲也沒有，反而從頭到尾含笑而亡，這樣勇敢從容的氣魄就連處決他的匈奴人都不禁由衷佩服。古拿仔細注視著在他手上血淋淋的心臟，悄悄地嚥下悲傷的眼淚說：「霍克尼！你眞是了不起，果然是我的親兄弟，即使承受如此大的痛苦，你仍然半點顏色都不變。現在你死了，我便放心了，這樣我便不必耽心你爲守密而承受拷問的折磨。」

古拿望著霍克尼的心臟低語一番之後，便從容地轉向阿特利王說：「阿特利呀！你到底是打錯如意算盤了，現在，霍克尼已死，我再無後顧之憂，我是決不會將藏寶地點告知予你的。與其將那批財寶交給你這無恥的匈奴，我寧可讓它永遠受萊茵河的支配。你死了這條心吧！現在，知道尼布龍根財寶的只有我了，而我是永不再開口了。哈！哈！阿特利，你是怎樣也沒料想到這樣的結局吧！」古拿仰天大笑兩聲，之後便緊閉雙唇，不論阿特利王如何逼問，他再也不開口說一個字。

阿特利王見自己的苦心功虧一簣，心中十分惱恨，他用盡了各種方法都無法使古拿開口，一氣之下，便命人將他縛住雙手，押入一間關著上百條巨大毒蛇的石牢。漆黑陰森的石牢中，天花板上、地上和四周的牆壁上都爬滿了巨蛇，蛇群吐著蛇信，發出令人毛骨悚然的聲音。石室中四處佈滿蛇群身上的磷光，呈現一種詭譎的景象。雙手被縛的古拿站在石室中央，四面八方的毒蛇紛紛往有人體溫度的地方爬來，眼見就要逼近古拿了。

這時，聽聞哥哥古拿被押入毒蛇牢中的王妃顧得倫匆匆帶著一架豎琴趕來，她將豎琴放到古拿腳邊，示意要他彈奏豎琴以用樂音催眠毒蛇。古拿伸出腳將豎琴搆到身旁，用他的腳趾代替雙手彈奏起美麗的琴聲。剎那間，一群群由四面八方爬過來的毒蛇全被琴音給迷惑住了，不一會兒便紛紛陷入沈睡。但是，其中卻有一條毒蛇，不知爲何怎麼都不被古拿的琴聲給催眠，反倒一直向古拿爬過來，最後牠爬到古拿身邊，張口朝古拿的心口一咬，古拿的全身逐漸變成紫黑色，蛇毒已經蔓延至他的全身，不久，古拿便中毒而亡。尼布龍根財寶的秘密便從此隨著古拿長眠，世人再無法得知它的藏身處。

家仇必雪

可憐的顧得倫眼睜睜地看著自己的丈夫阿特利王爲取得尼布龍根的財產而殺害了自己的親兄弟，心中十分悲憤，她原想自殺隨兄長而去，但她轉念一想，如此放過殺害兄長的仇人她又豈能甘心，於是她下定決心非親自報了這殺害兄長之仇不可。阿特利王雖然一心想彌補自己的過錯，安撫悲憤不已的王妃顧得倫，但她卻難忘他的殺兄之仇，她含著淚斥責他說：「你如此殘酷地不顧我的央求，當著我的面殺害了我的兄長，有一天，你一定便後悔你所犯下的罪行的。我今生絕不會忘了你的殘忍與血腥，只要我活著的一天，你便是我顧得倫的仇人。你等著，我一定要叫你付出代價！」

阿特利王看著王妃顧得倫眼中迸發的仇恨，他知道自己的行爲深深傷害打擊了她，於是，他壓下自己的脾氣，耐著性子柔聲地勸她說：「顧得倫，我知道我傷害了妳，但現在一切都已經過去了。請妳忘了仇恨和過去，和我重新開始吧！我願盡最大的努力補償妳，妳要什麼，我都願意給妳。」阿特利王心想他可以用財寶來挽回王妃的心，消弭她心中的仇恨。在他一次又一次的勸撫下，王妃顧得倫終於收起眼淚，平靜地向阿特利王說：「算了吧！女人本來就是無奈的弱者，到頭來也只能順著男人了。現在，我的親人都不在人世了，我也只有剩下你了。就請你爲我哥哥們舉辦一場盛大的祭典，以安慰他們在天之靈吧！這樣一來，我便願放下心中的仇恨，和你重歸於好。」

阿特利王見王妃終於願意放下仇恨，心中非常欣慰，一洗多日來的憂慮。但他萬萬沒料到顧得倫心中卻有另一個殘忍的復仇計劃，她心中的仇恨未消，反倒更加強烈。當天晚上，她趁丈夫阿特利不在時，將自己和阿特利所生的兩個王子喚到跟前來。這兩個天眞稚幼的小王子原本一起在王宮大廳玩耍，一聽到母親顧得倫的呼喚，便相偕跑到她的面前來。他倆一邊喘著氣，一邊仰著面天眞地問道：「媽媽，有什麼事嗎？」顧得倫神色複雜地望著自己親生的兩個孩子，伸手將他倆攬在自己身旁，她柔聲地對他們說：「來，孩子們，不要怕。你們必須死，等媽媽復了仇之後，便馬上隨你們來了。」她一把將孩子們抱到自己膝上，用短刀割斷了他們的脖子。鮮血瞬間染紅了她的衣服，顧得倫義無反顧地望著手上的鮮血，仇恨沾滿了她的心，此刻她已無心想及其他了。

當晚，她特地盛裝與丈夫共度晚餐。阿特利王見王妃終於肯與自己和好，並共用晚餐，十分高興。顧得倫席間不斷地爲他佈菜佈酒，自己卻一口也沒動。阿特利王因心情愉悅，胃口大增，在王妃的勸酒菜下，開心地享用了豐盛的一餐。顧得倫從頭到尾只是盈盈的笑著，話也不多說。用餐完畢，阿特利王突然想起整晚沒看見自己疼愛的小王子們，於是問王妃說：「咦！孩子們呢？怎麼整晚不見他倆？」

顧得倫收起笑容，冷冷地注視著丈夫疑惑的臉靜靜地說：「讓我告訴你，好教你高興一下吧！你殘忍地殺害了我的兄長，滅了我們喬奇家，讓我陷入無底的痛苦深淵。現在，我也要叫你嚐嚐痛失親人的滋味！告訴你吧！你已沒有孩子了，今晚，你正喝下混有他們鮮血的酒，吃下用他們的心臟烤成的肉串，而他們的頭顱正盛在盤中，你自己睜眼仔細瞧瞧吧！」

阿特利王一聽，嚇得把手中的杯子都打翻了，他顫抖地說：「我不相信這世上竟有妳這樣可怕的女人！妳竟然忍心親手殺害自己的親生孩子，將他們烹煮成菜餚，調成酒，再矇騙他們的親生父親吃下去。妳眞是一個比毒蛇猛蠍還要狠毒的女人啊！爲了仇恨，妳竟可犯下如此的惡行。」阿特利王說完，感到一陣噁心，晚餐吃的東西全都快吐出來了。他單手扶著餐桌，無限悲哀地怒吼著：「顧得倫，妳就如此恨我，非要叫我飽受痛苦、發瘋發狂才行嗎？來吧！來殺我吧！用火烤我吧！我已經痛苦得無法自拔了。這樣妳還不能滿意嗎？」關於孩子們的回憶一幕幕湧上阿特利的心頭，一陣翻湧下，他勉強拖著沈重的腳步，蹣跚地走回自己的臥房。

顧得倫喚來霍克尼的兒子——尼布龍古（Nibelung），叫他隨著自己走到阿特利王沈睡的臥房。顧得倫走近阿特利王，拔出貼身帶著的短刃，毫不猶豫地刺進了他的心臟，顧得倫終於如願報了家仇，如今她的心願已了，她趁夜深人靜便放了一把火焚燒王宮。等城中的人被火勢驚醒，已經來不及撲滅大火了。阿特利王死了，他的兩個小王子也死了，王宮成了烈火下的灰燼。權傾一時的布德利王族，在顧得倫堅決的復仇之心下，就這樣走到盡頭。

而喬奇家最後一個族人——顧得倫在復了仇——之後，找到自己在前夫西古德所生的女兒——史梵希德（Swanhind），帶著她一塊離開阿特利王城。史梵希德遺傳她父親西古德一雙炯炯的眼神，目光清澈，尋常人都不敢正視她的雙眼。同時，她和母親顧得倫一樣，是個天生的美人胚子。顧得倫和史梵希德離開大火熊熊燃燒的阿特利王城後，相偕來到一個寧靜的海邊。顧得倫如今心如死灰，求死之心已決，她撿了許多石頭抱在身上，和史梵希德緊緊相擁在一起，從容地跳下海去。

然而，或許她們兩人註定命不該絕，一陣又一陣洶湧的海浪把她母女倆捲上海面，幾番輾轉，送到約納克（Jonakr）的領地上來。約納克王的家臣發現了顧得倫母女，見她倆衣著高貴，便將她們送進約納克王宮中稟告情形，顧得倫母女在約納克王吩咐侍女用心照料下，漸漸恢復神智及健康。約納克王一看見美麗絕倫的顧得倫就愛上了她，決心迎娶她爲王妃。

顧得倫大難不死，心中的仇恨已消，她見約納克王如此眞心對待她和女兒史梵希德，心中非常感動，她念轉一想，也許是上天要她好好活下去，更何況要史梵希德陪她一起犧牲性命也並不公平。在一番考量下，她答應了約納克的求婚，從此與史梵希德在約納克國居住下來。

美麗的原罪

顧得倫和約納克王的婚姻十分和諧幸福，約納克王一如當時的允諾珍惜寵愛著顧得倫。婚後，顧得倫爲約納克王生了三個王子：海姆迪（Hamdis）、塞爾利（Sorli）和愛爾夫（Elf）。史梵希德和這三個同母異父的弟弟一起在宮中長大，感情十分融洽。

幾年過去，史梵希德出落成一個大美人，美麗一如其母顧得倫，她清澈如星的雙眸更是教人目眩神迷。史梵希德的豔名遠播，一個名叫葉夢雷（Jormunrek）的強國國王也聽聞了史梵希德的豔名而心動不已。他決心要娶到這世上無雙的大美人爲妃，於是他喚來自己年輕的兒子藍得飛

（Randrer），將自己的心意告知，要他去約納克國作求婚的使者，爲自己迎娶回美麗的史梵希德。

「兒子呀！你和我忠心的顧問官畢奇（Bikki）一起動身前往約納克國去吧！據說，王妃顧得倫與她的亡夫西古德所生的公主史梵希德是個天下無雙的大美人，她遺傳了她的父親西古德王的一雙明眸，是難得一見的美女。我決定娶她爲妃，你可願替我親自到約納克國求婚？我只能將此重任託付給你了，你可別辜負了我的期望。」

年輕單純的藍得飛王子答允了父親的請求，承諾一定將事情辦妥。他帶著求婚的重禮，在一群隨從和顧問官畢奇的陪同下，動身出發到約納克國。幾經辛苦的跋涉，藍得飛王子一行人終於來到約納克王城。藍得飛王子一見到約納克王立即稟明來意，約納克王一聽是強大的國王葉夢雷要迎娶史梵希德爲妃，心中歡喜異常，他心想能與如此強大的國家結盟是自己的榮幸。他殷勤地款待藍得飛王子，並喚來公主史梵希德。

藍得飛王子一見美麗的史梵希德便立刻被她那無比的容顏和清澈的明眸給震撼住了，久久說不出一句話來。王妃顧得倫聽說了這門婚事十分反對，但約納克王卻急於與葉夢雷王結盟以增加威勢，因此不顧王妃反對，執意答應了這門婚事。他認爲以王妃顧得倫的婦人之見根本無助於政治。

史梵希德在約納克王的允婚下，帶著許多隨從和藍得飛王子一同搭著豪華的大船，風風光光地渡海前往葉夢雷的國土。王妃顧得倫雖不同意此門婚事，卻也只能無奈地目送女兒離去。

航行中，一心陷害藍得飛王子的顧問官畢奇心中浮現一個狠毒的詭計。他見王子年輕單純，便蓄意慫恿他道：「王子啊！史梵希德公主眞如傳言般美麗無比。但她如此年輕貌美若是嫁給年紀老邁的國王豈不是太可惜了嗎？這如花般的公主，若是做王妃，也該是你的王妃才對，你想想，你倆才貌相當，年紀相若，正是一雙天作之合的璧人。哎……你說可不是嗎？」

單純的藍得飛王子靜靜地聆聽著，一言不發，他看著自己爲父王迎娶來的美麗公主，心中百般無奈。漫長單調的航行中，王子殷勤地款待公主，而史梵希德也以禮相待。他倆心中都明白自己無法改變既定的命運。

這一切心懷不軌的畢奇都看在眼裡，他一心想陷害年輕單純的王子和美麗善良的公主。他倆的純眞善良打動不了畢奇邪惡殘忍的心，一幕悲劇在他的主導下即將上演。

終於，他們一行人來到了葉夢雷王城，期待美人史梵希德已久的葉夢雷王高興極了，他心想自己終於要看見那美麗的新娘子了。這時，顧問官畢奇急急搶先趕進宮謁見國王，進讒言說：「我的陛下，我特地趕來爲您帶來一個驚人的消息，我知道您聽了也許會很不高興，但我身爲您忠心的僕人又不能知情不報。我很遺憾自己不能早點阻止憾事發生，如今既然醜事已經發生，我又不能違背自己的良知隱瞞實情不報。哎！這眞叫我十分爲難呀！我的陛下呀！我實在不忍心見你被欺騙。是這樣的，在這漫長的回程中，王子情不自禁愛上了美麗的公主史梵希德，他並且得到了史梵希德公主的心，現在公主的身心都屬於王子的了。說，他倆做出這樣對不起你的事，是不且該處罰以示眾？」

葉夢雷王在畢奇有心挑撥的加油添醋下，頓時怒火中燒，怒不可遏。他一想到自己的兒子竟玷污了自己期盼已久的新娘，便無法壓下滿腔的妒火，他狂怒地吼道：「這大膽無恥的叛徒，竟敢犯下如此的惡行！快！快！快把藍得飛抓來，我要活活吊死他以示眾！」畢奇見自己的計謀終於得逞，心中很得意，他以前也曾多次向國王進讒言，但卻沒有一次如此成功煽動國王過。

可憐的王子因此蒙上不白之冤，他此時才明白自己中了畢奇的奸計，受到畢奇的陷害。他手中握著一把自己從自己的愛鷹上拔下來的一束鷹毛，被人拖到絞刑台前，藍得飛王子握著鷹毛對親自來看他行刑的父王，憤恨不平地說：「父親，你損傷了自己兒子的清白，正如我拔下愛鷹身上的羽也。你要三思而行，莫受奸人所惑！」

然而，葉夢雷王滿心妒恨，根本聽不進兒子的話。畢奇此時更不容葉夢雷王有任何思考後悔的時間，他一聲令下，命人立即行絞刑，絞死含冤莫白的王子。王子一死，畢奇又想到現在只剩史梵希德可以證明他們之間的清白，於是，他打鐵趁熱，又緊接著對被妒恨矇敝雙眼的國王說道：「陛下，王子一死，史梵希德定會伺機復仇，爲了避免有後患，我看您還是趕快將她處死吧！」此時的葉夢雷國王已完全失去主張，便任畢奇出主意。

可憐的史梵希德被畢奇令人將她雙手縛住綁在王城門前的一根橫柱上，再命人趕來一群激怒狂奔的瘋馬，打算讓她在亂馬的蹄下慘死。史梵希德自知心中無愧，她睜著一雙比天上星星還亮的明眸直視著狂奔前來的馬群。原本發狂猛奔的馬匹一跑到她的面前，看見她那雙晶亮的明眸都嚇得猛止住腳步，不住後退，紛紛立起前腿猛踢，一步也不敢再往前往史梵希德身上踩過去。

眾人見此奇景都愣住了，只有畢奇仍不死心地硬要置史梵希德於死地。他自行去找來一個布袋，逕自往史梵希德頭上罩去，再快速走開。瞬間奇蹟消失了，原本被震懾住的馬群又發起狂來，一匹匹往前狂奔，踩踏過史梵希德，這個舉世的美人就這樣在奸人所害之下，慘死於亂馬蹄下，連一個完屍都沒有。如果說美麗有錯，她的美，的確給了畢奇一個最好的理由。

第十五篇　劃下悲劇的句點

藍得飛王子被絞死，史梵希德接著被綁於城門慘死於馬蹄下的消息不久便傳至約納克王城。史梵希德帶去的隨從有一些僥倖逃過畢奇的毒手，潛逃回宮將史梵希德受奸人所害的隱情一五一十地告訴顧得倫王妃。

痛失愛女的顧得倫忍不住放聲大哭，她不甘心自己的女兒史梵希德就這樣含冤而死，於是她召來三位王子—海姆迪、塞爾利和愛爾夫。顧得倫含悲地對他們說：「相信你們都聽說了史梵希德的不幸。你們自小與她一起長大，雖然你們是與她不同父親的姊弟，但情感之深是大家深知的。現在，她被奸人所害，慘死在亂馬蹄下，你們難道忍心就此讓她含冤莫白嗎？我相信只要你們具有你們的舅父古拿和霍克尼的勇氣，就一定會奮勇地去為史梵希德復仇並洗刷恥辱的。孩子們，你們願意親自去替史梵希德報仇嗎？」

海姆迪和塞爾利在母親一番充滿淚水與辛酸的勸說下，頓時熱血沸騰，不約而同地齊聲答應要即刻前往史梵希德喪命的葉夢雷王城去替她報仇雪恥。相對於兩位哥哥的慷慨允諾，小王子愛爾夫只是靜默在一旁，一言不發，對於復仇一事，不表示贊同也不表示反對。顧得倫心想愛爾夫是不願冒險去復仇，因此也不再勉強鼓吹他。她起身去找來兩套珍奇的盔甲，分別交給海姆迪和塞爾利一人一套，並對他們說：「我勇敢的孩子們，這是兩套刀槍不入的神奇盔甲，好好使用它們能使你們順利躲過敵人的攻擊，不過，你們千萬要記住，這神奇的盔甲什麼都不怕，只怕石頭的攻擊，所以，你們千萬不要讓石頭碰到盔甲。快去吧！孩子們，穿上盔甲去殺仇雪恥吧！祝你們一路順風。」

顧得倫仔細叮嚀完海姆迪和塞爾利，便催促他們收拾行李準備出發。等他們一離開，顧得倫不由得又哭泣了起來，她回想著自己一生的命運，越想越悲傷得不能自己。她心中低語著：「我顧得倫一生共嫁了三任丈夫，顛沛流離，人生坎坷。第一任丈夫西古德是我今生最愛的人，但他心中同時也深愛著布林希德，後來他竟不幸被布林希德所害，被人出賣而送命。再來的丈夫阿特利王是我的情敵布林希德的兄長，我雖不願再嫁給他，但在母親強逼之下，也只有無奈地點頭答應。阿特利和我相處雖然也不長久，但那是我畢生的噩夢，他殺了我的兄長古拿和霍克尼，意圖奪去尼布龍根的財寶。而我為了報這殺兄的深仇，狠心地殺掉自己和他所生的兩個孩子，好教他痛不欲生。我復了深仇，原想就此帶著和西古德所生的女兒史梵希德一起投身海裡，了此殘生，但誰知命運的捉弄下，我和史梵希德竟被海浪捲至約納克國來，我成了這王宮的女主人。現在，史梵希德也被奸人害死了，我的心也枯萎憔悴，再受不了任何打擊了。西古德呀！如果你能來把我帶走，又該多好呀！西古德！你是否還記得在過去那些個同眠共枕的夜裡，你在我耳邊常常低語道：『顧得倫，即使我死了，到了遙遠的死國，我仍會前來看妳的。』西古德，你在那裡呀！

難道你已經忘了你所說過的話？」滿心悲哀的顧得倫哭倒在床榻上，淚溼了枕頭與被褥，跌進深深的黑夜裡了。

手幫手，腳幫腳

海姆迪和塞爾利收拾好簡單的行李，隔天一早便急急趕路前往葉夢雷國。剛出城門不久，他們遇見了小弟愛爾夫。兩人忍不住又詢問他一次復仇的意願，他願意用什麼方法來幫助他們復仇。一向沈默的愛爾夫開口說：「就像手幫手，腳幫腳一樣……」

海姆迪和塞爾利對於愛爾夫曖昧不明的回答十分生氣，他們認爲愛爾夫根本是個不顧手足情誼的膽小鬼。他倆越想越生氣，一怒之下便拔劍當場把愛爾夫給殺了，他們心想有這樣膽怯自私的兄弟簡直是個恥辱。之後，他倆又繼續踏上旅程趕路，這時，海姆迪不小心被石子絆倒了，他趕緊用雙手撐住要傾倒在地的身子，這下子，他突然領悟到愛爾夫所言的意思，他不禁大喊出聲：「啊！慘了！愛爾夫所說的話並不是膽小怕死拒絕幫助我們的意思呀！你瞧，現在我若不是用雙手撐住要傾倒的身子的話，我早就跌倒在地，摔得不輕了！啊！我們錯怪了愛爾夫了！」

海姆迪滿心懊悔地和塞爾利繼續趕路，誰知道心不焉的塞爾利竟也絆倒了，他急忙用右腳穩住被石子絆到的左腳以保持平衡。這時，他大叫起來：「啊！對了，這正是愛爾夫所言腳幫助腳的意思呀！他並非冷漠地拒絕我們，而是暗示他將在我們最危急最需要幫忙的時候，給予我們及時的輔助呀！啊！我們眞的是錯怪他了，還叫他白白斷送了性命……啊！」

海姆迪和塞爾利了解愛爾夫的心意後，爲自己衝動錯殺了他的事悔恨不已，且一切都太遲了，愛爾夫已經白白冤死了。兩人無奈之下，只好懷著滿腹的心事繼續趕路，好早日爲史梵希德復仇。

跋涉了好幾天之後，他們終於來到葉夢雷國。他們兩人奮不顧身、英勇無比地直搗王城，闖入老王葉夢雷的寢宮。海姆迪一馬當先，一劍砍下老王的雙手，塞爾利隨後一劍砍掉老王的雙腳。倆人此時見仇已報，腦海中突然湧現小弟愛爾夫的身影，海姆迪語重心長地說：「哎！如果此時愛爾夫還在就好了，他一劍便可俐落地砍下仇人的頭，和我們一同報仇了！哎！哎！」他們倆人此刻心頭一沈，對愛爾夫的死仍是難以釋懷。

「刺客！刺客！有刺客！」宮中的衛士發現有刺客闖入殺死了老王葉夢雷，紛紛大叫示警，召來武裝的護衛。突然間，衛士紛紛從四面八方湧了出來，團團將他們兩人密密實實地包圍住。但英勇的海姆迪和塞爾利身穿刀槍不入的盔甲，縱使刀林槍雨也絲毫傷不了他們倆，不一會兒，葉夢雷的侍衛已經被殺得堆積如小山。海姆迪和塞爾利經過一場激戰，不但毫髮無傷，而且還英勇如舊，葉夢雷的侍衛看了都不禁冒出一身冷汗。

奧丁再度現身

正在戰況僵持不下時，一個高大異常的灰藍色身影輕輕地走入大廳，他身著一身深藍色的斗篷，帽緣低低地壓至眉際，他有一頭灰白色的頭髮及長鬍子，有一隻眼睛瞎了。沒有人知道他從那裡來，激戰中的每個人都停下來看著他。（啊！原來，主神奧丁又再次出現了，這次，他要將勝利交給誰呢？）

神祕的老人在眾人屏息凝視下緩緩地開口了，他的聲音沈穩而悠揚，彷彿有一股捉住人心的魔力。他說：「光憑武力，是殺不了這兩個人的，只有用智慧才能殺得了他們。」他的聲音響徹大廳，震撼著人心。過了好一會兒，葉夢雷的侍衛家臣們才回過神來，紛紛異口同聲地問道：「那麼，到底有什麼方法可以殺得了他們呢？能不能請您告知我們方法呢？」

「啊！那很簡單，只要找來石頭往他們身上攻擊就行了！」神秘的老人語音剛落，便如一陣輕煙般消失無蹤不曉得又到那裡去了。他的一句話決定了勝利的歸屬。葉夢雷的侍衛們趕緊去找來一大堆大大小小的石頭，毫不留情地往海姆迪和塞爾利身上攻擊，剎那間，石頭如雨般從四面八方襲來，紛紛擊中海姆迪和塞爾利。刀槍不入卻只怕石塊的神奇盔甲碎了、裂了、扭曲了。海姆迪和塞爾利全身佈滿傷痕和血漬，步履蹣跚，最後，終於支撐不住，倒在血泊中斷氣了。

唯有困頓與險惡的環境才能創造出眞正的英雄。在命運的洪流中，諸神的捉弄下，眞正勇敢的英雄和烈女子仍不斷地與之抗爭，在一幕幕的悲劇下展現其不屈不撓的精神。生命也許會終結，但壯烈的精神卻不會消逝在歲月的洪流中。

北歐神話是一曲一曲諸神與人類面對困厄不斷綻放生命光輝的故事，宛如漆黑夜裡一個個放著光明的星子。黑夜中有光明，毀滅中有希望。

附錄　北歐神話概論

（一）在遺忘中塵封的神話

冰與火的宇宙觀

追溯起北歐神話中英勇壯烈的英雄後裔，發現乃是今日遍佈於斯堪地那維亞半島及德意志東北低地一帶的日耳曼人，這支日耳曼民族自古以來即生存在荒蕪惡劣的大自然環境中，在長期與大自然抗爭之下，久而久之養成其獨特慓悍的個性。

古日耳曼設想天地未開闢之前是一片冰和火兩股自然力量拔河的混沌世界，這點和其所處的地理環境有極大的關聯。在那蕭條苛刻的世界中，夜裡耀眼的極光擊著海岸邊常年冰封的巨大冰山，而當時火山不時的噴爆，也引起古北歐人極大的衝擊。由此看來，古日耳曼人理所當然地將冰和火視爲宇宙混沌未開時的兩大原因。

嚴酷猛烈的冰雪乃是古日耳曼人最大的強敵，那永不融的冰雪和長無止境的寒冬都是他們今生最大的惡夢。他們想像那位於南方的烈火和噴湧不已的火山的「火焰國」，是由一位叫「史爾特爾」的巨人手持一柄劍守護著。而當他揮舞手中的巨劍時，那劍端不斷迸出的火花就會擊向北方的冰山，將嚴冰化成陣陣水蒸氣。

而神話中所提起的來自冰雪的生命——霜巨人之祖尤彌兒即是冰雪的人格化。他與神爭霸而引發一場場激烈可怕的戰爭，最後終於被神給制服。

古日耳曼人的宇宙觀大略與古希臘人相同，他們皆相信世界乃是位於整塊陸地的正中央，而陸地四周則環繞著海洋。北海險惡的巨濤使古北歐人引發出一連串奇特的想像，他們想像那深不見底的海底下環繞著一條叫「彌得加特」的巨蛇，牠是搗蛋神「洛基」和女巨人所生的孩子。這條巨蛇在海底不斷快速長大，後來，身子竟龐大到足以像海洋環繞著中央的陸地般將大地圍了起來。牠自嚙其尾圍成圓形，苦悶時便掀弄起驚濤駭浪危害海上航行的人以解悶。

由種種跡象看來，古日耳曼人的生活十分困苦，他們每日面對的便是和殘酷的大自然不斷的抗爭以求得生存。在與那永不休止的冰、風、雪及巨浪奮勇的搏鬥之後，才能得到些微的喘息空間，正因爲如此，他們的宇宙觀比起其他民族還要來得嚴肅和現實些。

他們認爲自己所居的地方，在漫長的冬季外，還有一個溫暖短促的夏日是神給的恩澤。他們相信只有邪惡的惡神和霜巨人才會被偉大的諸神給驅逐到那活人根本不能居住的寒冷冰封世界。

絕望中不懈的戰鬥精神

北歐神話中描述的世界形象是一幅怪異又壯觀的景象。那由命運三女神烏爾達、薇兒丹蒂、絲可特所照料的宇由樹將樹根深深紮在宇宙，支撐起整個宇宙的重量。而那由北方吹送來的冰雪風暴和南方飄來的火焰與火山熔岩，永遠強大地威脅著人類與諸神。

古日曼人相信命運女神共有三個，即前言所提代表過去的烏爾達、代表現在的薇兒丹蒂和代表未來的絲可特。據說烏爾達面容衰老，常常回顧著過去，戀戀不忘過往的人、事、物；薇兒丹蒂則是年輕、有活力、勇敢地直視著前方；最小的絲可特則是神秘多了，她時常臉上遮著面紗，望著和烏爾達正好相反的方向。

對於冥王的想像，古日耳曼人獨特地認爲掌管幽冥世界的並非男子而是女子。死亡國的女王赫爾是一位臉一面青一面紅的女子，她是搗蛋神洛基的另一個孩子。赫爾在主神奧丁的命令之下掌管了冥界的九個世界，除了管理死國之外，赫爾同時也管理著霜之巨人。

永劫不休的戰鬥貫穿著整個北歐神話，在這個多神的世界裡，北歐諸神擁有沈重悲愴的命運。諸神不斷地與實力相當的巨人族抗爭戰鬥，難得片刻安寧。宇宙最初的生命是巨人族而非諸神，因此諸神的血液裡竟混雜著他們最大死敵——巨人的血。

不單單在武力上諸神無法與強壯的巨人相敵，在智力上，諸神也沒有佔上優勢。掌管智慧之泉——密密爾泉的人乃是巨人密爾他每天喝泉水，成爲無敵的智者。而諸神之中最具智慧的奧丁犧牲了他珍貴的右眼飲下泉水才擁有了睿智，他那令人欽羨的智慧，根源竟還是由巨人族所擁有。

諸神雖自知巨人族一切均略優於自己，仍是毫不畏懼地面對那幾近絕望的決戰，直到諸神的末日「拉庫那克」來臨之際，仍是壯烈不悔地抗戰到底。那股縱使宇宙毀滅，諸神面臨滅亡，仍不放棄希望的堅毅精神即是古北歐人面對危難時的精神象徵。

歷經無盡的嚴冬和黑暗、焚燒天際的烈焰，流血無數的激戰後，太陽消失了，月亮消失了，最後連星星的微光也消逝了，古日耳曼人所想像的世界末日極其慘烈。末了，整塊大地沈沒於海底，紛亂之後即是一片無盡的空寂。黑暗之後終於現出一絲微光，滅亡的世界再生了，絕望中隱隱浮現希望。

不難發現古日耳曼人的宿命觀是極悲觀的，然而正如在黑暗中一把閃耀的火焰，他們始終堅持著一股與痛苦、宿命和威脅抗爭不止的戰鬥精神。明明知道終會失敗，終會毀滅，仍要不畏縮地抗爭下去是他們堅持不變的信念。古日耳曼人心目中的英雄便是秉持著這樣的信念，而英雄必定在戰鬥與抗爭中喪亡是他們不變的信仰。那強烈的悲劇性籠罩著神話中的每一個可敬的英雄、可佩的烈女。那狂風暴雨般的噩運侵襲著他們與她們，構成一幅幅壯烈淒美的悲劇畫面，英雄氣短、英雄末路之際，他們卻迸發出無比的生命潛能，散發出比常人強烈許多的生命力。

復仇幾乎是神話中的主幹，在本書後段敘述的故事中，每一位主角和女主角幾乎都燃燒著一股熊熊難滅的復仇之火。西妮和顧得倫這兩位紅顏爲了報家仇，後來甚至不惜親手殺了自己的親生兒。西格蒙爲了復國雪恥也含辱隱忍了多年以待時機報復，他放下自己榮華的身分在森林中等待又等待，終於達成心願。

這兩個復仇的例子都是爲了報復自己親人血緣的深仇，對古日耳曼人而言，血緣的關係可謂無比神聖，而夫妻之間的關係相較起來便不足道了。在後來的社會裡，夫妻之間的關係之所以會變得重要，是因爲受了基督教教義的深厚影響，而非古日曼人原本堅信的倫理。

那麼說來「愛」與「幸福」對於古日耳曼人來說，究竟佔有什麼樣的地位和角色呢？深信宿命本身即是一連串不幸、痛苦與絕望的他們，對於愛與幸福似乎是不奢求也不期待的。他們相信命運是股最強大的力量，人們對於命運的安排根本無從抗爭起，而既然無法改變悲哀的宿命，便應勇敢地面對危難，忍耐痛苦才是唯一的途徑。人的存在本身即是一個悲劇，而人的生命意義即是不斷地抗爭下去。毀滅與死亡是每一個人最終必須面對的課題，從容不迫、毫不退縮地面對一個又一個的試鍊，即是人類生命最光輝的一面。

幸福與愛都是生命的過程之一，但幸福只是如曇花一現般的短促，而愛每每是以深沈的痛苦終結。古日耳曼人擁有這樣獨特的生命觀實源於所處的苛刻環境。「活下去」是生命的重心，那點綴般的愛與幸福對他們來說都只是刹那間的擁有，因生命的本質就是由痛苦、不幸串連而成。想想，故事中的男女主角誰曾眞正擁有平靜幸福的日子？在復仇之火、貪慾之念、流血戰爭、詭譎陰謀的圍繞下，每一個人終究將被幸福背離而被推向那無底的痛苦深淵。

（二）塵封的瑰寶

英雄的後裔——日耳曼民族在苛刻的自然環境的逼迫和大膽勇敢的首領的率領下，決定大舉遠征他國，從而奪取了大筆財富，佔下其無敵的地位。他們秉持著「明知不可爲而爲之」的戰鬥精神，戰勝了許多原本局勢優於他們的強國，並於後來大肆侵襲了整個歐洲，創下日耳曼族的奇蹟。

日耳曼人不斷遠征，擴張版圖，到了西元四〇〇年，竟將版圖勢力擴張至萊茵河和多瑙河，並以這兩條河作爲和相鄰的當時羅馬帝國強國的界線。直到羅馬帝國逐漸式微，日耳曼人便開始侵擾其領土，展現無比的野心。到了第五世紀中葉，日耳曼人任飽受從東面和北面來襲的芬族威脅之後，決心一股作氣引來一個大遷徒。日耳曼人這次的侵襲所達的範圍十分廣大，東至俄羅斯，西達法國沿海、布列登島，南至西班牙、義大利半島、西西里、北非等。甚至連遙遠的格陵蘭和美洲某一部分大陸都曾留下他們侵擾的足跡。

北歐神話便是由這支驍勇的民族流傳下來的瑰寶。然而，現今日耳曼人反而早不流傳這源自於其民族的文化遺產。據推論這乃是因他們在大幅遠征之時接觸到羅馬帝國，而深受基督教的影響，長期下來，自己原屬的異教文化在基督教會刻意改變及宗教精神的影響下，漸漸失去其重要地位，到了後來多番的改革與破壞之下，日耳曼人竟失去了他們原先篤信的諸神。

基督教視日耳曼民族原本信的異教爲敵，力藉羅馬帝國之權全力摧毀其影響力。當時許多有關日耳曼人異教的文獻記錄、抄本及傳說也都毀在有心破壞的基督教的僧侶手中。再說，日耳曼人具有一種極其獨特的風俗，他們相信「語言」本身具有一股神秘強大的威力，因此假若將語言化成文字記載下來，若是不小心落入敵人手中，則等於是將自己原本所擁有的神秘力量轉送給了敵人。因此，他們執意不願將文字流傳下來而導致文化失傳的悲劇。

而日耳曼人在被同化成基督教之前，所使用的文字乃是帶有咒術色彩、近於咒術符號的盧尼文字。據考，用盧尼文字記載的古老文獻，幾乎都帶有不同程度的咒術性質。正因爲日耳曼人不願用文字記載史實，因此古日耳曼人的信仰文獻很難考究，就連其當時的生活方式、風俗民情也是陷入一團難解的迷霧，成爲一個永遠的遺憾。

話說日耳曼人的神話記錄失傳於現今的日耳曼國家，被其後代子孫所遺忘，但在因緣際會之下，竟在北海中那充滿冰山及火山的冰島流傳保存了下來。

日耳曼人古老的傳說即是在古吟遊詩人——「史嘉爾德」（Skalde）們口口相傳之下，得以保存流傳於冰島。史嘉爾德的任務是在英勇的戰士歡樂慶祝的酒宴上伴著音樂，吟唱口誦一首又一首諸神及英雄的詩歌以娛眾。他們擁有豐富的文獻知識，是當時歷史的保存者，同時他們大多數是教養良好的武士，因此在當時擁有極其崇高的地位。若不是在十四世紀之前史嘉爾德吟誦的詩歌廣大流傳於冰島，今日，古日耳曼人的民族神話和傳說將無法保留至今。

西元九八一年，基督教傳入冰島，促進了冰島文學的發達，後來的主教伊斯列大（Isleif）更傳入拉丁字母，致力用羅馬字抄寫沿自古代口傳的傳說、歌謠，並綜合謄寫下史嘉爾德吟唱的詩歌。〈舊愛達〉（Altere Edda），正是在這股風潮下被抄寫、編纂出來，成爲流傳至今的文化瑰寶。〈舊愛達〉約莫是在西元八五〇——西元一一五〇年間抄寫完成，其收錄有古歌謠二十九篇。當時，日耳曼族正興於海上冒險、劫掠，即所謂「北歐海賊」時代。北歐海賊即今日我們所說「維京人」（Viking）。這批以斯堪地那維亞半島的海灣爲根據地、稱霸海上的海盜將從萊茵河下游的法蘭克人那裡聽來的傳說傳至斯堪地那維亞和冰島，之後，當地的吟遊詩人又逕自潤色加以吟唱流傳，產生今日古歌謠的雛型。又經過許多世代的口傳之後，這些歌謠才在十三世紀中葉正式被謄寫成文字。

然而，在不斷的政治人禍、天災的侵襲之下，在烈火與熔岩下僥倖存活下來的冰島，幾乎遺失了所有祖先流傳下來的神話與英雄敘事詩。直到了十七世紀中葉，這些幾乎完全被遺忘的神話及傳說才重新地意外被冰島人發現。西元一六四三年，當時的冰島主教「史衛生」（Brynlolf Sveinsson）從塵封已久的古老文獻，意外發現了〈舊愛達〉的抄本。

另有一部〈愛達〉則是因應史嘉爾德學習種種複雜的明喻和隱喻的特殊表現法之需要所撰寫出來類似教科書的指導書籍。此書是在十二世紀末到十三紀初時，由冰島的史巨匠文學家外交官和聞名的大政治家史諾里·史圖魯森（Snorri Sturluson）於西元一二二〇年左右合力撰述的一部「詩學」。故此書稱〈愛達〉或〈史諾的愛達〉。至少爲何史諾里要將此書命名爲〈愛達〉之說，則眾說紛紜。有一說是爲了紀念現早已廢棄不用的高地德語「愛爾達」（Erda），另一說則是說「愛達」即是冰島古語Odhr——即心或詩歌之意的雅稱。再一說是由馬克努森（Eirik Magnusson）所提出的解釋，他認爲愛達是專有名詞「Oddi」的所有格。Oddi是冰島第一賢人學者西格浮生之孫——史諾里從小生長的冰島西南部一處地名。因此愛達便是Oddi的（書），是以其作者生長之地來命名。

〈愛達〉與〈尼布龍根之歌〉後來被德國浪漫派的史學者兼批評家——弗烈德烈希・許萊格（Carl Wilhelm Friedrich Von Schlegel）並稱爲北方古代文學中最偉大的著作。

名詞解釋

第一部

第一篇　創世的神話與人類的起源

金倫加——Ginunga，北歐神話傳說中，天地開創以此鴻溝做爲天空與海洋的界限。
尼爾福爾姆——Niflheim，泉水名。
費格爾米爾——Vergelmir，泉水名。
穆斯貝爾海姆——Muspelheim，火焰國，傳說由一位名叫史爾特爾的巨人守護著。
尤彌兒——Ymir，巨人之祖。
歐德姆布拉——名叫Audhumbla的公牛，孕育尤彌兒。
密米爾——Mimir，從尤彌兒左腋汗滴所變成智慧的巨人。
貝斯特拉——Bestla，密米爾的妹妹。
普里——Buri，諸神之一，從冰塊中誕生。
勃爾——Bor，普里和貝斯特拉的孩子，三柱神的父親。
奧丁——Odin，諸神主宰，三柱神之一。

威利——Vili，三柱神之一。

菲——Ve，三柱神之一。

喬登海姆——Jotunheim，巨人國創立之地。

中間世界——Midgard，位於尼爾福爾姆和穆斯貝爾海姆之間。

阿斯嘉特——Asgard，巨人居住之地。

亞斯克——Ask，梣樹，北歐傳說的人類始祖。

艾芙拉——Embla，榆樹，北歐傳說的人類始祖。

第二篇　宇宙樹與林立分裂的九個世界

尤克特拉希爾——Yggdrasi，是一棵矗立宇宙間的大樹。

尤克——Ygg，奧丁的別名。

盧尼文字——Runenschrift，這是北歐人所使用的一種神秘性文字。

烏爾達——Urda，泉水名。

密密爾——Mimir，泉水名。

命運女神——Norns，意指烏爾達、薇兒丹蒂和絲可特。

烏爾達——Urda，命運女神之一，主掌過去。

薇兒丹蒂——Verdandi，命運女神之一，主掌現在。
絲可特——Skuld，命運女神之一，主掌未來。
Valhalla——華納神的國度。
芙雷雅——Freya，華納神之一。
海爾——He，女神，統治寒冷黑暗的霧國冥界。

第三篇　亞薩神族與阿斯嘉特

烏金——Hugin，停在奧丁肩膀上的烏鴉，亦作「思維」之意。
穆寧——Munin，另一隻停在奧丁肩膀上的烏鴉，名為「記憶」。
索爾——Thor，古老戰神和雷神。
亞當神——指海尼爾和密爾這兩個人。
庫瓦西爾——由亞薩神族及華納神族吐出的唾液所創造出的人類。
黑心的侏儒——意指斐雅拉爾和加拉爾這兩位壞心眼侏儒。
吉林克——貪求蜂蜜靈酒的巨人，與其妻卻被黑心侏儒害死。
史眞克——吉林克的外甥。
色吉——史眞克的兄弟。

普魯維克——奧丁的化名，名字意謂做壞事的人。

比拉特——史眞克之女，曾愛上奧丁，讓他喝下蜂蜜靈酒。

喜悅之屋——阿斯嘉特神族的居地，房屋由黃金所製成，有十二位主神——索爾、泰爾、烏爾、黑茲爾、弗爾塞狄、洛基、奧德及亞薩神——維、威利、偉達、瓦利。

思可普——女神專屬的宮殿，有艾麗嘉（奧丁的妻子）、芙蕾雅（夫雷的妹妹）、西芙（索爾的妻子）、伊敦（擁有神奇蘋果）、凱菲思（挖瑞典大地來建雪蘭島的女神）、弗拉、艾爾諾、絲諾菟拉、薩加。

安恩海里亞爾——在諸神大戰時亡靈戰士的統稱。

絲特倫——母山羊名，供酒給亡靈戰士飲用，使其迅速恢復體力。

塞夫姆尼爾——山豬名，供肉給亡靈戰士食用。

第四篇　諸神主宰奧丁

波爾特爾——奧丁的外祖父。

培爾賽——意味「穿著熊毛皮的人」，狂暴戰士。

羅普・康拉吉——北歐最有名的國王，定都於丹麥夫雷特拉。

哈拉特——一位國王，思克林家族後裔，尊奉奧丁，卻遭其背叛。

琳克——哈拉特的外甥，他與哈拉特開戰時，奧丁助其完成勝利。
耶里克——勇敢的戰士，別名為「灰色之狼」。
史眞克——巨人，藏有諸神覬覦的蜂蜜靈酒。
琳達公主——路德尼亞國王的女兒，嫁給奧丁兒子——巴得爾，巴得爾死後，奧丁數度化身向她求婚，然而最後生下瓦利，達成復仇的使命。

第五篇　雷神與巨人間的戰火

索爾——雷神，也是古老戰神，蓄紅鬍子，寶槌為其武器，與夫倫庫尼爾對立。
辛德里——工匠製造索爾的鐵槌。
約爾多——傳說是索爾的母親。
夫倫庫尼爾——與索爾有過大戰。
斯雷布尼爾——奧丁的神奇八腳馬的名字。
昆蘿娃——巫婆，施咒解下索爾額上的碎石片。
休彌爾——泰爾的父親。
海神——耶吉爾。
彌得加特——魔蛇的名字。

洛基——搗蛋神，具有叛逆與神秘性的神。

斯留姆——巨人國的國王。

希亞費——借索爾一宿的農夫之子，因貪吃羊的骨髓，後與其妹——安兒蘿絲昆娃成爲索爾的隨從。

夫意——在烏德加特國與索爾長跑競賽的巨人。

艾莉——老年的統稱。

亞爾維斯——一位侏儒國的智者，想娶索爾的女兒卻反遭戲弄。

第六篇　華納神族

尼約特——港口之神，亦爲「船的守護神」，其妻爲絲卡蒂，後來與他離異。

絲卡蒂——與尼約特結婚。

希亞吉——絲卡蒂的父親。

夫雷——尼約特的兒子，是瑞典賢明的第三任國王，又名富雷狄和恩克威，豬和馬皆是其代表的聖獸。

拉文蓋——冰島東區的首領，擁有一隻叫做「夫雷的神鬃」的馬。

斯基尼爾——夫雷的僕人。

凱兒特——巨人吉彌爾的女兒，斯基尼爾欲娶她為妻，後來嫁給夫雷。
芙蕾雅——愛神，掌管愛慾，亦被稱為女祭司。

第七篇　亞薩族其他諸神

泰爾——戰神、單手之神，被尊為日耳曼至高無上的神，父親為休彌爾。
洛基——搗蛋之神，其三子分別為分里爾、彌得加特和海爾。
分里爾——生性凶殘的狼，後被諸神制服。
彌得加特——盤旋宇宙的魔蛇。
海爾——臉色一半青色和一半紅色的女孩，掌管死亡國。
烏爾——弓箭之神、滑雪之神，為西芙和索爾的孩子。
巴得爾——是奧丁和福利克之子，受眾神疼愛，不幸卻中了洛基之計而含冤死去。
赫爾莫特——騎著八腳寶馬到死亡國，想挽回巴得爾的性命。
黑茲爾——瑞典王子，與蘭納相戀，然而受巴得爾所阻，最後殺死巴得爾。
海姆達爾——傳說為太陽神、月神、白神，戍守阿斯嘉特，創造三個階級——奴隸、農民、貴族。
普拉吉——詩神，奧丁的兒子，女神伊敦的丈夫。

西芙——索爾的妻子。
普洛克——侏儒德凡林的孩子，哥哥爲辛德里。
特勞布尼爾——普洛克帶回的三個寶物中的一個——黃金戒指。
彌約尼爾——索爾的寶槌名。
庫瓦西爾——智慧之神。
海神——即爲耶吉爾，蘭爲其伴侶。

第八篇　阿斯嘉特的女神們

福利克——奧丁之妻，爲婚姻和生產的守護神，亦是阿斯嘉特神國最崇高的女神，和奧丁相處不和。
蓋爾羅特——奧丁與福利克的養子，遭福利克陷害，使其喪失性命和王位。
伊敦女神——阿斯嘉特中最美的女神，看守能讓諸神保持青春的蘋果。
希亞吉——搗蛋神洛基變身的老鷹名字。
凱菲恩女神——其工作職責爲接引死者，亦爲雪蘭島的守護神。

第九篇　諸神與世界的毀滅與再生

利布和里普特拉西爾——北歐神話傳說中，人類的兩位始祖。
吉姆雷——北歐人想像中的天堂。
瓦爾哈爾——因戰爭死亡的戰士所要去的天堂。

第二部　費爾森家族

西治——奧丁的兒子，後來擔任爲芬國的君主。
斯卡迪——阿斯嘉特神國的大勇士。
布雷迪——斯卡迪的剛勇奴隸。
雷利——西治的兒子。
里穆尼——女巨人，爲女神芙雷雅的貼心女僕。
費爾森——雷利的兒子，繼任爲芬國的國王，力大無比，是一位舉世聞名的英雄。
莉葉德——本爲芙雷雅的女僕，其父爲里穆尼，後來嫁給費爾森。
西妮——費爾森和莉葉德所生下女兒，嫁給席格爾。
席格爾——哥特國王，娶西妮爲妻，後來竟殺害費爾森家族。

西格蒙——西妮的哥哥，費爾森家族唯一倖存者，最後完成報復席格爾的計劃，後娶美麗的愛利米爲妻，與林克威大戰時意外戰死。

辛斐特利——西妮化身女妖與西格蒙所生下的孩子，擔當費爾森家族的復仇重責。

波兒席特——西格蒙的妻子，因其弟遭辛斐特利所殺，怨恨下施毒計謀害辛斐特利。

赫爾吉——西格蒙與波兒席特的孩子，驍勇善戰，爲美麗女子——席格倫而大戰。

愛利米——西格蒙統治時期的一個國王。

葉迪絲——愛利米的女兒，因其美麗容貌而引來無謂爭端，後嫁給阿爾夫，成爲丹麥皇后。

林克威——王子，因向葉迪絲求婚被拒，而與西格蒙大戰。

亞爾普雷——丹麥國王，覬覦芬登國的巨大財產。

阿爾夫——丹麥王子，亞爾普雷的兒子，喜歡上葉迪絲。

西古德——西格蒙的遺腹子，生性聰明，驍勇善戰。

雷金——擅長百藝的侏儒，負責教導西古德。

發福尼爾——傳說守護龐大寶藏的惡龍，盤據在尼克達一地。

雷得馬爾——雷金的父親，有三子，依序爲：發福尼爾（惡龍）、歐特、雷金。

安特法利——常化身水獺，喜歡收集黃金。

格拉姆——雷金所鑄的寶劍。

葉法特——林克威的弟弟，被西古德殺死。

布林希德——奧丁的女兒，傳說是居住在沁達雅爾的睡美人，與西古德相戀。

貝克希德——布林希德的凡間姊姊，丈夫爲海米爾王。

喬奇——尼布龍根國國王，育有三子一女，分別爲：古拿、霍尼克、顧特霍及顧得倫。

顧林希德——喬奇的妻子，精通魔法，但心地狠毒。

顧得倫——尼布龍根國王的女兒，相戀西古德，西古德死後因母親強迫，在不願之下嫁給阿特利王，衍發一場悲劇。

古拿——喬奇王的長子，西古德的好友，也想迎娶布林希德，後繼任爲尼布龍根國的國王。

柯絲貝拉——霍克尼的妻子。

阿特利王——欲奪取傳說中尼布龍根財產而娶顧得倫，並要許害死顧得倫的兄弟。

史梵希德——顧得倫與西古德所生下的女兒。

約納克——一位喜歡顧得倫的國王，顧得倫爲他生下三子：海姆迪、塞爾利和愛爾夫。

葉夢雷——一位國王，貪圖美艷的史梵希德，派子藍得飛爲此任務的使者。

畢奇——葉夢雷國王的顧問，心地陰險，設計謀害藍得飛和史梵希德。

居爾特神話故事

他們運氣不好，一來到愛爾蘭就碰上了兇猛的封魔人，他們是長年居住於愛爾蘭外海的魔族，個個凶狠殘暴，即使巴索隆人部勇善戰還是死傷慘重，最後終於險勝封魔人，將他們趕回海外的島嶼，成為了愛爾蘭的第二批移民。

導讀　居爾特民族與歷史

居爾特神話與傳說雖然相當迷人，本身也相當的繁複，一部分原因是，吟遊詩人與德魯伊祭司皆使用詩歌與歌謠來傳述歷史，在口耳相傳間不免有所遺漏，導致居爾特神話在某些程度上相當殘缺不齊。再加上居爾特人的遷徙路線幾乎橫跨半個世界，因此雖然目前都統一稱呼爲居爾特人，事實上，談論的地區與民族相當廣大。

根據考古學家的研究，居爾特人曾經出沒的地點包含了現今的整個東歐、希臘、西班牙、義大利、西歐諸國、英格蘭、威爾斯、蘇格蘭與愛爾蘭，可見他們的遷徙路線相當分散。

曾經在歐洲生活的居爾特民族與後來遷徙到英國的居爾特民族，在信仰與文化的不同情況下，被區分爲大陸居爾特民族與海島居爾特民族，大陸居爾特目前已經不復存在，一部分與其他民族融合，大部分是遷徙到了其他地區，因此其中的信仰與神話多半已經在歐陸失傳。相反的，居爾特人在來到英國之後，就在此定居，不再遷徙，被稱爲海島居爾特這群人的文化與神話就成了英國，尤其是愛爾蘭與威爾斯地區相當重要的文化傳統。

考古學家甚至認爲，從器皿的使用與工具的觀察角度來看，大陸居爾特與海島居爾特民族有相當大的不同。雖然海島居爾特人不管是文化還是神話都深受大陸居爾特的影響，但是兩者明顯不同。目前的居爾特神在講述歷史時，往往將兩者區分為不同的體系，卻通稱為居爾特神話，導致居爾特神話雖為單一民族的神話故事，卻分為兩個體系各自存在。

至於居爾特人是為什麼一路西遷到愛爾蘭，或是他們到達愛爾蘭後的生活究竟如何，目前已經不可考，古居爾特人沒有留下很多的證據讓我們去追尋，愛爾蘭大約三千多年前就已經出現人類的定居文化，但是早期還未發展出文字，古居爾特人習慣以歐甘文（Ogham）來記載歷史，偏偏歐甘文的字體書寫方式並不適合記載故事，因此根本無法詳細記載任何紀錄。事實上，關於現今居爾特人最早的

正式紀錄，是羅馬凱薩北征到高盧時。於他的著作《高盧戰記》（Commentarii de Bello Gallico）中首次提到這些不怕死、將臉塗成藍色的奇特民族。

凱薩曾經在《高盧戰記》中提過：「高盧人可以分為三個大類，一個是北爾奇人，一類是亞達丹人；第三種人，他們自稱為居爾特人，我們叫他們高盧人。這些不同類的人，語言、風俗與法律都不相同」。

證明當時，居爾特人在愛爾蘭已落地生根。但是即使如此，還是可以從「居爾特」這三個字中試著推算出居爾特民族的歷史，居爾特這個名詞來自於拉丁文的Celtus，是希臘語，這個名詞是西元前五一七年時，希臘對於某鄰近部落的稱呼。從此之後，居爾特這個詞經常被提到，多半都是在歐洲多瑙河附近出沒的民族陸續留下的紀錄，但是希臘人對這個部落的紀錄相當缺乏，因此

無法從其他民族的歷史文獻中推論出古居爾特人的足跡。

直到十九世紀後，考古學興起，我們才得以一窺這神秘民族的面貌。

據信他們曾經定居於萊茵河畔的平原與現今的奧地利與德國附近，後來一部分越過來到了伊比利亞半島，一部分進入巴爾幹半島因此與希臘人曾經有過衝突。另一部分橫跨過海洋到了現今的愛爾蘭，之後足跡跨遍整個英國。

歷史記載，居爾特人約於西元前五百年左右到達英國，當地的原住民不敵他們的精銳武器，因此被居爾特人征服，居爾特人因而得以縱橫英國暢行無阻，居住在英國東南方的後來被稱爲布列屯人，西方的被稱爲高德爾人，到了北方的被稱爲加列度尼亞人（之後成爲古代的蘇格蘭人）。

從此之後，居爾特人成爲了英國人，居爾特的文化與神話也融入了當地，居爾特神話也就成爲了愛爾蘭神話與部份的威爾斯神話的綜合體，甚至連英國著名的精靈、神怪傳說都是由居爾特傳說中衍生出來的。

原始的大陸居爾特神話中加上了遷徙至英國的海島居爾特人的神話，又參雜了少許之後基督教士強加於中的基督教信仰，終於形成了我們今日所見多彩繽紛的居爾特神話。

第一篇　神話的開端

（一）居爾特神話的起源

獨特的眾神

居爾特神話相當的獨特，沒有創世紀或是滅世的傳說，凱薩曾經在高盧戰記中提到居爾特人曾經描述過他們的最大恐懼爲「天空有一天會崩落，全世界的人都會被壓死」，除此之外，沒有任何關於世界是如何開始或是毀滅的紀錄。居爾特民族神話中的眾神也不像是希臘神話中那樣的無敵、永生不死，他們會受傷、會老去、能結婚生子，與凡人相戀，甚至是改朝換代，被敵人趕走，因此有時候與其說是居爾特民族的神話故事，卻更像是居爾特民族的虛擬歷史。

居爾特神話通常可簡單區分爲兩者，大陸居爾特與海島居爾特，目前以海島居爾特爲主流，其中又區分爲三個版塊，愛爾蘭神話、威爾斯神話與被稱爲基督傳教神話的部份。

愛爾蘭神話

居爾特神話中，愛爾蘭神話佔有大幅的比例，甚至有學者直接將愛爾蘭神話稱爲居爾特人的神話故事，不過實際的居爾特神話所包含的範圍比愛爾蘭神話廣泛精深的多，通常研究愛爾蘭神話的學者會將愛爾蘭神話分爲三個時期：

其中三個時期主要指的是神話時期、烏列德時期與芬尼恩時期。

神話時期（Mythological Cycle）：描述愛爾蘭的早期神話與命運多桀的早期移民之事跡。現代人對神話時期的傳說與神話故事描寫多半是來自於《侵略之書》（Book of Invasion）與俗稱爲莫吉塔爾德之役（Cath Maige Tuired）的史書。根據這兩本書記載，愛爾蘭曾經有五批移民，包含諾亞的孫女賽希兒、巴索隆人、佛柏格人、丹奴神族與米列西安人，米列西安人後來更被視爲古愛爾蘭人的祖先。這些神話中的虛擬移民歷史造就了我們目前所熟知的海島居爾特神話，是居爾特神話中最重要的時期。

烏列德時期（Ulaid Cycle）：烏列德時期又被稱爲紅色分支時期（Cycle of the Red Branch），蒐錄愛爾蘭烏列德城裡英雄與其他偉大戰士的傳奇事蹟爲主。當時所描寫的時期應爲西元前一千年。烏列德城裡的公主蔓查（Mancha）爲了爭奪王位引起的一連串血腥屠殺與戰爭。

芬尼恩時期（Fenian Cycle）：芬尼恩時期又被稱爲歐西恩時期，與烏列德時期相比，芬尼恩時期是比較和平的年代，即使如此，還是以描寫英雄與戰士的事蹟爲主。在芬尼恩時期中，最重要的人物爲芬・麥康海爾，號稱居爾特神話中最偉大的英雄。據說他是丹奴神族領袖瑙達的子孫，即使他最後戰死沙場，靈魂都只是來到陰間世界歇息，等待復活的時機。

威爾斯神話

居爾特神話中包含的部份威爾斯神話以十二則威爾斯傳說所集結起來的民間傳說爲主，主要記載於兩本古籍，西元一三二五年的《瑞德白書》與西元一四〇〇年的《赫傑斯特紅書》，像是吟游詩人塔力辛的故事與亞瑟王傳說皆記載於這兩本古籍中，是威爾斯歷史終相當重要的兩本經典鉅作。

基督傳教神話

在基督教興起後，世界各地都有基督傳教士的蹤影，愛爾蘭當人也免不了基督文化的衝擊，其實在當地最受到推崇的就是傳教士聖派翠克（St. Patrick），他不僅將基督教思想傳入居爾特神話中，甚至自己也變成了神話中的人物。在愛爾蘭神話的三個時期中也不難發現基督教的影響，像是愛爾蘭最早的居民希賽兒是諾亞的孫女，而米列西安人則是諾亞兒子的後代，甚至參予巴別塔（Tower of Babel）的興建，丹奴神族也在基督教傳入後，由原始的神明身分慢慢轉化成精靈、大自然的守護者。

在新宗教的打壓下，原始的信仰漸漸沉睡，直到剩餘的德魯伊祭司於十九世紀末期，重新復興居爾特神話，我們才有幸一窺這在英倫小島上沉寂已久的神秘傳說。

（二）神話與歷史的見證人：德魯伊祭司與吟游詩人

提到居爾特人，就不得不提到這兩個特殊階級—德魯伊與吟游詩人，這兩個常在電玩遊戲中出現的角色，其實在居爾特文化中扮演重大的角色，若是沒有他們，我們也無從得知究竟古居爾特人的世界是什麼面貌，因此他們可說是居爾特人的歷史見證人呢。

神語的傳遞者：德魯伊祭司

穿著白袍、拿著橡木製成的權杖，圍繞著巨石陣，慶祝盛日的光芒，這就是最典型德魯伊（Druids）祭司的形象。

德魯伊祭師是居爾特文化中的特殊階級，雖然爲名爲祭司，實際上身分與地位卻比族長或是酋長還尊貴，他們飽讀詩書並經過嚴格的訓練，凱薩曾經提及，一名適當的德魯伊祭司，必須經過長達二十年的訓練，由於訓練過程從不對外公開，也讓德魯伊一直對外保持著神秘的面貌。

德魯伊這個字眼來自於拉丁文的druides，字面上的意思爲橡樹，但由於橡樹在居爾特文化中代表著眞實與穩固，因此也可以得知德魯伊祭司在居爾特文化中的地位。

他們是神明與人類之間的媒介，據說德魯伊曾與神明共同生活，因此懂得神明的語言，藉由德魯伊，人們得以知道天命。德魯伊會用複雜的詩與謎語來透露神所欲傳達的信息，因此被視爲有神力之人。這種獨特的階級於西元前一世紀在愛爾蘭發展極盛，卻於兩個世紀間，於基督教士的打壓下，一度文化中斷，由於甄選德魯伊祭司人選時的選拔過程，通常於月圓的夜晚於森林深處舉行，因此讓基督教士將此舉與女巫於月圓瓦普基斯之夜所舉辦的魔巫會相連，於西元二世紀之後，整個歐陸幾乎在也沒有關於他們的任何消息與存在的紀錄，後經過巫術復興，德魯伊的文化才再度重現人間。

在居爾特神話中，曾數度提及德魯伊這種半人半神性的階級，有時候他們的地位甚至與神明還崇高，或是擔任神明的導師與養育者。在居爾特人的心目中，德魯伊幾乎是全能的，他們是老師、也是醫生、是智者，也是最好學的學生。

在現實生活中，德魯伊由於其豐富的知識與內涵，曾替愛爾蘭幾名國王擔任軍師與謀士的工作。一般人相信，亞瑟王傳說中的巫師梅林（Merlin），就是一名受過精良訓練的德魯伊。

說不完的故事：吟遊詩人

在居爾特文化中，擔任文化傳播的重要工作者，就是吟游詩人（Bards）。由於居爾特文化皆以口語方式流傳，因此沒有了吟游詩人，世人就再也沒有機會得知古老的居爾特世界。

吟游詩人的身份相當獨特，僅存在於英國愛爾蘭、蘇格蘭與威爾斯地區，號稱史上最偉大的吟游詩人塔力辛，就是來自於威爾斯。當然，其他地區也有類似的職業，像是斯堪地納維亞的吟唱詩人（Skald），不過他們的訓練不似吟游詩人般精良與嚴格，吟唱詩人吟詩作對，於戰場上宣揚戰士的英勇，鼓舞士氣，吟游詩人背誦的卻是古老的歷史與詩詞，不像是德魯伊祭司採取能力制徵選，吟游詩人多半是由家族之間傳承職業，由於吟遊詩人一生之中所需學習的知識與詩歌可能需要凡人花上三十年的時間，因此許多吟游詩人皆是幼小時就開始接受漫長的訓練。

許多偉大的居爾特古代傳說與故事都是吟游詩人從古老的年代世代交替傳至今日的。

可惜這樣的職業卻於西元十三世紀時沒落，終遭致滅絕的命運，僅有威爾斯地區，吟游詩人的文化直至今日都還保有零星的傳統，據說威爾斯人仍然每年舉辦吟游詩人大賽來紀念這種奇特的職業呢。

第二篇　丹奴神話與精靈之丘

（一）最初的神話

居爾特神話不像是其他地區的神話，他們沒有創世紀的傳說，也沒有神明誕生的故事，早期時愛爾蘭本土幾乎沒有本身的傳說，由於居爾特人們拒絕相信他們是最早來到愛爾蘭的移民，因此出現了許多在人類世紀之前的傳說故事，他們相信，在現今的人類佔領愛爾蘭之前，總共有五批移民曾經登陸愛爾蘭，其中有聖經中的人物、神族、精靈與魔族。

而這一切，都該從滅世的大洪水開始說起。在大洪水之前的居爾特傳說，幾乎沒有流傳下來，再加上現今流傳下來的居爾特神話深受基督教的影響，因此不時可以見到基督傳教士強加於中的宗教影子，所以居爾特人的起源傳說，都與聖經中的人物有關聯，也就沒那麼稀奇了。

被上帝遺棄的一族

舊約聖經中記載，耶和華眼見邪惡在人類的世界中穿梭，日漸腐敗，於是決定以大洪水滅世，並選擇願意與上帝同行的諾亞（Noah）建立方舟，存留物種。那些在方舟之上，留存下來的物種與人類，就成了現今所有人類與動物的祖先。

但是很不幸的，諾亞在制定名單的時候遺漏了某些人。

在居爾特傳說中，希賽兒（Cesair）是諾亞的孫女，卻與父親一同被諾亞從方舟的名單中剔除，目前傳說已經不可考，究竟是諾亞刻意剔除他的兒子與孫女還是遺忘了他們。但是顯然方舟已經無法裝載所有人，若是不能逃往其他的地方，他們必死無疑，於是希賽兒與父親彼得（Bith）帶著五十名婦女與另外兩名男子，另建造了一稍船隻逃往西方的荒涼島嶼，希望可以逃過大洪水的侵襲。

希賽兒與其他五十三人由於早就得到祖父諾亞的警告，於是在大雨之前就搭船往西方航行，就這樣在洶湧的大海中漂流了整整七年，直到船隻碰撞到了堅硬的陸地，他們到達了陌生的島嶼，當時被稱爲死亡島嶼的愛林（Erin），侵略之書中記載，當時是西元前二九五八年。

希賽兒本是有計畫的移民，既然島上有三位男性與五十名婦女，她認爲只要良好分配，他們仍不至於達到滅族的處境。於是將五十名婦女分別分配給島上的三位男性芬拿（Fintan）、希賽兒的父親彼得與朗卓拉（Landra），希望他們可以在這個荒涼的島嶼上繁衍後代，重新壯大。

但是人算不如天算，希賽兒與父親沒有被列入諾亞方舟的名單中，本就該是註定滅絕的一族，即使他們逃到了愛爾蘭試圖扭轉天命，終究還是逃不過命運的安排。

在希賽兒與移民剛到達島上不久後，朗卓拉就因爲不堪長途旅程而病死。希賽兒只好將朗卓拉的妻子們重新分配給剩下的兩個男人，然而，彼得年紀已大，在大洪水來臨之前就辭世了。

希賽兒萬念俱灰，只好將所有的希望寄託在唯一的男性—芬拿的身上，芬拿眼見延續後代的責任寄託在他一人身上，卻突然感到害怕起來，於是趁著深夜偷偷逃離所有人躲在洞穴中。希賽兒最後的希望破滅，心碎而亡，那天是大洪水來臨前的第六天。

領袖希賽兒死去，唯一的男性又躲在山洞中不知去向，五十名婦女無人領導。大雨整整下了四十天，整個世界都籠罩在暴雨中，當大洪水來到岸邊時，他們才發現，即使逃到了偏遠的西方島嶼還是無法存活，五十名婦女都在洪水中淹死了，這就是愛爾蘭首批移民的遭遇。唯有芬拿，謠傳居爾特神明同情他們遭遇，不忍心看他們全數死去，於是插手幫助了芬拿。他躲在洞穴裡，眼見洪水淹進了山洞，他以為自己即將命喪黃泉，但是當水淹沒芬拿的時候，芬拿才發現自己已經變成了鮭魚，可以在水中悠遊。

芬拿就這樣得以活命，在大洪水退卻後，據說他總共活了五千五百年，在首批移民全數滅族後，又轉換成人類的身分在愛爾蘭繼續生活。在這之後的幾千年之間，芬拿又陸續遇到了許多神族與魔族佔領愛爾蘭，他們來來去去，唯有芬拿一直留在愛爾蘭，甚至連神族退出愛爾蘭後，人類的世紀來臨，芬拿都還以智者的身分輔佐君王。

據說當芬拿即將死亡之際，一隻神鷹同時出生，芬拿的生命就繼續延續在神鷹之上，直到西元五世紀時，愛爾蘭基督化後，神話與傳說漸漸消失，芬拿才離開愛爾蘭不知去向。

流亡的巴索隆人

在大洪水之後，愛爾蘭成了孤島，無任何居住者。侵略之書中記載，希賽兒死後三百一十二年，巴索隆人才到達愛爾蘭，關於他們的傳說並不多，只知道他們是從希臘流亡至此，同樣在海上漂流了將近七年，才到達愛爾蘭，巴索隆人以他們的領袖巴索隆爲名，巴索隆的父親塞拉原本是希臘國王，巴索隆謀殺了父母後帶著追隨者流亡到愛爾蘭這片荒蕪之地。

他們運氣不好，一來到愛爾蘭就碰上了兇猛的封魔人，他們是長年居住於愛爾蘭外海的魔族，個個凶狠殘暴，即使巴索隆人卲勇善戰還是死傷慘重，最後終於險勝封魔人，將他們趕回海外的島嶼，成爲了愛爾蘭的第二批移民。可惜此次移民仍然命運多磨，領導巴索隆在愛爾蘭生活了三十年後就病死了，剩下的巴索隆人們也都在一百二十年內遇到了瘟疫全數滅亡，只剩下了湯恩（Tuan）。

湯恩是巴索隆的姪子，在所有的巴索隆人死後都繼續生存，像是芬拿一樣，湯恩也具有不死之身，在大瘟疫的時期，他躲在洞穴中沒有死去，漸漸的老去卻變成諸多生物繼續流存在這個世界上，之後的居爾特神話與傳說幾乎都是湯恩與芬拿兩人傳述下來的。

（二）來自西方島嶼的巫術之民

移民愛爾蘭的移民們似乎都命運坎坷，不是遇到滅世的大洪水，就是瘟疫滅族。巴索隆人滅絕後的三十年，涅米尼亞人（Nemedians）來到了愛爾蘭，據說他們是從西班牙一帶向西來到愛爾蘭，他們的航行技術與方向感也似乎比較優良，僅花了一年半的時間就來到了愛爾蘭，即使如此，從西班牙出發時的三十艘船，來到了愛爾蘭仍然只剩下一稍勉強靠了岸。

經歷了船難與暴風雨，涅米尼亞人以爲愛爾蘭就是他們命中注定的屬地，但是他們同樣遭受到封魔人的攻擊，涅米尼亞人一開始獲得勝利，但是讓巴索隆人滅絕的瘟疫讓他們人數大爲減少，涅米尼亞人因此大敗。

大部分的涅米尼亞人，包括佛格斯（Fergus）與他的兒子不列顚（Britain Mael）逃往了愛巴（Alba），現今的蘇格蘭，居爾特神話中描述他們爲蘇格蘭最早的居民，後來整座島嶼都以佛格斯的兒子不列顚爲名，這些人後來並沒有再踏足愛爾蘭過。

少部分的人分成幾批逃竄，一批逃往了愛爾蘭北邊的西之島嶼，後來成爲了丹奴神族（Dannan）的祖先，一批往希臘逃難，在當地定居，壯大後又從新返回佔領愛爾蘭，此時他們已經被稱爲佛柏格人（Fir Bolg）。

那些自稱爲佛柏格的涅米西亞人們逃到了希臘，卻變成奴隸，在當地遭受不公平的對待與虐待，最後起身反抗，帶領著追隨者回到了當初逃離的愛爾蘭，尋找自由的新天地。離他們的祖先離開愛爾蘭，時間已經經過了兩百三十年。

在這兩百多年中，當初逃往西之島嶼的涅米西亞人，從島上的德魯伊祭司手中學習巫術與魔法，早已忘了原本居住的愛爾蘭，也忘了自己的身分，開始稱呼自己爲圖亞莎・迪・丹奴（Tuatha

De Dannan），意爲「女神丹奴之子」（People of Goddess Danann），由居爾特女神丹奴（Danu）爲名。

居爾特傳說中描述他們來自於遙遠神秘的西方島嶼，島上的神明都擅長巫術與魔咒，他們施法讓西之島嶼終年雲霧圍繞，外人從來不得其門而入，因而也無法窺探他們的生活。其實他們最早的祖先也曾統領過愛爾蘭。

德魯伊（Druids）祭師曾經述說著謠傳自古老的傳說，丹奴一族所居住的西之島嶼上有四座以魔法建築的城市─法理厄斯、葛瑞厄斯、芬尼厄斯與莫瑞厄斯，每一座城市都有鎮城之寶，丹奴一族在來到愛爾蘭時，也將這四件寶物一同帶來愛爾蘭，這四件寶物就是大神達戈（Dadga）的大釜、盧夫（Lugh）之茅、那達（Nauda）的光明之劍與命運之石（Lia Fail, Stone of Destiny）。這四件寶物都具有不可思議的魔法，可惜三樣已經失傳，下落不明，唯有命運之石至今曾豎立在愛爾蘭的塔拉（Tara）丘上。據說命運之石是具有魔力的岩石，只要有賢君碰觸就會發出光芒與聲響，因此被視爲愛爾蘭之寶，也是丹奴神族留下來的唯一遺跡。

在丹奴神族來到愛爾蘭之前，愛爾蘭其實相當的原始，當時的統治權在佛柏格人手中，但丹奴神族某天由飄散開的雲霧中見到了北方的某座島嶼愛林（現今的愛爾蘭），於是就乘著雲來到了愛爾蘭，他們施法用黑雲遮蔽住太陽長達三天三夜，在佛柏格一族還搞不清楚狀況的時候就進入了愛爾蘭。

佛柏格人發現丹奴神族已經登陸愛爾蘭時，誓言趕走外族，但是丹奴神族的武器精良，魔法高超，佛柏格一族很快就敗下陣來，將愛爾蘭的統治權讓給了單奴神族。佛柏格人簽署了和平協議，同意不再踏足愛爾蘭。

愛爾蘭再度易主，成了丹奴神族的天下。

（三）丹奴眾神

丹奴神族在居爾特神話中佔有舉足輕重的地位，縱然愛爾蘭曾經經過多種神族與魔族的統領，然而最具代表性、最受愛戴的仍是丹奴眾神，尤其是丹奴女神的直系血脈。

大地之母：丹奴

丹奴（Danu），又名安納（Ana），被奉爲丹奴神族之母，本身掌管豐收與大地，與希臘神話中的農神迪密特（Demeter）身分類似。雖然丹奴女神信仰一般在愛爾蘭地區比較盛行，然而還是可以找到她原自歐洲大陸居爾特的遺跡，據說丹瑙河（Danube River）就是以丹奴女神命名的。

丹奴與男神彼列（Bile）結合後，產下了丹奴神族中最重要的三位神明—大神達戈（Dagda）、狄安（Dian）與瑙達（Nauda）。

同時她也是神明歐格瑪（Ogma）之母，之後德魯伊祭司所使用的歐甘文（Ogham）就是歐格瑪所創造出的魔法文字。

在丹奴神族被米列西安人擊敗後，傳說，一部分的丹奴神族回到了西之島嶼的魔法城市，那些不願離去的則轉化成不死之身以隱居的狀態繼續留在愛爾蘭，他們所處的世界與人類的世界不同，在那裡，沒有死亡、疾病、痛苦與悲傷，因此被稱爲人間仙境，或是另一個世界。

丹奴女神的身份也由大地女神轉化成精靈女王，居爾特民間傳說時常描述這些住在精靈仙境的精靈們來到人間遊玩的故事。

大神達戈

在居爾特神話中，大神達戈代表著是保護者的身分，母親丹奴是溫柔的女神，達戈卻是邵勇善戰的戰神。據說他擁有無窮的力量，食量驚人，一餐就可以吃掉整個愛爾蘭所有的食物。他也是個花心的神明，曾經愛上了納坦神的妻子波因，爲了不讓他們兩個的婚外情被識破，達戈命令太陽九個月不准落下，讓波音得以在一天內懷孕並生下達戈的孩子，再返回納坦的身邊。

達戈還擁有兩個法寶，一個是從西之島嶼帶回來的魔法大釜，只要在大釜中放入食物就永遠不會匱乏，剛好滿足達戈的大食量，至於另外一個法寶，是一隻魔棒。居爾特神話中描述魔棒即使是凡人使用都可以一次打死九個人，可見威力無窮，然而魔棒的魔力不僅如此，雖然可以用來當作武器，但是若是用魔棒的尖端去碰觸人的心臟，即可讓人死而復生。怪不得達戈在居爾特神話中也同時是財富之神與掌管生與死的神祇，大概與他擁有的兩個法寶有關吧。

在丹奴神族與敵人的數場戰爭中，達戈都是最英勇的神明，因此當兄長瑙達與魯夫於戰爭中死亡後，達戈接下繼位成爲丹奴神族的統領者。

他的女兒在居爾特神話中同樣相當出名，就是光明女神布利姬（Brigit），是神話中備受尊崇的三面女神。

光明女神布利姬

大神達戈有三個女兒，都名爲布利姬（Brigit），但僅有一位相當有名，另外兩位不是被混淆了，就是被忽略了。布利姬在愛爾蘭語中爲尊貴（exalted one）的意思，有不少傳說都指出，居爾特神明雖然仍有生老病死，但是多半都會轉世重生，而布利姬就是祖母丹奴女神的轉世投胎，因此雖然爲大神達戈的女兒，但是在很多時候，她的身分都比達戈尊貴。

布利姬是有名的光明女神，代表黑夜中蠟燭的光輝，也同時是掌管醫術與詩歌的女神。她的三面形象像是希臘神話中的女獵神亞緹米斯（Artemis），她的一面代表永恆光明的火焰、一面是詩歌與靈感之神，另一面則是漆黑、可怕的死亡女神。

由於其信仰在居爾特民族間相當興盛，因此基督教傳到愛爾蘭後都無法根除布利姬女神的信仰，基督教士因此將藍袍聖女—聖布利姬的形象綜合於一身。聖布利姬在愛爾蘭幾乎與聖派翠克齊名，在愛爾蘭許多地方都可以見到這種文化融合的現象，異教的教堂中供奉基督的神明，基督的教堂中卻擺放著五芒星異教的象徵，也讓異教復興後，布利姬女神同時成爲古老教派與新教派——基督教的信仰神明。

死亡女神：莫瑞根

莫瑞根（Morrigon），意爲死亡、幽冥之后，光看這個名子在愛爾蘭語中的涵義就知道莫瑞根不是位好惹的女神，她掌管死亡、黑暗、戰爭與巫術。形象類似希臘神話中的月陰兼巫術女神黑卡蒂（Hecate）與混亂女神艾莉絲（Eris）的綜合體。即使如此，如此令人恐懼的女神也同時是居爾特神話中信眾頗多的女神。莫瑞根被視爲是布利姬的陰暗面，有時被視爲同一個神明，甚至有學者解讀三面女神代表的是安納（丹奴）、莫瑞根與布利姬，也有別的說法，認爲丹奴與莫瑞根爲同一個神明，莫瑞根也是由丹奴女神轉世重生的一個女神。

掌管光明與陰暗，生與死的女神會被視爲同一身分其實不出奇，居爾特神話中的信仰死亡即代表重生，所以死亡僅是另一段生命的新開始，並不使人感到恐懼。只不過丹奴與布利姬都顯的相當溫柔，莫瑞根卻是飆悍的女神，時常在戰爭中見到她與敵人直接上戰場廝殺，完全不輸給大神達戈。

銀臂之王：瑙達

瑙達（Nauda）爲丹奴神族的首任領導者，在西之島嶼即在王位上達七年的時間，瑙達是手段高明的領導者，永遠身先士卒、重用良將，因此深受丹奴神族愛戴，直到丹奴神族由西之島嶼來到愛爾蘭後。

在與佛柏格的戰爭中，被佛柏格將軍席倫（Sreng）所傷，失去了他的手臂。丹奴神族的傳統，失去了手臂即失去了完美的身分，因此無法再擔任領導者。惱達只好退位，讓位給布里斯（Bres）。

直到失去手臂的瑙達遇見了一位能打造奇蹟的神醫，他替瑙達打造了一隻純銀製成的手臂，替瑙達裝上，從此瑙達恢復了完美之身，也被賦予了新稱號—銀臂之王（Nuada Airgedlamh）。

（四）封魔人之役

封魔人之子布里斯

丹奴神族們贏得了空虛的勝利，即使在與佛柏格人的戰爭中獲勝，但是受眾神愛戴的領袖瑙達卻失去了手臂，不夠完美的瑙達無法再繼續領導眾人，因此只好退位，將王位傳給了布里斯。

神話中將布里斯的外貌描述爲外表極爲俊美，非常有魅力的金髮年輕人，瑙達看中了他的魅力，相信他可以繼續領導眾神，卻信錯了人。眾神無從得知布里斯的血統不夠純正，他的母親雖是丹奴神族，父親卻是外海死亡島嶼上封魔人國王艾特拉（Ethela）的孩子，布里斯的母親愛瑞兒從未告訴過任何人自己兒子的身世，沒想到這卻是個大錯誤。布里斯的外表看起來溫和，血脈裡卻留著邪神封魔人殘暴的血統，上任後成了不折不扣的暴君。

最英勇的戰士被派去挖溝渠，只會說甜言蜜語的小人卻終日在王座周圍讒言。眾神再度將希望寄予在已經失去手臂的瑙達身上。丹奴神族雖然精於魔法，卻不精於醫術，無法醫好瑙達的手臂，因此只好四處尋找神醫，沒想到還眞讓他們找到了位醫術精湛的神醫。神醫用純銀重新打造了一具手臂替瑙達裝上，從此瑙達恢復完整之身，忍受暴君暴政已久的眾神馬上推翻布里斯，讓賢軍歸位。

布里斯回到家裡向母親哭訴，自己所遭受到的不平等待遇，母親愛瑞兒只好安慰兒子耐心等待時機，並告知布里斯親生父親的身分，建議布理斯可以向封魔人求援，他們的血裡留著同樣的血脈，艾特拉不會坐視不管。

果然，當布里斯來到封魔人艾特拉的王座前時，艾特拉答應出兵替兒子奪回王位。艾特拉的大將貝勒是兇狠、體型龐大的邪神，以他的魔眼（Evil Eye）著名，據說只要被貝勒的魔眼掃過，所有人與神都會瞬間死亡。貝勒的元配凱特琳（Caitlin）是擁有預知能力的女神，可以預知戰場上的凶險，預先警告貝勒。若是雙方宣戰，丹奴神族沒有多少勝算。

不知情的丹奴神族們還在慶祝瑙達重新歸位，疏不知即將到來的死亡與毀滅。

封魔人們以布里斯爲主將，率領著貝勒與其他的凶狠邪神來到了愛爾蘭，丹奴神族根本無力抵抗，成了階下囚。不僅是丹奴神族遭殃，在封魔人的暴政下，吟遊詩人禁止歌唱、德魯伊禁止教導新祭司、先知不准轉達神諭，整個愛爾蘭成了人間煉獄。即使丹奴神族對於這樣的暴政統治深感不滿，但是苦於無力反抗，只好忍耐等待時機。

先知的預言

曾經有先知告訴貝勒，他將被自己的孫子所殺，因此貝勒一直將自己的女兒關在不見天日的高塔中，想藉此破除先知的預言。當然，貝勒沒有成功，他將女兒關在高塔中，自認高枕無憂，沒想到丹奴神族中的錫安（Cian）誤闖高塔，看見了美麗的莎雯（Sawan）獨自被關在高塔中，竟然一見衷情。錫安要求莎雯一同離去，但是莎雯不肯忤逆父親，於是錫安黯然離開。

九個月後，貝勒聽見嬰兒的哭聲簡直氣壞了，他根本不知道究竟女兒爲什麼懷孕，或是嬰兒的父親是誰，他只想將三個嬰兒除掉。

貝勒的侍從將三個嬰兒包在白布中丟入湖底的漩渦裡，沒想到其中一個嬰兒由白布中掉出，落在岸邊。女祭司路經湖邊，就將嬰兒帶回養育，並取名爲魯夫（Lugh）。

魯夫從德魯伊祭司那兒學會了所有的知識，長大後就被交給他的叔叔葛乙努照顧，葛乙努發現魯夫的學習能力相當驚人，於是便建議魯夫可前往瑙達的處所，幫助瑙達推翻封魔人。

於是魯夫便隻身前往，當他來到瑙達屋前時，因爲長途旅程，衣服早已變的殘破不堪、臉上也都是風塵僕僕的痕跡，於是馬上便被門口的守衛擋下了。

守衛詢問魯夫的來意，魯夫表示他願意當瑙達的木匠，他擁有一個優秀木匠所需要的所有知識，但是守衛回答，瑙達已經有一位木匠了。魯夫便向守衛說，他也可以擔任鐵匠，他本身也是一位優秀的鐵匠，守衛仍然拒絕魯夫，表示瑙達已經有鐵匠了。魯夫接著說到他也是位吟遊詩人，守衛繼續拒絕他，於是魯夫繼續說，他是戰士懂得作戰，是醫生，會醫病，但是守衛不斷的回絕魯夫，瑙達已經有這些人在身邊了。

最後魯夫向守衛說，既然如此，那你知道有哪些人同時都具備以上所有的知識呢？守衛一聽，愣了一下，便進去向惱達通報。

瑙達請歐格瑪測試魯夫的技能，沒想到魯夫竟然任何技能都相當熟練，甚至連力量都相當驚人，並不輸給大神達戈，歐格瑪將一塊大石丟往大廳中，大石裂成四塊，魯夫不僅將四塊大石全部扔回原處，還用他的力量將石頭重新拼成一塊，這讓瑙達相當吃驚，立即將魯夫收入他的戰士群中，並請魯夫帶領他們對抗封魔人的暴政。

丹奴人的反擊

丹奴人花了七年的時間召集軍隊、訓練武士，並派遣大神達戈前往封魔人的領地觀察敵營動靜。封魔人並不傻，了解達戈必定是爲了想推翻他們才自願前往與他們共同生活，於是千方百計的刁難達戈，希望他知難而退。但是達戈身負重任，無論如何都得忍耐，不管封魔人用言語羞辱還是恐嚇，達戈都不當一回事。

即使如此，當雙方正式宣戰的時候，丹奴人還是佔下風，即使達戈提供給他們封魔人的行蹤，但是貝勒的魔眼不容小覷，只用一隻眼睛就將眼前所有的敵人都燒成灰燼。丹奴人士氣大弱。

直到噩耗女神與莫瑞根帶著黑色的斗蓬上戰場，陰森的氣息頓時席捲大地，即使是封魔人的首領，都不寒而慄。莫瑞根擺動黑色的翅膀，讓死亡的氣息散播到封魔人的陣營中，除了貝勒之外與他的妻子之外，其他的封魔人都逃走了。

魯夫眼見機不可失，拿起腳邊的大石頭往無人守護的貝勒眼睛上扔，力道之大，石頭穿過貝勒的眼睛，貝勒當場身亡，先知的預言還是成眞了。貝勒死在自己未曾謀面的孫子手上。

貝勒一死，愛特拉接著也逃不過丹奴人的攻擊，三位封魔國王成了階下囚，丹奴人大勝。

銀臂之王瑙達在戰爭中犧牲了自己的生命來拯救丹奴眾神，他死後，由大將軍魯夫繼位，成爲領導眾神之王。愛爾蘭從此恢復和平，平靜的度過了一段很長的時間，直到魯夫逝世。

（五）米列西安人的到來

新紀元的開始

再強盛的朝代都有衰敗的一天，丹奴人統治愛爾蘭幾百年後，某天賽西亞（Scythia）的米烈西安人看見了西方的島嶼，於是國王伊瑟就帶著隨從登陸了。這些自稱爲米列西安人的族群，以國王伊瑟爲首領，根據侵略之書的記載，他們是聖經中諾亞兒子亞佛（Japheth）的後代。

起初丹奴人相當歡迎米列西安人，將他們視爲貴賓款待。

但是他們漸漸發現，米列西安人可能來者不善，在爭吵中，丹奴人不小心謀殺了國王伊瑟（Ithe），整件事情當然是意外，但是伊瑟的兒子與吟遊詩人艾墨金逃回賽西亞後，將整件事情宣染成謀殺與惡意挑釁。

丹奴人爲了避免衝突，使用魔法將愛爾蘭藏於迷霧之中，然而米列西安人中有一名法力強大的巫師，招起了強風，將迷霧全部吹散了，年邁的丹奴神族只好正面與米列西安人對戰。三名丹奴王全數於戰爭中死去，剩下的丹奴人只好與米列西安人談和，條件是丹奴人將他們的魔法留給米列西安人，並從此離開愛爾蘭。丹奴人同意了，卻使了個小詭記，海神曼南下了一個強大的咒語，讓所有的丹奴人都得以隱身，並活在另一個世界中，從此他們的身分也由神族變成大自然中的精靈，繼續守護著愛爾蘭。而那些新移民—米列西安人的後代，就成了今日愛爾蘭人的祖先。

地底下的精靈王國

愛爾蘭詩人葉慈（William Butler Yeats）在他著作居爾特暮光（The Celtic Twilight）中曾經提到，精靈女王居住於地底下的精靈王國中，在夜晚與白晝交替的那一刻，精靈之丘的通道會短暫開啓，屆時在人間遊玩的精靈會把握時間趕緊回到地底，有時甚至忘了隱身，因此凡人常於黑暗與光明交替的一瞬間，不小心瞧見精靈的身影，卻誤以爲是錯覺，而不以爲意。

據說在米列西安人佔領愛爾蘭後，丹奴神族藉由海神曼南的魔咒，得以繼續居留在愛爾蘭，卻存活於另外一個時空之中。原始丹奴神族的身形與人類相當，甚至更爲巨大，但是他們在轉變爲精靈的同時，身型也相對的縮小，並且從此永生不死。居爾特人稱精靈的居所爲另一個世界，精靈就居住在其中的城堡中，據說食物永遠不會匱乏，桌上放著吃不完的肉，城堡四週長滿結滿鮮果的果樹。九世紀的亞瑪之書（Book of Armagh）記載，人類會固定獻祭牛奶與穀物給精靈們，讓精靈保護大自然的一草一木，這大概也是他們食物永遠不會匱乏的原因。

精靈之丘（Shidh）是精靈仙境與人間的通道，看起來不起眼的小土丘，底下卻藏著整個精靈王國。

精靈不時會來到人間，由於他們具有隱身的能力，凡人一般無法透視他們，唯有在每年的萬聖節（居爾特人俗稱受因節）時，由於那一天白天與黑夜的時間相當，在居爾特習俗中被視爲具有魔力的一天，在那一天生與死的界線相當模糊，許多魔法世界的生物都得以被人眼窺視，因此時常有少男或是少女不小心迷路闖入精靈仙境的故事。

誤闖精靈仙境的男孩

有一天少年布林（Brin）在悶熱的午後於林間熟睡，卻在睡夢中聞到了他這輩子所能聞到最甜美的花香，於是布蘭循著花香味前進，遇到了一位美麗的少女，少女單獨在林間遊玩，樣貌清新脫俗，似乎不像凡人，布林被少女的美貌深深吸引，卻不知道少女其實爲精靈女王。故事中沒有提到這位精靈女王的姓名，但是由於她居住於精靈之丘，因此可以推測他是屬於之前丹奴神族所轉化而成的精靈一族。

精靈女王將將手中的桃花枝獻給布林，並帶領布林來到精靈仙境，布林被眼前所見到的美景迷惑，不知不覺忘了時間，直到日落時，他發現自己在外逗留太久，於是趁著精靈女王不注意時，偷偷循著原來的道路回到人間。

沒想到離開森林後，布林卻無法找到通往村莊的道路，眼前的景物不再熟悉，建築物的樣貌也全部改變了，所有的人布林都不曾見過，找不到故鄉的布林只好向村民打聽自己家鄉的下落，但是沒有人聽過布林的名子，只有村裡的長者依稀記得，幾百年前森林的南方曾有一座村落，但是目前已經不復存在。

布林才了解精靈仙境的時間運作方式與人間不同，精靈仙境的一天竟然等同於人間數百年。

布林在說出自己的親身經歷後，村民決定好心收留無家可歸的可憐人。這時布林突然想到，精靈女王送給他的桃花枝還在身上，於是他將桃花枝取出送給村民，誰知道桃花枝剛離開布林，他就在一瞬間化爲塵土，彷彿老化了幾百歲一樣，從此就消失不見了。

第三篇　居爾特神話傳說

（一）永生不死的雄鹿神——瑟那諾斯（Cernunnos）

瑟那諾斯，雄鹿之神
甦醒吧，加入我們
讓春天再度來臨，大地再度青綠、
萬物生生不息

《德魯伊祈禱文》

縱使在居爾特神話中，女神的地位多半與男神來的重要，不過有幾位男神確實也具有相當象徵性的地位不可省略，其中最具代表性的，就是鹿角神—瑟那諾斯（Cernunnos），地位可比希臘神話中的天神宙斯（Zeus）。

居爾特人的傳統八大節日中，有兩個節日都與瑟那諾斯有關，一個是慶祝他的死亡，一個是慶祝他的重生。德魯伊祭司們將瑟那諾斯視為生命永生不止的證明，許多居爾特大地宗教信徒也將瑟那諾斯尊奉爲大自然的化身。可見他於居爾特民俗神話中具有一定的地位。

甚至可以大膽的說，瑟那諾斯是大陸居爾特文化中最舉足輕重的男神，雖然他本身與死亡有關，卻也代表著生命與重生。雄鹿是他的象徵，每年春天萬物開始重生之時，瑟那諾斯會以雄鹿之姿出現。秋末的時候，萬物開始凋零，瑟那諾斯也逐變老化、死去，直到明年的春天，當大地經歷冬天的冰冷風雪後，冒出了第一根新芽，瑟那諾斯就會重生，生生不息。

居爾特人堅信，人並不會因爲身體的死亡而終結，當肉體凋零，靈魂會再度重生。由於瑟那諾斯不像是其他地區神話中的神明永生不死，而是每年春天從冰冷的地府復生，因此每當瑟那諾斯死亡時，德魯伊祭司會舉辦盛大的慶典，慶祝瑟那諾斯的死亡，因爲死亡並不是終結，而是另外一個生命的開始。

萬物皆然。當然，春天時，德魯伊祭司也會慶祝瑟那諾斯的重生，他們相信，當雄鹿再度出現於生意盎然的森林中時，就證明了瑟那諾斯已經重生，生命的循環永不中斷。

可惜現存關於瑟那諾斯的史料幾乎相當殘缺不齊，無法證實瑟那諾斯的信仰究竟是從何時與起，早期的學者原本認爲或許居爾特人由歐陸大陸遷往海島後，因爲信仰的改變而捨棄了瑟那諾斯信仰。因此關於瑟那諾斯信仰曾經存在的證據皆只零星的出現在法國與日爾曼地區。經過考察後才證實，由於頭上類似雄鹿的長角，瑟那諾斯即使身爲大自然萬物的守護神，卻被封號爲「鹿角神」（The horned one），這一稱號也讓他的形象在中古黑暗時期時曾經遭到抹黑。

目前已經無法得知究竟基督教士是惡意抹黑，意圖打壓異教文化，扶持當時還未站穩腳步的基督教，還是誤將頭上有鹿角的瑟那諾斯視爲居爾特人崇拜撒旦的證據。瑟那諾斯的信徒因此一度遭到迫害，直到基督教逐漸傳遍歐陸，對於異教神祇的打壓才逐漸減弱，卻也讓瑟那諾斯的信仰與神話因此幾乎遭到中斷的命運。

居爾特歌謠《瑟那諾斯之歌》中提到：「幽暗、陰濕的地底深處，古老的眾神們沉睡著，凡人從地面走過，卻忘了自己的根本」，描述居爾特眾神在基督教士的打壓下，人們已經逐漸忘卻古老的神明，忘了自己的祖先與信仰，所以眾神在地底深處沉睡，等待覺醒的那一天，卻沒想到古老的神祇早已隨著過去的歲月迷失在陰暗的地底下。直到英國政府撤銷禁巫令之後，瑟那諾斯的信仰才從地下重現光明。

據說，至今，德魯伊祭司仍會在春初時舉辦大型的慶典，慶祝瑟那諾斯的重生。

(二) 巫術女神的魔法大釜——塔力辛的故事

據說，在威爾斯神話中，席瑞登（Ceridwen）女神由於法力高超，因此被奉爲巫術女神，然而巫術女神擁有無比的智慧與美貌，卻生下了一個相貌相當醜陋的孩子。女神的皮膚雪白，孩子的皮膚卻漆黑如烏鴉，外表像隻笨拙的大黑鳥，女神只好將孩子命名爲墨福瑞（Morfran），在威爾斯語中爲漆黑的大烏鴉之意。

席瑞登想盡辦法，施了任何他所能想到的魔咒，搜集了全天下的魔藥，但是對墨福瑞一點幫助也沒有，墨福瑞不但外表完全沒有改變，依舊醜陋，隨著年歲的增長，她更發現，這個兒子不僅外貌醜陋、皮膚黝黑，甚至連腦袋都不大靈活。

席瑞登只好與丈夫商量。他們心裡明白，以兒子的外貌與才智到哪裡都只會受到眾人的輕視，於是席瑞登決定，若是不能給孩子最俊俏的面貌，起碼讓他成為這個世界上最聰慧的人，席瑞登的丈夫同樣這個想法，於是女神就開始準備魔藥。

魔藥需要的材料相當繁雜，用來煮藥的器具也是女神用盡畢生心力打造出來的魔法大釜，光是準備材料與大釜，就花了三年的時間。

由於魔藥的特性，必須以大火熬煮，並不斷攪和，才能練成寶貴的靈藥，當魔藥在高溫中混合七年後，取出的前三滴藥水，任何人服下後，即使資質再愚鈍的蠢材，也可以瞬間得到全世界的知識。然而魔藥剩餘的部份，卻是致命的毒藥，女神必須非常小心確定不能拿取太多的分量，否則反而會奪走寶貝兒子墨福瑞的生命。

席瑞登請了一位盲眼僕人專門補充柴火，一個小男孩負責攪拌，就在魔藥即將完成的前夕，卻發生了意外。

男孩在絞拌魔藥的時候，施力過當，滾燙的魔藥灑了兩滴在男孩的腳趾上，魔藥燙傷了男孩的皮膚，男孩本能反應，將被燙傷的腳趾放入口中，就這樣，瞬間得到了全世界的知識。

男孩知道自己闖禍了，化身成野兔連夜逃跑，女神在次日早晨發現了男童的所作所為，相當憤怒，於是化身成灰鷲追蹤男孩的下落。男孩一變再變，試圖躲避女神的搜尋，然而巫術女神神通廣大，每次男孩的偽裝都會被識破。

最後男孩只好將自己變身為一粒穀子，並混合於一大片收成的稻穀中，當然這也瞞不過女神，女神化身成母雞，將所有的稻穀吃下肚去。以為已殺死男孩的女神心滿意足的回到神殿，才發現自己已經懷孕了。

在得知小孩必定是男孩轉世投胎後，女神原本打算趁嬰兒一出生時就將嬰兒殺死。但是孩子的外貌姣好，女神不忍心親自動手，於是將孩子用皮繩綁著丟入河中，讓孩子自己溺死。

男孩很幸運，他並沒有淹死，而是漂流到了遙遠的岸邊，被一位王子所撿回家中，後來就以貴族的身分將孩子養大，孩子被取名為塔力辛（Taliesin），後來成了居爾特歷史中，最偉大的吟遊詩人。

塔力辛所寫的塔力辛之書（Book of Taliesin）被奉為威爾斯地區的不朽巨作，其中包含流傳至今的亞瑟王傳奇故事。

國家圖書館出版品預行編目資料

北歐神話故事【更新版】／白蓮欣、凱特琳著
—— 四版. ——臺中市　：好讀, 2024.3
面：　公分，——（神話誌　；3）

ISBN 978-986-178-708-4（平裝）

1.神話　2.北歐

284.7　　113001987

好讀出版

神話誌　3

北歐神話故事【更新版】

作　　者／白蓮欣、凱特琳
總 編 輯／鄧茵茵
文字編輯／王淑華、莊銘桓、鄧語葶
美術編輯／鄭年亨
發 行 所／好讀出版有限公司
台中市407西屯區何厝里19鄰大有街13號
TEL:04-23157795　FAX:04-23144188
http://howdo.morningstar.com.tw
（如對本書編輯或內容有意見，請來電或上網告訴我們）
法律顧問／陳思成律師

戶名：知己圖書股份有限公司
劃撥專線：15062393
服務專線：04-23595819轉230
傳眞專線：04-23597123
E-mail：service@morningstar.com.tw
如需詳細出版書目、訂書、歡迎洽詢
晨星網路書店 http://www.morningstar.com.tw

印刷／上好印刷股份有限公司 TEL：04-23150280
四版／2024年3月15日
定價：230元
如有破損或裝訂錯誤，請寄回台中市407工業區30路1號更換（好讀倉儲部收）

Published by How-Do Publishing Co., Ltd.
2024 Printed in Taiwan

ISBN 978-986-178-708-4